The Honorable Beggars

Hakob Paronyan

ՄԵԾԱՊԱՏԻՎ ՄՈՒՐԱՑԿԱՆՆԵՐ

ՀԱԿՈԲ ՊԱՐՈՆՅԱՆ

The Honorable Beggars

Copyright © 2018, Indo-European Publishing

ISNB: 978-1-60444-913-6

Մեծապատիվ մուրացկաններ

Հրատարակված է Ամերիկայի Միացյալ Նահանգներում:

ISNB: 978-1-60444-913-6

ՄԵԾԱՊԱՏԻՎ ՄՈՒՐԱՑԿԱՆՆԵՐ

Ա

Հազար ութը հարյուր յոթանասուն... չեմ հիշեր՝ քանիին, սեպտեմբերի երեսունը մեկին,— ներեցեք, երեսունին պիտի ըսեի, վասնզի սեպտեմբերն երեսուն օր միայն ունի,— երկար և ընդարձակ թիկնոցի մը մեջ փաթաթված միջահասակ և գիրուկ մարդ մը, որ Տրապիզոնի շոգենավեն նոր ելած էր, Ղալաթիո նավամատույցին վրա կայնած՝ նավակե մը յուր սնդուկները հանել կաշխատեր:

Կը տեսնեք՝ որչափ պարզությամբ սկսա: Պատմությունս հետաքրքրական ընելու ջանքով և անկից քանի մը հարյուր օրինակ ավելի ծախելու համար չըսի, թե նույն օրն սաստիկ հով մը կար, թե տեղատարափ անձրև կուգար, թե խառն բազմություն մը հետաքրքրությամբ դեպի Ղալաթիո հրապարակը կը վազեր, թե ոստիկանությունն աղջիկ մը ձերբակալած էր և այլն խոսքեր, որովք վիպասաններն կսկսին միշտ իրենց վեպերը: Ես ալ կրնայի ըսել այս ամենը, բայց չըսի, որովհետև նույն օրն ոչ հով կար, ոչ անձրև, ոչ խուռն բազմություն և ոչ ձերբակալված աղջիկ մը:

Արդ, առանց կասկածելու հավատացեք պատմությանս, որ ժամանակակից դեպք մ՛ է:

Այս ճամփորդն օժտված էր զույգ մը խոշոր և սև աչքերով, զույգ մը հաստ, սև և երկար հոնքերով, զույգ մը մեծ ականջներով և զույգ մը քիթեր... չէ՛, չէ՛, մեկ քիթով, թեպետ և բայց զույգ մը քիթերու տեղ կրնար ծառայել. անոր մեծությունը սխալեցուց զիս: Ուներ այնպիսի նայվածք մը, որուն եթե պ. Հ. Վարդովյան[1] հանդիպեր յուր աչերով, կը հարցուներ այդ մարդուն. «Ի՞նչ ամսական կուզես՝ թատրոնիս մեջ ապուշի դեր կատարելու համար»:

Սնդուկներն և անկողինն, որ քուրջի մը մեջ ներփակված էին, նավակեն հանելուն պես ճամփորդն քաշեց քսակն ու նավավարին իրավունքը վճարելով՝ բեռնակիր մը կանչեց: Հինգ բեռնակիրներ ներկայացան իրեն: Տարակույս չկա, որ եթե հինգ կանչեր, քսան և հինգ պիտի ունենար յուր առջև մայրաքաղաքիս սովորությանը համեմատ:

— Ո՞ր կողմ պիտի երթաք աղա,— հարցուց բեռնակիրներեն մին՝ մեկ ոտքը սնդուկներեն միույն վրա կոխելով:

— Բերա, Ծաղկի փողոց, թիվ 2 պիտի երթամ,— պատասխանեց

[1] Հակոբ Վարդովյանը 70-80ական թվականների անվանի գործիչ էր, դերասան, թատրոնական խմբերի կազմակերպիչ:

խոշոր մարդը:

— Շատ աղեկ, հասկցա, Բերա, Ծաղկի փողոց... պատվական փողոց մ՛ է,— ըսավ հարցումն ընող բեռնակիրն և սնդուկին մեկն ալ շալկելով սկսավ երթալ:

— Ծաղկի փողոցն ես ալ գիտեմ,— ըսավ երկրորդ բեռնակիրն և սնդուկին մեկն ալ ինք առնելուն պես՝ Բերայի ճամփան բռնեց:

— Ես ամեն օր կերթամ Ծաղկի փողոցն,— ըսավ երրորդն և մարդուն անկողինը գետնեն վերցնելն, կռնակին վրա առնելն ու վազելն մեկ ըրավ:

Այս գործողություններն այնքան արագությամբ կատարվեցան, որ մարդը շվարելով սկսավ չորս կողմը նայիլ՝ տեսնելու համար բեռնակիրներն, որ բազմության մեջ անհայտ եղած էին:

— Ի՞նչ խայտառակություն է աս,— պոռաց վերջապես ոտները գետինը զարնելով, ո՞ւր տարին անկողինս և սնդուկներս, ատոնք ի՞նչ իրավունք ունին իմ անկողնուս և սնդուկներուս խառնվելու, ի՞նչ աներես մարդ են եղեր այս տեղաց մարդերը. ինչ որ կը տեսնեն, կառնեն, կը տանին:

— Ծաղկի փողոցը մենք ալ գիտենք, աղա, մեզի ալ բան մը տուր, որ տանինք, — ըսին միուս երկու բեռնակիրները:

— Ծաղկի փողոցն ալ գետնին տակն անցնի, դուք ալ,— պատասխանեց մարդն, որուն այտերն նեղութենե կարմրիլ սկսած էին:

Երկու բեռնակիրները խնդալով հեռացան. և ճամփորդն ալ յուր սնդուկներուն ետևեն երթալ կը պատրաստվեր, երբ բարձրահասակ, թխադեմ, փոքր աչերով մարդ մը ուսերը տնկած, ձեռները շփելով և բռնազբոսյալ ժպիտով մը մոտեցավ անոր և քաղաքավարական ձևով մը ձեռները բռնելով հարցուց.

— Դո՞ւք եք, Աբիսողոմ աղա, ե՞րբ եկաք, ո՞ր շոգենավով եկաք, ի՞նչպես եք, ձեր եղբայրն ի՞նչպես է, ազգային գործերն ի՞նչպես են Տրապիզոն, հացին գինը քա՞նի է հոն, անձրև եկա՞վ այս օրերս ձեր քաղաքը... վայ, Աբիսողոմ աղա, վայ...

— Ես եմ Աբիսողոմ աղան, հիմա եկա, տաճկի շոգենավով եկա, շատ աղեկ եմ, եղբայրս ալ աղեկ է, ազգային գործերն ալ աղեկ են Տրապիզոն, հացին գինը մեկ դահեկան[2] է, անձրև չեկավ այս օրերս մեր քաղաքը,— պատասխանեց փութով թիկնոցաբնակն՝ առանց ճանաչելու այս անձն:

— Ներեցեք, թողություն ըրեք, որ չկրցի մինչև շոգենավ գալ ձեզ դիմավորելու համար: Ինծի գրված էր Տրապիզոնեն, որ այս շաբթու անպատճառ հոս պիտի գաք... — Ես ատանկ բաներու չեմ նայիր:

— Արդարև մայրաքաղաքս ինքզինքը բախտավոր համարելու է ձեզի պես պատվական ազգային մը, շնորհալի երիտասարդ մը, ողջամիտ մեկը...

---

[2] Ղուրուշ, թյուրքական դրամ (10 կոպեկի չափ) :

— Մնդուկներս...
— Ազնիվ սիրտ մը, վեհանձն հոգի մը...
— Բեռնա...
— Հայրենասեր անձ մը...
— Կիրները...
— Ազգասեր, ուսյալ, կրթյալ...
— Մնդուկ...
— Դաստիարակյալ...
— Ներս առին, տարին...
— Ազնվասիրտ, ազնվախոհ, ազնվադեմ մեկը իր մեջ ունենալու համար:
— Մնդուկներուս մեջ ատանկ բաներ չկան,— պատասխանեց Աբիսողոմ աղան քալել սկսելով՝ բեռնակիրները գտնելու համար:
— Թեպետև դուք զիս չեք ճանչնար, բայց ես ձեր գերդաստանը խիստ լավ կը ճանչնամ. ձեր լուսահոգի հայրն իմ լրագրույս բաժանորդ էր: Շատ բարի մարդ մ՛էր, աղքատներուն ողորմություն կուտար, աղքատ աղջիկներ կը կարգեր և իրեն դիմողներուն բարություն կըներ: Ասանկ ողորմած մարդերը շատ ապրելու են, բայց, ի՞նչ օգուտ, անգութ մահը միշտ բարիները կառնե և թող կուտա չարերն, որ ազգին չարություն ընեն: Թողունք սակայն հիները և ուրիշ բանի վրա խոսինք: Շոգենավուն մեջ հանգի՞ստ էիք:
— Շատ հանգիստ էի, պատվականապես կերա, խմեցի և պառկեցա,— պատասխանեց Աբիսողոմ աղան՝ քայլերն շուտ առնել սկսելով:
— Եթե հանգիստ չըլլայիք, վաղվան լրագրույս մեջ պիտի գրեի և ընկերության ուշադրությունը պիտի հրավիրեի,— ըսավ խմբագիրն ետևեն վազելով:
— Շնորհակալ եմ:
— Կաղաչեմ, ըսեք ինձի, քանի՞ տարեկան եք:
— Քառասուն:
— Վաճառական եք, կարծեմ:
— Այո... եթե անցագիր պիտի շինել տաք, հարկ չկա, վասնզի հատ մը ունիմ:
— Չէ, վաղվան թերթիս մեջ պիտի գրեմ, որ առջի օրը Տրապիզոնեն մայրաքաղաքս եկավ մեծապատիվ Աբիսողոմ աղա երևելի վաճառականն, որ յուր լեզվագիտությամբ և վաճառականական հմտությամբն ծանոթ է մեր ազգայիններուն: Տաճկերեն գիտեք կարծեմ:
— Ո՛չ:
— Ֆրանսերե՞ն: — Ո՛չ:
— Անգլիերե՞ն:
— Ո՛չ:
— Գերմաներե՞ն:

— Ոչ:

— Վնաս չունի, ես լեզվագետ պիտի ընեմ ձեզի համար և ձեր վրայոք գովեստով պիտի խոսիմ:

— Ամեն Պոլիս եկողներուն անունները ձեր թերթին մեջ կը գրե՞ք:

— Գրեթե ամենն ալ, եթե ձեզի պես պատվավոր ազգայիններ ըլլան:

— Պոլիսեն գացողնե՞րն ալ կը գրեք:

— Գրեթե կը գրենք, եթե պատվավոր ազգայիններ ըլլան:

— Շատ լավ, իմ անունս ալ գրեցե՛ք, ես ալ պատվավոր ազգային մ՛եմ: Մեր քաղքին մեջ արտերու, եզերու, կովերու և ագարակներու տեր եմ... Ասոնք ալ գրե՛,— ըսավ այնպիսի դեմքով մը, որ կը հայտներ, թե մեծ շահ մ՛ուներ այս խոսքերուն հրատարակությանը մեջ:

— Հոգ մի՛ ըներ. խղճի և արդարության պարտք մը կատարելու համար անոնք ալ կը գրեմ:

— Երկու երեք հատ սպասավոր ալ ունիմ... անոնք ալ լրագրույդ մեկ կողմը կրնա՞ս անցունել:

— Ինչո՞ւ չէ:

— Ոսկիե ժամացույց և շղթա ալ ունիմ, բայց շոգենավուն մեջ չգողցնելու համար վրաս չառի. անոնք ալ գրել պե՞տք է,— հարցուց Աբիսողոմ աղան, որ բոլորովին մոռցած էր սնտուկները:

— Ատոնք գրելու հարկ չկա:

— Շատ լավ, բայց մյուս ըսածներս լրագրույդ մեջ ամենեն առաջ դիր, որ կարդան:

— Այնպես ընելու միտք ունիմ:

— Խոշոր գրերով գրե՛:

— Հանգիստ եղեք. ամենեն խոշոր գրերով:

— Միայն հարուստ մարդերուն գալն և երթալն կը գրեք... այնպես չէ՞:

— Այո:

— Եթե աղքատ մարդերն ալ կը գրեք, չեմ ուզեր, որ իմ անունս...

— Բնավ երբեք, ստակ չունեցողներուն անունները բնավ չենք գրեր, նույնիսկ եթե հազար ոսկի ալ տված ըլլան դպրոցի մը շինության համար:

— Ըսել է որ դուք ամեն իրիկուն հոս կսպասեք Պոլիս եկող կամ անկից մեկնող հարուստները տեսնելու և անոնց անունները հրատարակելու համար, որպեսզի ժողովուրդն գիտնա, թե ով եկած է և ով գացած է... Տարակույս չկա, որ վաղը իրիկուն իմ անունս պիտի կարդամ ձեր լրագրին մեջ: — Այո՛, ձեր հասցեն տվեք, որ տեղական թղթատարով ղրկեմ լրագիրը:

— Բերա, Ծաղկի փողոց, թիվ 2:

— Շատ աղեկ,— ըսավ խմբագիրն և գրպանեն թուղթ մը հանելով բաժանորդներուն ցուցակին մեջ անցուց Աբիսողոմ աղան:

— Վաղը առտու լույսը չձղքված ղրկե, որ կարդամ իմ անունս լրագրին մեջ:

— Իրիկվան դեմ կը ղրկեմ, վասնզի լրագիրս իրիկունները կը տպվի:

— Որչա՛փ ուրախ կըլլայի, թե ձեր վաղվան լրագիրն առտուն տպեիք... բայց վնաս չունի, իրիկվան թո՛ղ ըլլա, բավական է. որ անունս խոշոր գիրերով գրվի:

— Այդ մասին հանգիստ եղե՛ք. վաղը իրիկուն անպատճառ կը ղրկեմ լրագիրն ընկալագրով:

— Ընկալագրո՞վ... Տեղական թղթատարով պիտի ղրկեիք հապա... Ընկալագիրն ո՞վ է, անունս գիտե՞...

— Ընկալագիրն թուղթ մ՛է, որուն մեջ կը գրեմ «Ընկալա մեծապատիվ Աբիսողոմ աղայեն... լրագրո տարեկան բաժանորդագին մեկ ու կես ոսկի» և այդ թուղթը ձեզի կը հանձնեմ, որով տարի մը իրավունք կունենաք իմ լրագիրս ընդունելու:

— Տարի մը շարունակ պիտի գրե՞ք իմ անունս:

— Չէ, բայց դուք բաժանորդ պիտի ըլլաք իմ լրագրույս՝ մեկ ու կես ոսկի վճարելով ինծի:

— Մեկ ու կես ոսկի՜... շատ է... երեք քառորդ ոսկի չբա՞վեր:

— Խմբագիրները բաժանորդագնույն վրա սակարկություն չեն ըներ... :

— Շատ լավ. ղրկեցեք ձեր լրագիրն և այն թուղթը, բան մը կընենք:

— Սակայն չկարծեք, թե ես բաժանորդ գրելու նպատակով զձեզ տեսնելու եկա, քավ լիցի, այդ պզտիկությունը չեմ ընդունիր. բարեկամական պարտք մը կատարելու համար եկա զձեզ տեսնելու:

— Հայտնի բան է:

— Բնավ ձեր մտքեն չանցուներ, թե այս մարդը մեկ ու կես ոսկի փրցնելու համար զիս տեսնելու եկավ:

— Չեմ անցուներ:

— Վասնզի կան խել մը մուրացկան խմբագիրներ, որք Պոլիս եկողները կողոպտելու համար անոնց քովը կերթան և բաժանորդ կը գրեն զանոնք. ես այդ բանը չեմ կարող ընել, վասնզի բնությանս մեջ չկա... ես իբրև պատվավոր մարդ կուզեմ ապրիլ:

— Հասկցա, իբրև պատվավոր մարդ կուզեք ապրիլ:

— Ինձ հետ ձեր ունեցած այս տեսակցությունն ալ ուրիշի մի՛ զրուցեք, վասնզի տեսակ մը բախտանդիր, չվառական անձեր կան, որք բանդագուշական կենսագրություններ կը գրեն և իմ անձնականությունս կը խծբծեն: — Կը հասկնամ, անձնականությունդ կը խծբծեն:

— Օրինակի համար սա պարագային մեջ հանցանք մ՛ունի՞մ ես. զձեզ դիմավորելու եկա և խոստացա ձեր անունը լրագրույս մեջ հրատարակել. դուք ալ իբրև ողջամիտ ազգային մը բաժանորդ գրվեցա. կաղաչեմ, ըսեք, ձեր կոկո՞րդը սղմեցի, որ ինծի բաժանորդ գրվիք:

— Ամենևին:

— Ատրճանա՞կ ցցուցի:

— Բնավ երբեք:

— Դանա՞կ քաշեցի:

— Ոչ. բայց ուրիշ տեղեր ատրճանա՞կ կամ դանա՞կ ցցունելով բաժանորդ կը գրեն:

— Ատ ըսել չեմ ուզեր, սա ըսել կուզեմ, որ դուք ձեր հոժար կամքով բաժանորդ գրվեցաք:

— Այո՛: — Եվ ես վեհանձնաբար վարվեցա այս պարագային մեջ:

— Տարակույս չկա:

— Չվարվեցա այն խմբագիրներուն պես, որք օտարականի մը Պոլիս գալն իմանալուն պես՝ վազելով անոր տունը կերթան բաժանորդ գրելու համար:

— Այդ չվառականներն իրավունք չունին քու անձնականությունդ խծբծելու... դուն վստահ եղի՛ր ինծի...

— Շնորհակալ եմ ձեզմե. մնաք բարով, Աբիսողոմ աղա՛. օր մը մեր խմբագրատունը հրամմեցեք խահվե մը խմելու:

— Շատ աղեկ. օր մը կուգամ: Վաղվանին մեջ անցունելու չմոռնաք:

— Անհոգ եղեք:

Աբիսողոմ աղան և խմբագիրն բաժնվեցան իրարմե Բերայի քառուղվույն առջև, ուր հասած էին խոսելով:

Աբիսողոմ աղան առանձին մնալով սկսավ ճամփան շարունակել՝ ինքն իրեն հետևյալ խորհրդածություններն ընելով.

«Ես ինքզինքս չէի կարծեր այն չափ մեծ մարդ, որչափ որ կը կարծե այս խմբագիրն. բայց հարկավ այն ինձմե աղեկ գիտե իմ որչափ մեծ ըլլալս, վասնզի խմբագիր մ՚ է և ուսումնական է... : Վաղը լրագրի մեջ իմ անունս տեսնողները անշուշտ իրար պիտի անցնին և հետաքրքրություն պիտի ունենան ինծի հետ տեսնվելու. վաղը պետք է որ կիրակի օրվան հագուստներս հագնիմ և ոսկիե ժամացույցս ու շղթաս ալ դնեմ. սպասավորներս ալ հետս բերելու էի. ո՞վ գիտեր... : Ամեն մարդ պիտի իմանա վաղը, որ մեծ մարդ մը եկած է Կ. Պոլիս. ազնվախոհ, ազնվասիրտ, լեզվագետ, ուսումնական, դաստիարակյալ, կրթյալ և այլն մեկը, և՛ յուրաքանչյուր կնիկ պիտի ըսե իր էրկանը. «Մեր աղջիկը սա Աբիսողոմ աղային տանք»: Էրիկն ալ պիտի պատասխանե կնկանը. «Նայինք՝ Աբիսողոմ աղան մեր աղջիկը կառնե՞, անիկա հարուստ տեղե մը աղջիկ առնել կուզե հարկավ»: Այս պատասխանին վրա էրկան և կնկան մեջ վեճ մը պիտի ծագի և իրարու գլուխ պիտի պատռեն. որո՞ւ հոգ...: Անունիս լրագրին մեջ անցնիլն սա օգուտն պիտի ունենա, որ երկու օրվան մեջ հարուստ աղջիկ մը առնելով պիտի լրմնցունեմ ամուսնության գործն, որու համար միայն եկած եմ հոս... այս ամուս... »:

Աղյուս բեռցված էշերու կարավանեն էշ մը բախվելով Աբիսողոմ աղային դեմ՝ ընդմիջեց զայն իր խորհրդածություններու մեջ, ուր ընկղմած ըլլալով ուշադրու-թյուն չէրըներ առջևեն եկող էշերուն, որովք լի է միշտ Բերայի մեծ փողոցը:

— Մեկդի կեցիր,— ըսավ իշավար պարսիկն Աբիտողոմ աղային՝ արդարացնել ուզելով յուր էշը:

— Ատ խոսքը առաջ ըսելու էիր, որ զգուշանայի,— պատասխանեց Աբիտողոմ աղան և ճամփան շարունակեց:

Բ

Բեռնակիրներն ոչ լսած և ոչ ալ տեսած էին Ծաղկի փողոցն, բայց քաջալերվելով կարգ մը մարդերեն, որք գիտնալ կը ձևացունեն, ինչ որ չեն գիտեր, և որք խիստ բազմաթիվ են մեր ազգին մեջ, համարձակած էին ըսել Աբիտողոմ աղային, թե շատ աղեկ գիտեին Ծաղկի փողոցը:

Բեռնակիրներուն այս հանդգնությունն այնքան պարսավելի չէ, որչափ այն մարդերունն, որ խոհարարություն ուսած են և բանադատություն կընեն, կամ քիչ մը երկրաչափության պարապած ըլլալով՝ աստղերուն շարժումներուն վրայոք կը ճառեն, կամ երկու սազ և չորս կով մեծցուցած ըլլալով՝ դաստիարա-կության խնդիր կը հուզեն, կամ զավակ մ՛ ունեցած ըլլալով՝ առաջին մարդուն ո՛ր աշխարհի մեջ ծնած ըլլալուն վրա կատենաբանեն, կամ վերջապես անանկ նյութի մը վրա կը խոսին, որ բոլորովին օտար է իրենց, այո՛, այս մարդերուն հանդգնությունն ավելի է, վասնզի բանադատությունն կամ աստղագիտությունն կամ մանկատածությունն և այլն Ծաղկի փողոց չէ, որ ուրիշներուն հարցնելով անմիջապես սորվի մարդ: Եվ արդարև բեռնակիրներն, ամեն քայ-լափոխին, իրենց դեմն ելնողներուն հարցունելով՝ անմիջապես գտան Ծաղկի փողոցն և թիվ 2 տան դուռը զարկին. մինչդեռ ես շատ ատենաբաններ[3] մտիկ ըրած եմ, որ յոթը–ութը ժամ շարունակ խոսելով՝ չեն կարողացած իրենց փնտրած փողոցը գտնել և ստիպված են ուրիշ փողոցներու մեջ թափառիլ և թափառեցնել իրենց ունկնդիրներն՝ անոնց քթեն բռնելով:

Բեռնակիրները դուռը զարնելուն պես դուռը բացվեցավ և ներկայացավ իրենց թուխ և երկար դեմքով կին մը, որուն դեմքին վրա ժամանակն այնքան գծեր գծած էր զայն սրբագրելու համար, որքան որ կը

---

[3] Ճառախոս:

գծե «Մասիսի»[4] խմբագիրն յուր չորս տող մեկ ձեռագրին վրա, որ կամ մեկուն վախճանիլը կիմացունե և կամ ուրիշի մը կարգվիլը:

Բեռնակիրները դռնեն ներս մտնելով բեռները գետինը ձգեցին և սկսան իրենց քրտինքը սրբել:

— Աբիսողոմ աղային ըլլալու են ասոնք, այնպես չէ՞,— հարցուց բեռնակիրնե-րուն թխադեմ տիկինը:

— Անունը չըսավ մեզի,— պատասխանեց բեռնակիրներեն մին՝ սև թաշկի-նակովն գլխուն քրտինքը սրբելը շարունակելով:

— Ի՞նչ տեսակ մարդ էր:

— Խոշոր թիկնոց մը հագած էր:

— Ի՞նչ գույնով էր, ճերմա՞կ թե թուխ: — Ո՛չ, սև էր:

— Սև՞ էր:

— Այո, սև, բայց աղվոր, անոր փաթտըվողը ձմեռը չմսիր:

— Ատ ի՞նչ խոսք է, փաթտըվիլն ի՞նչ պիտի ըլլա... ես քուկին գիտցած կնիկներեն չեմ, հասկցա՞ր,— ըսավ տիկինը յուր խոսքերը շեշտելով:

— Վնասակար բան մը չըսի. փաթտըվելով ի՞նչ կըլլա եղեր,— պատասխանեց բեռնակիրն աթոռի մը վրա փռելով յուր թաշկինակն:

— Ատկե ավելի վնասակար ի՞նչ կրնա ըլլալ:

— Շատ բարակ բաներու մեր խելքը չպառկիր:

— Ես կը պառկեցունեմ... դուն զիս կը ճանչնա՞ս... :

— Փաթտըվելեն ի՞նչ վնաս կուգա:

— Ես էրիկ ունիմ, ինչու պիտի փաթտըվիմ եղեր անոր:

— Էրիկ ունեցողներն ալ կը փաթտըվին. էրիկն ուրիշ, աս ուրիշ. աս կը տաքցունե: Ըսենք, որ ձմեռը գիշեր մը դուրս ելար, փողոցին մեջ էրկանդ չես կրնար փաթտըվիլ, բայց աս կռնակդ կառնես... :

— Աբիսողո՞մ աղան:

— Թիկնոցը, տիկին... Աբիսողոմ աղան կռնակի վրան կառնվի՞:

— Մինչև հիմա թիկնոցի՞ վրա կը խոսեիր:

— Խոսքերնիս թիկնոցի վրա չէ՞ր մի... Հապա դուն ի՞նչ հասկցար:

— Ես հասկցա, որ Աբիսողոմ աղային փաթտըվելու է, կըսեն:

— Տեր ողորմյա, տեր ողորմյա, տեր աստված,— ըսավ բեռնակիրն՝ թաշկինակը քաշելով աթոռեն:

Տիկինն բեռնակրին տված բացատրութենեն գոհ ըլլալով, հրամայական եղանակով մ՛ըսավ.

— Աս անկողինն և սնդուկներն վե՛ր հանեցեք:

Բեռնակիրներն հնազանդելով բեռներն նորեն վերցուցին, և հազիվ թե սանդուղին առաջին աստիճանին վրա կոխած էին, տիկինն պոռաց.

---

[4] «Մասիս»-պահպանողական շաբաթաթերթ էր, հետագայում օրաթերթ և դարձյալ շաբաթաթերթ, հրատարակվել է Պոլսում 1852 թվականից մինչև 1889 թվականը:

— Լեռնե՞ն եկաք դուք:

— Ոչ, մեծ փողոցեն եկանք:

— Գիտեմ, որ մեծ փողոցեն եկաք. այդ ոտքի ամաններով վեր կելնվի՞. տեսեք՝ ի՞նչ բրիք տախտակներս, ես այսօր սրբեցի զանոնք, և հոգիս բերանս եկավ:

— Ի՞նչ ընենք, ուրիշ ոտքի աման չունինք:

— Ինչո՞ւ կայներ երեսս կը նայիք, չհանե՞ք տվոնք:

— Մի՛ պոռար, տիկին, մի՛ պոռար, կը հանենք:

Եվ հանեցին իրենց ոտքի ամաններն, որք ավելի մաքուր էին, քան իրենց ոտներն:

— Ա՞յդ ոտքերով վեր պիտի ելնեք,— կրկնեց տիկինն: — Ուրիշ ոտք չունինք, այս ոտներով պիտի ելնենք,— պատասխանեցին պանդուխտներն այնպիսի խղճուկ կերպով մը, որ կարծես թե իրենց աղքատության պատճառով երկու ոտքեն ավելի չէին կրցած ունենալ, և որպես թե հարուստներն չորս, հինգ կամ վեց ոտք ունեցած ըլլային:

— Վա՛ր իջեք, չեմ ուզեր, գետինը ձգեցե՛ք, ես կը տանիմ:

— Առանկ ավելի աղեկ կըլլա:

— Ա՛հ, ես ի՞նչ ըսեմ իմինիս, որ գործի չերթար, և առտվնե մինչև իրիկուն սրճարանները կերթա, կը նստի, ազգային գործերու վրա կը խոսի, զիս ասանկ խեղճ կը թողու, և ես ալ կստիպվիմ տունս մարդ դնելու,— մռմռաց ինքնիրեն տիկինն և սանդուղին առջև դրված թաց լաթով մը սանդուղին առաջին աստիճանն սրբել սկսավ:

— Տիկին, մենք սպասե՞նք պիտի...

— Եթե խելքը գլուխը մեկն ըլլար, — շարունակեց տիկինն ինքնիրեն,— ես հիմա թագուհիի մը պես կյանք կանցունեի. զավակ չունիմ, բան չունիմ. բայց ինչ ընեմ, որ խելքը միտքը թաղական[5] ընտրելու և թաղական վար առնելու վրա է: Աստուծմե գտնան այն թաղականներն ալ, որ ամենուս խեղճությանը պատճառ կըլլան կոր: Ինչո՞ւդ պետք քուկին, տնաշեն, ուզողը նստի, չուզողը չնստի, դո՞ւն մնացիր այս ազգին գործերը շտկող...

— Տիկին, մեր իրավունքը տուր, որ երթանք, պարապ տեղը չսպասենք հոս,— ըսին բեռնակիրները:

— Վաղը եկեք, — պատասխանեց տիկինն. և բեռնակիրներն, որք վաղը բառն ամեն օր լսելու վարժված էին, տիկնոջ պատասխանին վրա դռնեն դուրս ելան:

---

[5] Այսինքն թաղական խորհրդի անդամ:
Թաղական խորհուրդ— ըստ ազգային սահմանադրության տաճկահայերի ինքնավարական օրգանների հիմնական բջիջն էր, թե Պոլսում և թե գավառներում, որ ընտրվում էր տեղական ժողովրդի կողմից շրջանի ազգային-կուլտուրական գործերը տնօրինելու համար:

— Թաղականի մը ետևեն է ինկեր, — շարունակեց տիկինն դարձյալ, և բնավ չմտմտար, որ ուտելու համար հաց պետք է, միս պետք է, եղ պետք է, բրինձ պետք է. զանոնք եփելու համար փայտ պետք է, ածուխ պետք է. ասոնք բնավ չհարցուներ, առտուն լուսը չճեղքված կերթա և իրիկվան մութուն կուգա: Ահա հյուրերնիս այսօր եկած է և ժամե մը հոս պիտի գա. հարկավ անոթի է մարդն, առջևը բան մը հանելու է, որ ուտե, և մենք բան մը չունինք, վասն զի իրիկունները տուն եկած ժամանակ կտոր մը միս կամ ձուկ չբերեր, որ տունին մեջ կերակուր գտնվի... թաղականեն ուրիշ բան չունինք տուներնուս մեջ, ամեն իրիկուն թաղական...

Տիկինն դեռ դիտողություններն լմնցուցած չէր, և ահա յոթանասունի մոտ մարդ մը, որ բանալիով բացած էր դուռն, ժպիտով ներս մտավ և բարևեց տիկինը: Այս մարդը տիկնոջ ամուսինն էր: Յուր խորշոմած կունտ ճակատն չափեն ավելի դուրս ցցված էր և այնպիսի դեմք մը ուներ, որ կարծես, թե մեկն զայն կը խտղտեր:

Այս մարդն հազիվ թե դռան սեմեն ներս ոտք կոխած էր, կինն առջևն ելնելով՝ հարցուց անոր:

— Ո՞ւր էիր մինչև հիմա, մարդ աստուծո:

— Չես ըսեր, կնի՛կ, թաղականին գործն ալ այսօր լմնցուցինք. կիրակի օրը քվեարկությունը պիտի կատարվի, և բոլոր անդամները պատվավոր մարդիկ պիտի ըլլան: Թորոս աղան ինծի քանի մը օղի խմցունելով ետևես ինկավ, որ յուր ուզած մարդոցը քվե տամ, բայց ես իմ մարդոցս տվի, վասնզի իմ մարդիկս ինծի ամեն գիշեր օղի կը խմցունեն և շատ բարի և պատվավոր մարդիկ են, ուրիշներուն պես թաղին սնտուկեն ստակ չեն գողնար և դպրոցն ալ...

— Այդ խոսքերուն ատենը չէ հիմա, շուտ մը գնա կտոր մը միս առ:

— Թորոս աղան քիչ մը սրդողեցավ, և ասկից վերջը հետս սքամպիլ[6] չպիտի խաղա. թո՛ղ չխաղա՛... :

— Ես քեզի ի՞նչ կըսեմ կոր... շուտ ըրե՛, գնա՛:

— Ես ալ տիրացու Մարտիրոսին հետ տամա կը խաղամ ասկից ետքը...

— Այդ խոսքերը վերջն ալ կըսենք, Մանուկ աղա, գնա՛ մսավաճառեն քիչ մը միս առ ու բեր:

— Տիրացու Մարտիրոսին գլխուն եկածը չես ըսեր, կնի՛կ. խեղճին կինն այս գիշեր մազ մնացեր է, որ մեռնի եղեր...

— Ինչո՞ւ:

— Մանչ մը բերեր է. բայց շատ դժվարությամբ. չորս դայակ և տասնվեց բժիշկ հազիվ կրցած են տղան առնել:

— Խեղճ կնիկ...

— Վաղը քիչ մը գնա՛, զինքը տե՛ս:

[6] Թղթախաղի մի տեսակը:

— Կերթամ, հիմա դուն գնա, սա մսին գործը լմնցուր:

— Այս գիշեր անպատճառ միս պե՞տք է:

— Հապա, Աբիսողոմ աղային անկողինն ու սնդուկները բերին, ինքն ալ հիմա կուգա:

— Իրա՞վ կըսես, կնի՛կ:

— Սուտ ինչո՞ւ պիտի խոսիմ:

— Շատ աղեկ ուրեմն. երթամ պատվական միս մ՛առնեմ ու գամ:

Մանուկ աղան անմիջապես տունեն դուրս ելավ և հազիվ թե քանի մը քայլ առած էր, կինը ետևեն պոռալ սկսավ.

— Մա՛նուկ աղա, Մա՛նուկ աղա... Մանուկ աղան ետ դարձավ.

— Միսն ինչո՞վ պիտի եփենք,— հարցուց կինը:

— Կուզես գետնախնձորով եփե՛, կուզես լուբիայով[7]:

— Ատ չէ իմ ըսածս. ածուխ չունինք, քիչ մ՛ալ ածուխ առնեիր:

— Շատ աղեկ,— պատասխանեց Մանուկ աղան և սկսավ երթալ:

— Մա՛նուկ աղա, Մա՛նուկ աղա,— կանչեց տիկինը նորեն:

Ետ դարձավ Մանուկ աղան:

— Աղեկ ա՛, մինակ միսով չըլլար, քիչ մ՛ալ բրինձ ա՛ռ, որ ապուր մ՛ալ շինենք:

— Աղեկ ըսիր, կնի՛կ, քիչ մ՛ալ բրինձ առնենք:

Մանուկ աղան այս անգամ վազելով սկսավ երթալ. փողոցը դառնալու վրա էր, երբ կինն բոլոր ձայնովն ետևեն զայն կանչեց.

— Մա՛նուկ աղա, Մա՛նուկ աղա... Ման...

Կանգ առավ էրիկն և վերստին ետ դարձավ՝ այս անգամ դեմքին զվարթության վրա քիչ մը գեղջ ընելով:

— Ի՞նչ կուզես...

— Մարդ աստուծո, շոգեկառքի պես կը վազես, ձայնս մարեցավ: Սոխ չունինք, աղ ալ չունինք, քիչ մ՛ալ զազ կամ ճրագ առնելու է, որ վառենք. մարդը մութո՞ւն պիտի նստեցունենք:

— Աղեկ ա՛, ամենը մեկեն ըսե, որ նպարավաճառին երթամ և պետք եղածներն առնեմ. հարյուր անգամ ետևես կանչեցիր:

— Ջուրի շիշ ալ չունինք... գլուխս կապելու բան մը չունիմ, ոտքս հագնելու կոշիկ չկա. այս վիճակին մեջ ի՞նչպես Աբիսողոմ աղային դեմը ելնեմ:

— Հիմա ուտելիքը առնենք, վաղն ալ հագնելիքը կը մտմտանք,— ըսավ Մանուկ աղան և դուռը ուժով մը քաշելով դուրս ելավ:

— Մանո՛ւկ աղա, Մանո՛ւկ աղա...

— Ուզածիդ չափ պոռա՛, ա՛լ ետ չեմ դառնար,— մռմռաց Մանուկ աղան և ճամփան շարունակեց:

---

[7] Լոբի:

Մանուկ աղան քանի մը փողոց դարձած էր, երբ կնկան ձայն մը առավ, որ զինք կը կանչէր։

— Գործ չունիս նե, պոռալով ետևես վազե,— ըսավ ինքնիրեն Մանուկ աղան՝ առանց գլուխն ետ դարձնելու՝ տեսնելու համար, թե ով էր զինք կանչողը։

— Մանուկ աղա, Մանուկ աղա,— կրկնեց ձայնը, որ տիրացու Մարտիրոսին տասնամյա աղջկանն էր։

Մանուկ աղան շարունակեց յուր ճամփան. և տիրացու Մարտիրոսին աղջիկն՝ քայլերն փութացնելով՝ տասը քայլ հեռավորությամբ մոտեցավ անոր։ Խեղճին շունչը կտրած ըլլալով՝ անգամ մ՚ալ կրցավ պոռալ.

— Մա՛նուկ աղա։

Դարձյալ պատասխան չառավ և ստիպվեցավ քիչ մ՚ալ քալելով Մանուկ աղային հագուստի ծայրեն քաշելու։

— Թող տուր, կնի՛կ,— ըսավ Մանուկ աղան՝ առանց ետևը նայելու։

— Բան մը պիտի ըսեմ։

— Մտիկ ընելու ժամանակ չունիմ. ըսածներդ արդեն չեմ կրնար միտքս բռնել, հիմա ելեր, ուրիշ բաներ ալ պիտի ըսես...

— Դայակին տունը պիտի հարցունեի...

Դայակ բառը լսելուն պես արթնցավ Մանուկ աղան և ետևը տիրացու Մարտիրոսին աղջիկն տեսնելով՝

— Աղավնի, ո՞ւն էիր ետևես վազողը,— հարցուց անոր։

— Ա... յո... ես... — պատասխանեց Աղավնին, որ հևալեն ա՛լ չէր կարող խոսել։

— Մայրդ ի՞նչպես է։

Աղավնին կը հևար։

— Չըսե՞ս, մայրդ ի՞նչպես է... դժբախտությո՞ւն մը պատահեցավ։

Աղավնիին բոլոր պատասխանը հևալ էր...

— Հետաքրքրութենես պիտի ճա՛թիմ[8]... չըսե՞ս, աղջիկ, հևալու ժամանա՞կ է հիմա, մայրդ ի՞նչպես եղավ։

— Մայ... րի... կս... ա... դեկ է, բայց... տը... ղան... ծիծ չը... բռ... նեը... կոր... դա... յա... կը... պի... տի...

— Շատ լավ, շատ լավ, աղջիկս, դուն տուն գնա, դայակն ես կը ղրկեմ։

Աղավնին բաժնվեցավ Մանուկ աղայեն, որ ճամփան փոխեց դայակին տունը փնտրելու համար։

Չուզելով մեր ընթերցողին ձանձրույթ պատճառել՝ կը թողունք Մանուկ աղան, որ ամեն քայլափոխին բարեկամի մը կը հանդիպեր և անոր կծանուցա-ներ կամ թաղականին ընտրությունը կամ տիրացու Մարտիրոսին կնկան մանչ զավակ մը բերելն կամ Աբիսողոմ աղային գալը։ Դառնանք հիմա Աբիսողոմ աղային։

---

[8] Տրաքվել, պայթել։

Գ

Բավական երկար տարիներե ի վեր սովորություն եղած է, որ շատերը ուսում առնելու համար Ֆրանսա կամ Գերմանիա երթալեն ետքը մայրաքաղաքս կուգան կին առնելու համար, և ընթերցողն ալ գիտե արդեն, որ Աբիսողոմ աղան ալ ուրիշ նպատակով եկած չէր Կ. Պոլիս: Ընթերցողս չմոռցավ նաև, թե այս ամուսնության խնդիրն ո՛րչափ միտքը գրաված էր Աբիսողոմ աղային, որ առջևեն եկող էշերը չտեսնելով՝ անոնց միույն դեմ բախեցավ: Թերևս հարցվի, թե Աբիսողոմ աղային դեմ բախվող ավանա՞կն ալ ամուսնության վերաբերյալ գործ մ'ուներ, որ յուր առջև չտեսավ Աբիսողոմ աղային պես խոշոր մարդ մը: Անոնք, որ պատմության քիչ կամ շատ ծանոթություն ունին, գիտեն, որ էշերը, որոնց նախահայրերեն մին ժամանակավ հրեշտակ տեսած է[9], բնավ կարևորություն չեն տար մահկանացուներուս և կուզեն, որ միշտ մենք ճամփա բանանք իրենց: Աբիսողոմ աղան եթե պատմության տեղյակ ըլլար, կամ կին առնելու խնդիրով միտքն չզբաղեցուներ, անշուշտ ճամփա պիտի բանար այդ արարածներուն, որք իրենց ականջներով Միդաս [10] թագավորին ներկայացուցիչներն ըլլալու պատիվն ալ կը վայելեն:

Արդ, Աբիսողոմ աղան էշերեն բաժնվելեն ետքը Ծաղկի փողոցը գտնելու համար անոր ասոր հարցումներ կուղղեր. վասնզի ինքն առաջին անգամ էր, որ Պոլիս կուգար, և Տրապիզոն բնակվող բարեկամներեն մին խորհուրդ տված էր իրեն, թե հանգիստ ուտելու և պառկելու համար հիշյալ փողոցը, հիշյալ թիվը կրող տունն իջնելու էր: Այդ բարեկամն շաբաթ մը առաջ Մանուկ աղային ալ նամակով իմացուցած էր, որ Աբիսողոմ աղան իրեն տունը պիտի բնակեր: Աբիսողոմ իրեն տրված տեղեկություններուն համեմատ մեկ փողոցեն կը մտներ, մյուսեն կելլեր, երբեմն ալ սխալմամբ անել փողոցներու մեջ կը մտներ, կը բարկանար, ետ կը դառնար և մեկ կողմեն ալ կը կասկածեր, որ բեռնակիրներն իրեն անկողինն և սնդուկներն առնելով չփախչեին, թեպետ և անոնց հավա-տարմությունն շատերեն լսած էր:

Ժամու մը չափ Բերայի փողոցները չափելեն ետքը՝ Աբիսողոմ աղան հաջողեցավ վերջապես գտնել Ծաղկի փողոցն, զոր շփոթելու չէ նույն

---

[9] Հրեշտակ տեսած էշը Միջնադարի մոգ Բաղաամի էշն է (ըստ Աստվածաշնչի), որ հրեշտակ տեսավ և խոսել սկսեց:

[10] Միդասը փռյուգիական առասպելական թագավոր էր, որին պատժեց Ապոլլոն աստվածը նրա գլխին իշի ականջներ բուսցնելով:

անունը կրող փողոցին հետ, որ Բերայի հրդեհին մոխիր դարձած էր հազար ութը հարյուր յոթանասունը չեմ հիշեր քանիին: Այս փողոցն Ծաղկի փողոց կանվանվեր սա պատճառով, որ հոն բոլոր տուներուն պատուհաններուն առջև միշտ ծաղիկ-ներ կը գտնվեին:

— Երկու թիվն ո՞րն է,— հարցուց, առանց գիտնալու, Մանուկ աղային կնոջը, որ դրան առջև յուր էրկանը գալստյան կսպասեր:

— Աս է հրամմե՛ցեք, Աբիսողոմ աղա,— պատասխանեց տիկինը:

— Անկողինս և սնդուկներս բերի՞ն:

— Բերին, Աբիսողոմ աղա. վեր հրամմեցե՛ք, Աբիսողոմ աղա, եթե կուզեք, քիչ մը հոգնություն առնելու համար սա պզտիկ սենյակը նստեցեք,— ըսավ կինը գետնահարկի վրա պզտիկ խուց մը ցույց տալով:

— Շատ հոգնած եմ, քիչ մը հոս կը նստիմ:

— Ձեր կամքն ինչպես որ կուզե, այնպես ըրե՛ք, Աբիսողոմ աղա. տունը ձերն է Աբիսողոմ աղա. ձեր տունին պես հանգիստ ըրե՛ք:

— Շնորհակալ եմ:

Աբիսողոմ աղան պզտիկ սենյակը մտավ առաջնորդությամբ տիկնոջ, որ ղամբար մը բռնած էր, որուն կազը հատնելու վրա էր:

— Ի՞նչպես եք, Աբիսողոմ աղա, տունեն ի՞նչպես են, աղե՞կ են:

— Աղեկ են:

— Թող աղեկ ըլլան, ձեր զավակներն ի՞նչպես են, Աբիսողոմ աղա, դպրոց կերթա՞ն:

— Զավակ չունիմ:

— Ձեր տիկինն ի՞նչ կընե, աղե՞կ է, Աբիսողոմ աղա:

— Տիկին չունիմ դեռ:

— Կարգված չե՞ք, Աբիսողոմ աղա:

— Չէ:

— Շատ լավ, հոս աղվորիկ աղջիկ մը գտնենք ու պսակեցի ընենք քեզի, Աբիսողոմ աղա:

— Անանկ միտք մը ունինք,— պատասխանեց Աբիսողոմ աղան. բայց աղջիկեն առաջ ես կերակուր կուզեմ, վասնզի առտվնե ի վեր բերանս բան դրած չեմ:

— Շատ աղեկ, Աբիսողոմ աղա, շատ աղեկ. հիմա կը բերեմ ձեր կերակուրն:

Տիկինը դուրս ելավ և դուռը բանալով սեմին վրա կայնեցավ՝ սպասելու համար Մանուկ աղային, որ, ինչպես կը հիշեն ընթերցողները, դայակ փնտրելու գացած էր:

Աբիսողոմ աղան սենյակին մեջ միակ մնալով՝ բարձի վրա դրված Ջեն Հոգևորն[11] առավ և թղթատել սկսավ զայն. բայց որովհետև մարդս անոթի

---

[11]Ջեն Հոգևոր - իսկական վերնագիրն է, «Գիրք կոչեցյալ Ջեն Հոգևոր» Պոլսի պատրիարք Հակոբի աշխատությունն է, լույս է տեսել Պոլսում 1757 թվականին.

եղած ժամանակ գիրք չկրնար կարդալ, ինչպես նաև չկրնար գիրք գրել, նորեն բարձին վրա դրավ Ջեն Հոգևորն, վասնզի փորն կիմացուներ իրեն, թե Ջեն մարմնավորին պետք ուներ, և սկսավ սենյակին մեջ պտտելու:

— Կաղաչեմ, Աբիսողոմ աղա, որ ձեր տունին պես հանգիստ ընեք,— ըսավ տիկինը սենյակը մտնելով:

— Անհանգստության պատճառ մը չունիմ, միայն թե անոթի եմ և կերա-կուր ուտել կուզեմ: — Կերակուրդ պատրաստվելու վրա է, հիմա պիտի բերեմ,— ըսավ տիկինը և դուրս ելավ նորեն դռան առջև էրկանը սպասելու համար:

— Ի՞նչ տեսակ կնիկ է այս,— ըսավ Աբիսողոմ աղան, երբ առանձին մնաց,— զիս անոթի կը պահե և կը պատվիրե, որ հանգիստ ըլլամ. անոթի մարդը հան-գիստ կրնա՞ ըլլալ...

— Սեպե՛ թե ես ալ քու քույրդ եմ կամ աղջիկդ եմ,— ըսավ վաթսունամյա տիկինը դարձյալ ներս մտնելով,— եթե բան մը կուզես, մի՛ քաշվիր, ըսե ինծի, որ բերեմ:

— Շնորհակալ եմ:

— Ես կուզեմ, որ իմ տունս եկող հյուրերը չնեղվին:

— Կը հասկնամ. հիմակուհիմա կերակուրեն ուրիշ բան չեմ ուզեր:

— Կերակուրը պատրաստվելու վրա է, հոգ մի՛ ընեք...

Տիկինը դեռ պիտի շարունակեր յուր բանակցությունն, բայց դուռը զարնվելով՝ դուրս վազեց շուտով, որպեսզի դուռը բանա, էրիկը դիմավորե և բերած պաշարներն առնե ու կերակուր եփե:

— Ողջույն, տիկին,— ըսավ մեկը դուռը բացվելուն պես:

Հարկ չկա ըսելու, թե եկողը կրոնավոր մ՚էր, ինչու որ անոնք միայն կը գործածեն ողջույնը:

— Օրհնյա՛ տեր,— պատասխանեց տիկինը:

— Ի՞նչպես եք, աղե՞կ եք, տիկին:

— Փառք աստծո, տեր հայր:

— Մանուկ աղան հիմա դեմս ելնելով իմացուց, որ հյուր մը եկած է ձեզի այսօր, ես ալ եկա, որ հետը տեսնվիմ:

— Շատ աղեկ ըրեր եք, ներս հրամմեցեք, տեր հայր,— ըսավ տիկինն՝ ցույց տալով խուցն, որուն մեջ Աբիսողոմ աղան յուր անոթությամբը կզբաղեր:

Քահանան ներս մտավ:

Աբիսողոմ աղան ոտքի ելավ:

— Ողջո՛ւյն, Աբիսողոմ աղա:

— Օրհնյա՛, տեր հայր:

ունի կրոնական-բարոյախոսական բովանդակութուն և մեծ հռչակ է վայելել հոգևորականության շրջաններում:

— Մեղավորս ձեր բարեպաշտության զալն իմանալով՝ աճապարանոք եկա ձեր ջերմեռանդության պատվական որպիսությունը հարցնելու, ի՞նչպես եք, Աբիսողոմ աղա:

— Աղեկ ենք:

— Միշտ աղեկ ըլլա՛ք, տեր աստված ձեր մեռելոց արքայություն և կենդանյաց ավուրս երկարս պարգևեսցե:

— Շնորհակալ եմ. դուք ի՞նչպես եք, տեր հայր:

— Մեր աղեկությունը մի հարցուներ... ժամանակիս աղեկությունը... Տեր աստված զձեզ համենայն փորձանաց և ի չարե ազատ պահեսցե. ժողովուրդն երբ աղեկ ըլլա, քահանաներուն ալ երեսը կը խնդա:

— Այնպես է, տեր հայր,– պատասխանեց Աբիսողոմ աղան՝ յուր աչերն չզատելով բնավ խուցին դռնեն, ուսկից կերակուր կը հուսար:

— Օրհնա՛ծ, ժամանակը շատ գեշ է. ժողովուրդը շատ նեղություն կը քաշե, այս պատճառավ ջերմեռանդությունն ալ օր ըստ օրե պակսելու վրա է:

— Իրավ է:

— Բայց ի՞նչ պիտի ընենք, ի՞նչ կուզա մեր ձեռքեն՝ համբերելեն զատ... Սուրբ գիրքը կըսե. որ համբերեսցե իսպառ, նա կեցցե:

— Այնպես է:

— Եթե չհամբերենք, բարկանալ պետք է, և մարգարեն կըսե. բարկանա՛յք և մի՛ մեղանչեք:

— Ճիշտ է,— պատասխանեց Աբիսողոմ աղան, որուն ականջը բնավ չէր մտներ քահանային խոսքերը և որ քահանային ներկայութենեն նեղություն կիմանար. վասնզի, ինչպես գիտեն ընթերցողները, կերակուրեն ուրիշ բանի պետք չուներ:

— Ձի ո՛չ հացիվ միայն կեցցե մարդ, այլ բանիվ տյառն[12]:

Քահանան քթախոտի տուփը ծոցեն հանեց և երկու մատներովը քթախոտ լեցուց քթին ծակերուն մեջ և հետո, տուփը Աբիսողոմ աղային երկնցնելով՝

— Հրամմեցե՛ք, օրհնա՛ծ,— ըսավ:

Աբիսողոմ աղան շնորհակալությամբ առավ տուփն և քիչ մը քթախոտ քաշեց:

— Քիչ քաշեցիք, Աբիսողոմ աղա, կաղաչեմ, անգամ մ' ալ քաշեցեք, քթախոտը վնասակար բան մը չէ:

Աբիսողոմ աղան անգամ մ' ալ քաշեց, որպեսզի խոսքը չ'երկարի և հյուրը մեկնի:

— Ինչո՞ւ աղեկ մը չեք քաշեր, Աբիսողոմ աղա,— կրկնեց քահանան, շատկեկ[13] քաշեցե՛ք:

---

[12] Որովհետև ոչ միայն հացով կապրի մարդ, այլ աստծո խոսքով: (Ավետարանից):

[13] Մի քիչ շատ:

— Շնորհակալ եմ, տեր հայր, սովորություն չունիմ:
— Կը խնդրեմ, մեղավորիս խոսքը մի՛ կոտրեք, քիչ մ' ալ քաշեցե՛ք:
— Ա՛լ չի քաշվիր,— ըսավ Աբիսողոմ աղան մեկուսի և քիչ մ'ալ քաշեց:
— Դավիթ մարգարեն[14] կըսե, որ՝ մարդո որպես խոտո են ավուրք յուր...[15]
— Քթախոտին համա՞ր կըսե: — Չէ, մեզի համար կըսե... և մենք ալ աշխատելու ենք, որ այս վաղանցուկ կյանքի մեջ ուրիշներուն բարիք ընենք, աղքատ տնանկները խնամենք և երբեմն ալ մեր ննջեցելոց հոգվույն համար աղոթենք:
— Այնպես է:
— Պատրաստ գտնվելու ենք, որ կանչվելնուս պես երթանք:
— Իրավ է:
— Մեղավորս պիտի համարձակիմ խնդիրք մը ընել ձեր բարեպաշտությանը և կը հուսամ, որ չեք մերժեր, վասնզի ձեր բարեպաշտությունը և ջերմեռանդությունը շատ աղեկ կը ճանչնամ մեղավորս:
— Հրամմեցե՛ք:
— Տեր աստված յուր անսպառ գանձը միշտ բաց պահե հրամանոցդ պես ջերմեռանդներուն:
— Շնորհակալ եմ:
— Մեկուն տեղ հազար տա, հազարին տեղ միլիոն տա ի շինություն սբ. եկեղեցվո և ի փառս ազգին: Խնդիրքս սա է, որ առաջիկա կիրակի կուզեմ ձեր ննջեցելոց հոգուն համար պատարագ մատուցանել: Ներեցե՛ք համարձակությանս, բայց իմ պարտքս է միշտ իմացունել, որ ննջեցյալները մոռնալու չէ:
— Իրավունք ունիս, տեր հայր:
— Արդ, եթե կուզեք, ըսեք, որ ես ալ անոր համեմատ կարգադրություն մը ընեմ: Չկարծեք, թե ծախքը մեկ մեծ բան մ' է. երկու ոսկիով կը լմննա: Նույն օրը հատկապես ծանուցում ալ կընենք եկեղեցվո մեջ, որ վասն հոգվոցն ննջեցելոց Աբիսողոմ աղային է նույն ավուր սուրբ և անմահ պատարագը:
— Շնորհակալ կըլլամ:
— Բան մը չէ, մեր պարտքն է:
— Հրամմեցե՛ք, երկու ոսկին առե՛ք,— ըսավ Աբիսողոմ աղան՝ քակեն երկու ոսկի տալով քահանային:
— Թող այսօր մնար... ինչո՞ւ աճապարեցիք,– պատասխանեց քահանան ձեռները բանալով:

---

[14] Դավիթ մարգարեն (մոտավ. 1010-970 թ. Ք. ա.) հրեկան թագավոր էր, որ հռչակվել է նաև որպես ենթադրական հեղինակ սաղմոսների մեծ մասի, որոնք հոգևոր երգեր էին հրեաների և քրիստոնյաների համար:
[15] Մարդու օրերը (կյանքը) խոտի նման է: Այսինքն՝ անցավոր:

— Չէ, առէ՛ք։

— Որովհետև կ՚ստիպեք, ես ալ կառնեմ սիրտդ չկոտրելու համար։ Օրհնյալ ըլլաք. տեր աստված ձեր տունը միշտ շեն պահե, ձեր քսակը միշտ լեցունե. ինչ որ ունիս սրտիդ մեջ, տեր աստված կատարե. գործերուդ հաջողություն տա և ամեն փորձանքներե ազատ պահե։

Քահանան բարեմաղթությունները լմնցնելուն պես մնայք բարյավ ըսելով դուրս ելավ։

— Վերջապես խալսեցա[16],— ըսավ ինքնիրեն Աբիսողոմ աղան,— սա մարդուն ձեռքեն. սա ինչ փորձանքներ են, որ կուգան գլուխս այսօր՝ Պոլիս ոտք կոխելես ի վեր։ Շոգենավեն հազիվ դուրս ելած էի, խմբագիրին մեկը երկու ժամ գլուխս ցավցուց. անկից զատվեցա և մինչև որ տունը գտա, հազար նեղություն քաշեցի։ Տուն եկա, որ քիչ մը շունչ առնեմ և կերակուր ուտեմ, տանտիկինը զիս անոթի կը պահե և միշտ ներս կուգա, կաղաչե ինծի, որ բան մը հոգ չընեմ և հանգստությանս նայիմ։ Աս ալ հերիք չէր, և ահա այս մարդը կուգա, բռնի քթախոտ քաշել կուտա ինծի և Դավիթ մարգարեեն խոսք բանալով՝ երկու ոսկի կառնե, կերթա. երթա բարով։ Այս ամենը քաշեցինք անոթի փորանց. բայց սա կերակուրս ինչո՞ւ համար չեն բերեր. այս գիշեր անոթի՞ պիտի պահեն զիս... աս ի՞նչ խայտառակություն է...

Այս հարցումներն կուղղեր Աբիսողոմ աղան, և ահա գազն, որ արդեն հատած ըլլալով տկար լույս մը կուտար, կը մարի և մութի մեջ կը ձգե հյուրը։

— Բայց քաշվելու բան չէ աս,— կը շարունակե խոշոր մարդը,— կամ ուրիշ տեղ մը երթալու է և կամ կինը կանչելով քանի մը խոսք ըսելու է։ Ես իմ քաղաքիս մեջ երկու սպասավոր ունեի, որ դեմս բարև կը բռնեին. սեղանը կանուխ կը պատրաստեին և իմ գործերս կը տեսնեին. սպասավորներով վարժված մարդ մը ինչո՞ւ այս նեղությունն քաշե հիմա։

— Աս ի՞նչ է, գազը մարա՞ծ է... — հարցուց տիկինը սենյակին դուռը բանալով։

— Այո՛, մարած է,—պատասխանեց Աբիսողոմ աղան՝ զսպելով յուր զգացած նեղությունն, որ ավելնալու վրա էր։

— Դուն հանգիստ եղիր, Աբիսողոմ աղա, այդ բաները նայիլը մեր գործն է։

— Այո՛, բայց ես անոթի եմ և սպասելու կարողություն չունիմ։

— Ես ի՞նչ ըսի քեզի, դուն սիրտ մի՛ հատցուներ. ամեն բան ինծի ձգե՛, ես կը հոգամ։

Տիկինը շուտ մը դրացվույն տունը վազեց և անոր գազն բերելով լուսավորեց Աբիսողոմ աղային խուցը։

---

[16] Ազատվեցի։

Դ

Այս լուսավորության վրա կես ժամ չանցավ, և Աբիսողոմ աղային ներկայացավ երիտասարդ մը, որ վաճառականի չէր նմաներ. սեղանավորի ալ չէր նմաներ, արհեստավորի ալ չէր նմաներ, գործավորի ալ չէր նմաներ, և վերջապես անանկ բանի մը կը նմաներ, որուն նմանը չկա: Հազիվ երեսուն երկու տարեկան կը թվեր: Կապույտ աչերով, դեղին մազերով զարդարված ըլլալով՝ ուներ նաև երկու մատ մորուք, որ մայրաքաղաքիս մեջ կամ սգո նշան է և կամ չքավորության: Հագուստներն այնքան հին էին, որ հնախույզները զանոնք գնելու համար մեծաքանակ գումար մը կուտային: Սակայն եթե հագուստի մասին վանողական էր, դեմքի մասին քաշողական զորություն ուներ այս անձը:

— Ծառա եմ մեծապատվությանդ, մեծապատիվ տե՛ր,— պոռաց այս երիտասարդն սենյակեն ներս մտնելով և մոտենալով Աբիսողոմ աղային:

— Ի՞նչ կա, ի՞նչ կուզեք,— հարցուց Աբիսողոմ աղան վախնալով:

— Վսեմափայլ տե՛ր, ձեր գալուստն լսելով փութացի հոս գալ, իմ խորին մեծարանացս հավաստին ձեր ոտքերուն տակը դնել:

— Ոտքերո՞ւս տակը. շատ աղեկ, դի՛ր,— ըսավ Աբիսողոմ աղան, որ կը կարծեր, թե մուճակ[17] բերած էր իրեն:

— Շնորհակալ եմ, բարձրապատիվ տեր,— ըսավ երիտասարդը, գլուխը բացավ և սեղանին վրա ելավ, կանգնեցավ:

Աբիսողոմ աղան այս տեսարանին առջև բոլորովին շվարած՝ անհամբեր տեսնալ կուզեր, թե ի՞նչ պիտի ըներ այս պարոնը սեղանին վրա:

Երիտասարդն ծոցեն թուղթ մը հանեց և աչերն Աբիսողոմ աղային անկելով՝ բոլոր ձայնովը պոռաց.

— Տյարք և տիկնայք...

Աբիսողոմ աղան այս ահարկու ձայնեն վախնալով՝ նստած տեղեն երկու կանգուն վեր ցատկեց և չկրնալով ինքզինքը զսպել՝ պոռաց.

— Ո՞վ է այս մարդը, հիմարանոցեն փախած խե՞նդ է, թե հիմարանոց երթալու հիմար:

— Հայ ազգն,— շարունակեց երիտասարդը ձայնը քիչ մը իջեցնելով,— այսօր այնպիսի հանդես մը կը կատարե, որ մեր հայրենյաց ամենեն քաջ դյուցազնին նվիրված է...

---

[17] Սենյակի մեջ հագնելու չստիկ:

— Միտքդ ի՞նչ է, եղբայր...

— Կար ժամանակ մը, ուր խավարը լուսո դեմ կը կռվեր, տգիտությունը գիտության դեմ, անցյալն ապառնիին դեմ, հրամայականը սահմանականին դեմ, սուրը գրիչի դեմ, ատելությունը սիրո դեմ, կրակը ջուրին դեմ, միսը բանջա-բեղենին դեմ. իսկ հիմա անցան այն ժամանակները. անոնք անցյալ են, մենք՝ ապառնի, անոնք խավար են, մենք՝ լույս, անոնք տգետ են, և մենք՝ գիտուն, անոնք սուր են, մենք՝ գրիչ, անոնք ատելություն են, մենք՝ սեր, անոնք կրակ են, մենք՝ ջուր, անոնք միս են, մենք՝ բանջարեղեն, անոնք վարունգ են, մենք՝ խնձոր, անոնք փուշ են, մենք՝ վարդ. անցան, անցան այն դարերը, ուր մարդկությունը տգիտության օրորոցին մեջ մեյ մը ասդին, մեյմը անդին կերթար, կուգար...

— Միտքդ ի՞նչ է, եղբայրս, ես քեզի բան մը չըրի, ի՞նչ կուզես ինծմե, գնա քեզի բարկացնողին զրուցե՛ այդ խոսքերը...

— Այո՛, մարդկությունը կը չարչարվեր, կը նախատվեր անգութ բռնավորներու ձեռքեն և չեր գիտեր, որու երթալ և որու բողոքել: — Տեր ողորմյա... տեր ողորմյա,— ըսավ ինքնիրեն Աբիսողոմ աղան,— քաշելիք ունինք եղեր... ես կրնամ հիմա զինքը սեղանեն վար առնել, բայց կը վախնամ, որ ծոցեն ատրճանակ մը կը հանե և կը զարնե ինծի, վասնզի խիստ բար-կությամբ կը խոսի:

— Իսկ երբ գիտությունն եկավ,— շարունակեց ատենաբանը,— և վանեց տգիտությունն, ինչպես լույսն՝ խավարը, սերն՝ ատելությունը, գրիչն՝ սուրը, ապագան՝ անցյալը, այն ատեն, ա՜հ, այն ատեն... այո՛, այն ատեն, այո՛, կըսեմ, այն ատեն միայն հասկցվեցավ, որ մարդկություն, ազգ և հայրենիք բառերը բառարանները լեցնելու համար շինված բաներ չէին, այլ ամեն մարդու մտքին մեջ, սրտին մեջ, հոգվույն մեջ երկաթյա տառերով և անջինջ կերպով դրոշմելու բառեր էին...

— Եղբա՛յր, կաղաչեմ, վար իջի՛ր և այնպես զրուցե՛ ցավդ...

Ատենաբանը կայնած տեղը այնպես կը դողար, որ Աբիսողոմ աղային սիրտը կը հատներ, թե գազը գետինը պիտի իյնար:

Ուստի չուզելով այլևս համբերել՝ պոռաց ինքնակոչ ատենաբանին երեսն ի վեր.

— Վա՛ր իջիր ըդկե[18]:

— Կաղաչեմ, մի սաստեր զիս:

— Վա՛ր իջիր, ապա թե ոչ...

— Մի՛ կոտրեր իմ սիրտս, որ ազգին համար կը բաբախե:

— Ինչ ըսելիք որ ունիս, եկուր քովս, մարդու պես նստե և ըսե. հոն տեղվանքը ելնել ի՞նչ պիտի ըլլա:

[18] Այստեղից:

— Կաղաչեմ, թո՛ղ տուր վերջացնեմ. ա՜հ, չես գիտեր, թե որչա՛փ կը հուզվիմ, երբ ճառ կկարդամ:

— Վա՛ր իջիր:

Ատենաբանը բեմեն կիջնա և կերթա աթոռի մը վրա կը նստի:

— Հիմա՛ զրուցե ինծի, միտքդ ի՞նչ է,— կըսե Աբիսողոմ աղան բարկությամբ:

— Կաղաչեմ, մի բարկանար:

— Ի՞նչ կուզես, զրուցե, շո՛ւտ, հիմա՛:

— Բարկությամբ մի՛ վարվիր հետս, ոտքդ պագնեմ, սիրտս լեցված է, հիմա կսկսիմ լալ:

Եվ ատենաբանը կսկսի լալ:

— Լալու ի՞նչ կա, եղբայրս:

— Ծառայ կը փափագի գրականությամբ ազգին ծառայել, բայց այս ազգը շատ ապերախտությամբ կը վարվի յուր գրագետներուն դեմ:

— Ատոր մեջ ես ի՞նչ հանցանք ունիմ: — Դուք հանցանք չունիք և թերևս իրավունք ունիք... ոտանավոր ունիմ գրած հայրենիքի վրա, սքանչելի կտորներ, պատվական տողեր, որոնց մեջ երևակայությունը, ավյունը, խանդն, հուրն ու բոցը սավառնաթև կը սլանան:

— Շատ աղեկ, ատոր համար լալո՞ւ է:

— Մեր ազգն անոնց հարգն ու պատիվը չի ճանչնար, զանոնք աղայական բաներ կը կարծե և թող կուտա, որ զանոնք գրողը անոթի մնա:

— Ես ի՞նչ ընեմ:

— Կաղաչեմ, քաղցրությամբ վարվե՛ հետս:

— Ի՞նչ ըրած ունիմ քեզի:

— Ձեզի պիտի աղաչեի, որ...

— Ի՞նչ, շո՛ւտ ըսե...

— Մի՛ պոռար երեսս ի վար, հոգիդ սիրես, հիմա կսկսիմ լալ...

Նորեն սկսավ լալ գրագետը:

— Տեր աստված, դուն համբերություն տուր ինծի,— ըսավ Աբիսողոմ աղան մեկուսի:

— Խնդիրքս սա էր, որ կուզեի տպել տալ քիչ մը առաջ կարդացած ճառս...

— Գնա տպել տո՛ւր. քու ձեռքեդ բռնող կա՞:

— Պիտի խնդրեի ձեր մեծապատվութենեն, որ տպագրության ստակը դուք տայիք:

— Ինչո՞ւ... ի՞նչ պատճառ կա, որ քու ճառիդ համար ես դրամ տամ: Լավա՞ծ բան է, որ մեկը իրեն շահուն համար գիրք տպե. և ծախքն Աբիսողոմը տա...

— Կը խնդրեմ, սիրտս արդեն խոցված է, դուք ալ նոր վերք մը մի՛ բանաք հոս:

— Ինչո՞ւ վերք պիտի բանամ եղեր. գնա՛ բանդ, եղբա՛յր, փորձանք եղար գլխուս:

— Գիտե՞ք՝ որքան ծանր է գրագետի մը ասանկ խոսքեր լսելը...

— Չեմ գիտեր և գիտնալ ալ չեմ ուզեր:

— Բանաստեղծի մը սիրտը շատ փափուկ է, ամենաթեթև խոսքէ մը կվիրավորվի: Այս նյութին վրա ոտանավոր մը գրած ունիմ, կարդամ, մտիկ ըրե՛ք:

— Ոտանավոր մտիկ ընելու ժամանակ չունիմ:

— Կաղաչեմ, ոտանավորիս հետ խստությամբ մի՛ վարվիք. այն ոտանավորին համար, զոր դուք չեք ուզեր մտիկ ընել, երկու ամիս աշխատած եմ ես և երբ որ անոր նախատվիլը տեսնեմ, արժանապատվությունս կը վիրավորվի: Կաղաչեմ, ոտանավորիս համար գեշ մի զրուցեք...: Կը խնդրեմ, թույլ տվեք ինձ կարդալ գայն անգամ մը...

— Ես ոտանավոր մտիկ ընելու չեկա հոս:

— Շատ լավ. ողբերգություն մը գրած եմ, անոր վրայեն անցնինք: — Չեմ ուզեր. ես անոթի եմ հիմա, կերակուր պիտի ուտեմ:

— Շատ լավ, ուտելիքի վրա ատենաբանություն[19] մը ընեմ:

— Ժամանակ չունիմ մտիկ ընելու:

— Կաղաչեմ, այդ խոսքը ուրիշ անգամ մի՛ ըսեր, ատկե ավելի ծանր խոսք չկա հեղինակի մը համար, որ յուր մեկ աշխատասիրությունն ուրիշի կարդալու փափագ կը հայտնե: Կը խնդրեմ, բարձրապատիվ տեր, քաղցրությամբ վարվեցեք հեղինակներու հետ:

— Գլխուս վրա՞ նստեցունեմ քեզի:

— Ոտքըդ պագնեմ, մի ծաղրեք զիս, ինչո՞ւ ձեր գլխուն վրա նստեցունեք:

— Ի՞նչ ընեմ հապա, քսակս քեզի՞ տամ՝ հեղինակներու հետ քաղցրությամբ վարված ըլլալու համար:

— Ո՛չ, միայն ճառիս տպագրության ծախքը:

— Քանի՞ ոսկիով կը լմննա գործդ:

— Չորս ոսկիով կը լմննա, բան մը չէ, իմ Մեկենասս[20] պիտի ըլլաս, ես ալ քու անունդ ոտանավորով մը գրքույկին ճակատը պիտի դնեմ:

— Ճակա՞տը դնես պիտի:

— Այո՛:

---

[19] Ճառախոսություն:

[20] Մեկենասը (մեռել է 8 թվ. Ք. ա.) հռոմեական արիստոկրատ, պետական գործիչ և գրականագետ էր: Հայտնի է գրականությանը ցույց տված հովանավորությամբ: Անունը ստացել է համաշխարհային հռչակ և դարձել հասարակ անուն ամեն մի ունևորի համար, որ հովանավորում է գիտությունն ու արվեստը:

— Ինչո՞ւ համար:

— Որպեսզի ամեն մի մարդ գիտնա, թե ձեր ստակովը տպված է այն գիրքը:

— Շատ լավ,— պատասխանեց Աբիսողոմ աղան և քսակեն չորս ոսկի հանեց, տվավ: Հեղինակն հազար հարգանք մատուցանելով՝ դուրս ելավ:

Աբիսոգոմ աղան ետևեն կանչեց զինքը և հարցուց.

— Չկրնա՞ր ըլլար, որ գրքին ճակատը սպասավորներուս ալ անունները դնես և իմացունես ազգին, որ Աբիսողոմ աղան կովեր, ոչխարներ, էշեր և ագարակներ ունի յուր քաղաքին մեջ:

— Աղ ձեր ըսածները հովվերգության ճյուղին կը վերաբերին:

— Չեմ հասկնար:

— Ատոնց վրա ոտանավորներ կը գրվի. եթե փափագիք ոտանավոր մը շինեմ:

— Ի՞նչ ընեմ ոտանավորը:

— Լրագրին մը մեջ տպել կուտաք:

— Կը տպե՞ն:

— Ինչո՞ւ չպիտի տպեն. եթե կես ոսկի տալու ըլլաք, քառասուն անգամ կը տպեն: — Շատ աղեկ. աղ ըսածդ գրե՛:

— Գլխուս վրա:

— Բայց աղվոր բան մը ըլլա:

— Շատ լավ:

— Այնպես որ տեսնողը հավնի:

— Հարկա՛վ:

— Վաղը առտու կը բերե՞ք:

— Վաղը առտո՞ւ... ի՞նչ կըսեք... մեկ ամիսեն հազիվ կրնամ պատրաստել:

— Մե՞կ ամիսեն:

— Հազիվ. ոտանավորը կարդալը դյուրին է, բայց գրելը՝ դժվար: Գեղե-ցիկ ոտանավորի մը համար քիչեն քիչ երկու ամիս պետք է:

— Ի՞նչ կըսեք...

— Այո՛, բայց ես կաշխատիմ ամիսե մը լմնցնել:

— Ատ ի՞նչ դժվար բան է եղեր:

— Ի՞նչ կարծեցիք հապա. երկու ամիս պիտի սպասեմ, որ մուսաս գա և ներշնչե ինծի, որպեսզի գրեմ. առանց մուսայի ոտանավոր չի գրվիր:

— Եթե այդ մուսան գալու չըլլա՞... :

— Անպատճառ կուգա:

— Չկրնա՞ր ըլլալ, որ նամակ մը գրես և աղաչես իրեն, որ շուտ մը գա և դուն ալ երկու ամիս չսպասես:

— Անիկա ինքնիրեն կուգա, նամակի պետք չունի, մեծապատիվ տեր:

— Ո՞ւր կը նստի... շատ հեռո՞ւն է:

— Այո՛, շատ հեռու է, բայց կուգա:

— Ցամաքե՞ն, թե ծովեն:

— Չէ՛, մեծապատիվ տեր, չէ՛:

— Ո՞վ է ուրեմն սա գետնին տակն անցնելու մարդը... ուսկի՞ց պիտի գա... ըսե, որ ճամփա մը մտմտանք ու բերել տանք... Եթե մեկ երկու ոսկի տանք, այս շաբաթ կուգա՞:

— Այ՛ո, երկու ոսկի տալուդ պես գործը կը դյուրանա, և մուսաս այս շաբաթ վազելով կուգա,— պատասխանեց անմուսա բանաստեղծը ոսկի բառը լսելուն պես:

— Գրե՛ ուրեմն իրեն, իմ կողմես ալ հատուկ բարևներ ըրե և ըսե, որ Աբիսողոմ աղան քեզ տեսնել կուզե:

— Գլխուս վրա: Մնայք բարյավ, տեր, շնորհակալ եմ ձեզմե, ծառա եմ ձեր մեծապատվությանը և կաղաչեմ ընդունիք...

— Ոչ,— ըսավ Աբիսողոմ աղա բարկությամբ,— ա՛լ երկար ըրիր, ահա ինչ որ ըսիր, ընդունեցի և դեռ ի՞նչ կուզես, որ ընդունիմ... — Խորին հարգանացս հավատիքը, տեր... որով մնամ ձեր մեծապատվու-թյան ամենախոնարհ ծառա:

— Շատ աղեկ:

Մեկնեցավ բանաստեղծն՝ երկու ոսկիով բերել տալ խոստանալով մուսան, զոր ոմանք ավելի աժան գնով բերել կուտան: Մուսայի մ՛ օրականն հյուսնի մ՛ օրականեն ավելի չէ այժմ:

Աբիսողոմ աղան, ինչպես գիտեցին ընթերցողներն, կը մոռնար յուր անոթությունն ամեն անգամ, որ մեկն անոր խոսք կուտար անունը լրագրի մեջ անցունելու և կամ եկեղեցվո մեջ ծանուցում ընելու, ինչպես նաև յուր քսակին բերանը կը բանար և դրամով կը վարձատրեր ամեն անոնք, որ իրեն կը խոս-տանային անունն ժողովրդյան մեջ տարածելու: Փառասիրությունն ալ տեսակ մը անոթություն է, զոր դրամով կը կշտացունեն մարդերը: Լրագիրներու մեջ գրվելու փառասիրությունն, զոր ոմանք մոլություն կը համարեն, և ոմանք առաքինության կարգը դասել կը փափագին, և որ մեր ժողովրդյան ամեն դասերուն մեջ կը գտնվի այսօր, տիրած էր նաև Աբիսողոմ աղային վրա, որ բանա-ստեղծին մեկնելեն ետքը փոխանակ յուր անոթությանը վրա խորհելու՝ սկսավ ոտանավորին վրա միտք հոգնեցունել:

— Արդյո՞ք—, հարցուց ինքնիրեն,— ոտանավորն ուզածիս պես պիտի ըլլա՞. սա մարդու մուսան քանի մ՛ օրեն պիտի գա՞. և եթե չգա, անոր տեղն ուրի՞շ մը բերելու է... :

Այս հարցումներն կուղղեր իրեն, երբ տան տիկինը ներս մտնելով ըսավ.

— Կերակուրը պատրաստ է, հրամմեցե՛ք, Աբիսողոմ աղա:

— Ըստ տաճկաց[21] ժամը գիշերուան չորսը զարկած էր:

Ե

Այն խուցն, որուն մեջ Աբիսողոմ աղան ապաշխարանք քաշած էր, ուներ յուր դեմն սենյակ մը, որ խոհանոցի քովն էր և որ ճաշի հատկացված էր: Այս սենյակը մտավ Աբիսողոմ աղան առաջնորդությամբ տիկնոջ, որ սեղանը պատ-րաստած էր վերջապես:

Աբիսողոմ աղան ճաշի սենյակը մտնելով բարևեց Մանուկ աղան, որ սեղա-նին շուրջը աթոռներ շարելու զբաղած էր:

— Սանկ հրամմեցե՛ք, Աբիսողոմ աղա, ըսավ Մանուկ աղան՝ սեղանին վերի կողմը ցույց տալով յուր հյուրին:

— Հրամանքնիդ նստեցե՛ք, ես ալ կը նստիմ,— պատասխանեց հյուրն՝ նստելով իրեն ցույց տրված տեղը: — Ներեցե՛ք կերակուրս այսչափ ուշացնելուս համար, ուրիշ իրիկուններ ձեր ուզած ժամուն կրնաք ուտել. այս գիշեր քանի մը պատճառներ թող չտվին, որ սեղանն ժամանակին պատրաստվեր. այս պատճառները վերջը կպատմեմ ձեզի: Ի՞նչպես եք, տեսնենք, Աբիսողոմ աղա, հանգի՞ստ եք,— հարցուց Մանուկ աղան ձայնին աստիճանն իջեցունելով:

— Շատ հանգիստ եմ:

— Շնորհակալ ենք, մեր բարեկամն ի՞նչպես է Տրապիզոն:

— Աղեկ է, հատկապես բարև ըրավ ձեզի:

— Բերող տանողն ողջ ըլլա: Եթե ձեզի գավաթ մը օղի տամ, կը տնկե՞ք. ախորժակ կը բանա:

— Գավաթ մը միայն կը խմեմ:

— Շատ լավ. հրամմեցեք:

Մանուկ աղան երկնցուց գավաթն Աբիսողոմ աղային, որ ի մի ումպ կլլեց զայն, այսինքն օղին. գավաթը չիասկնաք:

— Անուշ ըլլա, Աբիսողոմ աղա:

— Շնորհակալ եմ:

— Ձեր կենդանությանը:

— Ողջ եղե՛ք:

Մանուկ աղան օղին ջրով բարեխառնելեն ետքը խմեց զայն ի չորս ումպ:

---

[21] Տաճկաց ժամացույցը ելակետ ունի արևի մայրամուտը, որ երեկոյան ժամը 12-ն է համարվում:

— Տիկինը մինչև որ կերակուրներն տաքցունե և բերե, մենք կրնանք խոսիլ և ժամանակ անցունել, այնպես չէ՞, Աբիտողոմ աղա:

— Այո,— պատասխանեց հյուրն այնպիսի եղանակով մը, որ կը հասկուցներ, թե ավելի լավ էր նախ կերակուր ուտել և ապա խոսիլ:

— Մտիկ արեք ուրեմն այսօր մեր գլուխն եկածները: Քանի մը շաբաթե է վեր թաղականի մը ընտրության ետևե ինկած ենք: Դուք հիմա ձեր մտքեն պիտի ըսեք, թե՝ մարդ, թաղականը քուկին ինչո՞ւդ պետք: Անանկ չէ, Աբիտողոմ աղա, ազգին գործը ես չնայիմ, դուն չնայիս, ան չնայի, ո՞վ նայէ ուրեմն. ինչուս պետքը շատ գեշ բան է, անով ամեն մարդ մեկդի կը քաշվի, և ազգին գործերն ալ երեսի վրա կը մնան: Իմ զիտցածս՝ ամեն մարդ ձեռքեն եկածին չափ ազգին գործերուն ալ աշխատելու է: Հատ մ՚ալ կը խմե՞ք, Աբիտողոմ աղա, ախորժակ կը բանա:

— Սովորություն չունիմ մեկ գավաթեն ավելի խմելու:

— Մեր գավաթներն պզտիկ են, մանավանդ թե Պոլսո օդն ալ կը վերցունե:

— Շատ լավ:

Երկու բարեկամներ մեյմեկ գավաթ ևս խմեցին իրարու կենդանությանը, և Մանուկ աղան սկսավ ատենաբանության:

— Այս առտու,— ըսավ,— մեր թաղեն ազգային զբոսարանը գացած ժամանակս, ձեզմե աղեկ չըլլա, մեր բարեկամներեն Մելքոն աղային հանդիպեցա: Այս Մելքոն աղան նախ Բարթողիմեոս աղային աղջիկը առած էր: Բարթողիմեոս աղան ալ ժամանակավ մատով կը ցցունեն[22] եղեր, իբրև բարի մարդ, հյուրասեր մարդ, ազգասեր և բարեպաշտ մարդ, և շուկային մեջ շատ խանութներ ու-ներ, որոնցմե տարին բավական եկամուտ կառներ: Քանի մը տարիեն Մելքոն աղային կինը մեռավ, և Մելքոն աղան համետագործ Նիկողոսին աղջկանը հետ կարգվեցավ: Այս աղջիկն քանի մը եղբայրներ ունի, որոնց մին Ամբակում աղա-յին քով գրագրություն կընե: Այս Ամբակում աղան ալ տղա մը ուներ, որ թուղթ խաղալով հորը շատ ստակը կերավ և վերջեն Ռուսաստան փախավ: Այս աղան Մարգար եպիսկոպոսին քրոջն թոռան եղբորորդին էր: Մյուս եղբայրը շուկայի մեջ ոսկերիչ է. բարձր հասակով, սիրուն մարդ մ՚ է: Երրորդ եղբայրը ատենոք շատ պարապ պատեցավ, խեղճության մեջ ինկավ, անոթութենե պիտի մեռներ, վերջեն թաղական անդամ ընտրվեցավ և մեկ երկու տարիեն ինքզինքը ժողվեց: Չերկնցնեմ խոսքս, Մելքոն աղան այդ Նիկողոս աղային աղջիկն առնելեն ետքը քանի մը տարիներ շատ հանգիստ կյանք վարեց, բայց վերջեն բախտը դարձավ, ձախորդություն ձախորդության վրա եկավ, և ունե-ցած չունեցածը բոլորովին կորսնցուց: Օր մը առնեմ զինքը, հոս բերեմ, և տեսնեք, թե ինչ

---

[22] Ցույց են տալիս

բարի մարդ է: Եղբայր մ՛ալ ունի, որ վարպետ ժամագործ մ՛է, ատենոք Պեռյուք Տերե[23] կը նստեր, վերջը քանի մը տարիներ Իսկյուտար[24] նստավ, ետքեն Գում Գաբուն[25] երթալով՝ հոն ալ չկրցավ նստիլ, և հիմա չեմ գիտեր, ուր կը նստի: Բայց շատ վարպետ ժամագործ է: Թորոս աղան, որ և ոչ մեկ ժամագործի կը հանձնե յուր ժամացույցն, անոր կուտա, որ մաքրե: Այս Թորոս աղան կը ճանչնա՞ք. ուրիշ տեսակ մարդ է. անոր մեկ պատմությունը ընեմ քեզի և մտիկ ըրե, որ տեսնես, թե աշխարհիս վրա ասանկ մարդ կը գտնվի եղեր, որ...

— Բերե՞մ ապուրը,— հարցուց տիկինը սենյակին դռնեն ներս երկնցնելով գլուխը:

— Քիչ մը համբերե, տիկին, խոսքս լմնցունեմ, վերջը բեր: Այնպես չէ՞, Աբիսողոմ աղա, խոսք պետք է յա՛: Եթե մտիկ ընելու ժամանակ չունիք և գլուխնիդ կը ցավցունեմ կոր, ըսե՛ք:

— Ատ ինչ խոսք է... բա...

Աբիսողոմ աղան չկրցավ շարունակել յուր խոսքը, զոր ընդմիջեց Մանուկ աղան Թորոս աղային պատմությանն սկսելով:

— Այս Թորոս աղան,— շարունակից,— մուշտակագործ մ՛է, ականջը խոսի, և յուր ընտանիքովը հանգիստ կյանք մը կը վարե: Յուր տանը պետք եղած պարենը, կարասիքս և հանդերձեղեն յուր ձեռքովը կառնե և իրմե զատ և ոչ մեկու մը վստահություն ունի, ականջը խոսի: Մսավաճառեն միս կառնե, տուն երթալուն պես կը կշռե զայն, և անպատճառ քանի մը տրամ պակաս կը գտնե միսը, մսավա-ճառին կերթա, հետը կռվի կը բռնվի և քանի մը տրամ պակաս արված միսը կառնե տուն կը դառնա: Ասանկ տարօրինակ մարդ մ՛է. ականջը խոսի: Օր մը այս Թորոս աղան, ականջը խոսի, ժամացույցին փոշիները մաքրել տալու համար ժամագործի մը կերթա և հետը սակարկության սկսելով՝ վերջապես տասն և հինգ դահեկան կը հավանի տալ, այն պայմանով, որ ժամագործն յուր առջևը մաքրե ժամացույցը, վասնզի Թորոս աղան, ականջը խոսի, ինչպես ըսի, և ոչ մեկու մը վստահություն ունենալով՝ չէր ուզեր իր ժամացույցն ժամագործին հանձնել և երթալ՝ վախնալով, որ ժամացույցին մեջեն բան մը կը գողցվի, կամ ժամագործը դիտմամբ կավրե ժամացույցն՝ մեծ ծախք մը բանալու համար, ինչպես որ կընեն շատ մը ժամագործներ, երբ քանի մը օր անգործ մնան: Ժամագործն յուր պատվույն դեմ անարգանք կը համարի Թորոս աղային

---

[23] Պեռյուք Տերեն— Պոլսի արվարձաններից մեկն է՝ եվրոպական մասում:

[24] Իսկյուտարը— Պոլսի արվարձաններից մեկն է, գտնվում է Բոսֆորի ասիական ափին:

[25] Գում Գաբուն— Պոլսի քաղաքամասերից մեկն է, Մարմարա ծովի եզերքին:

առա-ջարկությունն և կը բարկանա: Եթե դուն ըլլայիր ժամագործին տեղ չէ՞իր բարկանար:

— Կը բարկանայի,— պատասխանեց Աբիսողոմ աղան, որ խելքն ու միտքը ապուրի դրկած ըլլալով՝ բնավ ականջ չէր կախեր Մանուկ աղային ըրած պատմությանը:

— Թորոս աղան, ականջը խոսի, կրակ կը կտրի ժամագործին բարկանա-լուն վրա և քանի մը ծանր խոսքեր կընե իրեն, որ ընելու չէր. այնպես չէ՞:

— Այնպես է, — պատասխանեց դարձյալ Աբիսողոմ աղան մեքենաբար՝ միշտ հավանության պատասխաններ տալով իրեն եղած հարցումներուն, որպեսզի խոսքը չերկարի, և կերակուրը բերեն:

— Ժամագործը կը վռնտե Թորոս աղան, ականջը խոսի. Թորոս աղան ալ, ականջը խոսի, խանութեն դուրս ելնել չուզեր՝ վռնտվիլն իրեն պզտիկություն համարելով. դուն ալ ըլլա՛ս, չես ելլա՞ր ա՛:

— Չեմ ելլար ա՛,— պատասխանեց Աբիսողոմ աղան, որ չէր գիտեր, թե ուս կից չէր ելլար և ինչո՛ւ չէր ելլար. վասնզի, ինչպես ըսինք, Թորոս աղային ըրած պատմության և ոչ մեկ բառը յուր ականջը մտած էր. միայն հարցումնե-րու կը պատասխաներ:

— Ծեծկըրվուքը կսկսի. ժամագործն ապտակ մը կը զարկե Թորոս աղային. ականջը խոսի, Թորոս աղան, ականջը խոսի, կից[26] մը կուտա ժամագործին. կարծեմ, ով ալ ըլլար Թորոս աղային տեղը, ուրիշ կերպով չպիտի կրնար պատաս-խանել ժամագործին ապտակին: Ոտքդ պագնեմ, Աբիսողոմ աղա, ըսե՛, այնպես չէ՞: — Դուք ալ հոս դոմաղեսո՞վ[27] կը շինեք,— հարցուց մեկեն ի մեկ Աբիսողոմ աղան:

— Դոմաղեսո՞վ:

— Այո՛, ուրիշ տեղեր դոմաղեսով կը շինեն եղեր:

— Ժամացո՞ւյցը:

— Ո՞ր ժամացույցը:

— Թորոս աղային ժամացույցը:

— Թորոս աղան ո՞վ է:

— Մտիկ չըրի՞ր ուրեմն ըրած պատմությունս:

— Ըրի, կատարյալ մտիկ ըրի,— ըսավ Աբիսողոմ աղան, որ յուր դոմաղեսի հարցումովն հաստատեց, թե միտքն ապուրի, ապուրեն դոմաղեսի, դոմաղեսեն Պոլսո մեջ բրինձի ապուրին ինչպես շինվելուն գնացած էր, և բնավ ունկն չէր դրած Մանուկ աղային խոսքերուն:

Աբիսողոմ աղան շատ իրավունք ուներ յուր տան տիրոջ երկարաձիգ ճառն մտիկ չընելու, մանավանդ անոթի փորով:

Աշխարհիս վրա կան մարդեր, որք կը կարծեն, թե իրավունք ունին

[26] Քացի:

[27] Պոմիդոր:

մեկու մը քթեն բռնել և ժամերով անոր գլուխը ցավցունել։ Ուրիշներ ալ կան, որ իրենց խոսքերը մտիկ անել տալու համար մարդ կը փնտրեն և եթե չգտնեն, պատրաստ են հոժարակամ օրական վարձ մ’ ալ տալ. ոմանք ալ ամսականով ունկնդիր կը փնտրեն։ Շատ անգամ ինձի ալ պատահած է այս փորձանքը, և ես մտիկ ընել ձևացունելով՝ իմ գործիս վրա խորհած եմ. հավանության պատասխաններ տալով ինձի եղած հարցումներուն՝ այնպես է պատասխանած եմ, եթե այնպես է հարցվեր ինձի. արդարությունն ալ այս է պատասխան տված եմ, երբ արդարությունն ալ այս չէ՞ հարցումն ուղղվեր ինձի. իրավունք ունիս ըսած եմ, երբ իրավունք չունի՞մ հարցումն եղած է, որպեսզի խոսքը կարճ կապվի։ Դժբախտությունն հոն է, որ գլուխդ ցավցնողն երբեմն այնպիսի հարցում մը կընե, որուն պատասխանելը դժվար է, վասնզի վճիռ տալը քեզի կը թողու։ Օրինակի համար, լմնցնելեն[28] ետքը ճառն, զոր դու բնավ մտիկ ըրած չես կը հարցունե քեզի.

— Մարկոս աղա՞ն իրավունք ունի, թե Կիրակոս աղան։

Ի՞նչ պատասխանելու է. գործին վրա բնավ տեղեկություն չունիս. որո՞ւն տալու է իրավունքը. մանավանդ գիտնալու է, թե իրավունքն որու պետք է տալ, որպեսզի գլուխդ ցավցունողին սիրտը չցավի։ Ասոր ալ ես դյուրին ճանփան գտած եմ և հետևյալ պատասխանները կուտամ.

— Գործն անուշությամբ լմնցնելու է։

— Այո, բայց իրավունքը որո՞ւ քովն է։ — Ի՞նչ օգուտ... գեշ մարդու հետ գլուխ չելնըվիր։

— Այո՛, բայց կաղաչեմ ըսե՛, երկուքեն ո՞րն իրավունք ունի։

— Ինչո՞ւ կստիպես, որ ըսեմ, եղբա՛յր, երկու անգամ երկու չորսի պես հայտնի է իրավունքին ուր ըլլալը։

Շատերն այս պատասխաններովս գոհացուցած եմ. բայց ոմանք ալ կան, որ կարծես զքեզ ոստիկանության պիտի հանձնեն եթե չըսես, թե Մարկոսն իրավունք ունի, իսկ Կիրակոսն անիրավ է։ Ասոնց ա՛լ ձեռքեն խալսելու համար՝ ստիպո-ղական գործ մ’ ունիմ՝ ըսելով առեր, քալեր եմ։ Իսկ վերջերս տեսնելով, թե այս ընթացքս կը քաջալերե շատախոսները, քաղաքավարությունը մեկդի դնելով՝ օր մը անոնցմե մեկուն ըսի.

— Պարոն, զքեզ երկու ժամ մտիկ ընելու համար երկու ոսկի կուզեմ. երկու ոսկիեն լումա[29] մը պակաս եթե տաս, չեմ ընդունիր։

Մարդը կես ոսկի տվավ, իսկ ես չընդունեցի և օձիքս խալսեցի։ Այս օրերս կը լսեմ, որ այդ մարդը քառորդ ոսկիի երկու ունկնդիր ևս վարձած է։ Երանի «Մասիսին», որ յուր ունննկնդիրներուն ստակ տալու տեղ անոնցմե ստակ կառնե։

---

[28] Վերջացնել։

[29] Փոքր դրամ։

Աբիսողոմ աղան ինծի պես չվարվեցավ և, ինչպես հայտնի է, երբ դոմադեսի հարցապնդումով զգալ տվավ ատենաբանին, թե յուր ճառն բնավ մտիկ բրած չէր, յուր անքաղաքավարությունն անմիջապես դարմանելու համար բսավ.

— Կատարյալ մտիկ բրի:

Աղե՞կ բրավ: Հայտնի է, որ գեշ բրավ, եթե ես յուր տեղն ըլլայի, պարզապես կըսեի Մանուկ աղային.

«Մանուկ աղա, ինծի նայե՛, եղբայրս, երբ որ մեկը խոսիլ կսկսի, խղճմտանքը մեկ դի դնելու չէ: Ութը ժամե ի վեր անոթի եմ ես և բնավ պետք չունիմ գիտնալ, թե Մարտիրոս աղան որուն տղան է, թե Գևորգ աղան որու հայրն է, թե ժամագործը Թորոս աղային ապտակ հաներ է, թե Թորոս աղան ալ ժամագործին կից տվեր է:

Այսպես կը խոսեի բացե ի բաց, ոչ թե միայն ընկերության մը մեջ գլուխ ցավցնողին, այլ նույն իսկ այն վարդապետներուն, որ շատ խոսելու նպատակավ միայն չորս ժամ քարոզ կուտան և կը վիրավորվին, եթե ժողովրդեն մեկը քարոզի ժամանակ եկեղեցիեն դուրս ելնե: Եվ արդեն բսած եմ օր մը եպիսկոպոսի մը, որ հինգ ժամ քարոզ խոսելեն ետքը եկեղեցեեն դուրս ելած էր և խուցը կերթար:

— Ո՞ւր կերթաք, սրբազան,– հարցուցի:

— Շատ քրտնած ըլլալով խուցս պիտի երթամ և լաթ[30] պիտի փոխեմ:

— Դուք ո՞ւր կերթաք,– հարցուց ինծի:

— Ես ալ տուն կերթամ լաթ փոխելու համար,— պատասխանեցի իրեն: Եվ այն օրեն ի վեր եպիսկոպոսն կարճ կը խոսի քարոզի մեջ:

Աբիսողոմ աղան չունեցավ այս համարձակությունը և խրախույս տվավ Մանուկ աղային, որ շարունակե յուր ճառը դոմադեսական հարցման պատաս-խանելեն ետքը:

— Դոմադեսը հոս կը գործածենք ապուրի մեջ, բիլավի[31] մեջ և ուրիշ մեղեն քանի մը կերակուրներու մեջ, բայց բնավ երբեք ժամացույցի մեջ:

— Շնորհակալ եմ. ապուրի մեջ կը գործածվի ըսել է ես ալ ատ գիտնալ կը փափագեի:

— Ապուրը դոմադեսո՞վ կը սիրեք, թե ոչ:

— Դոմադեսով կը սիրեմ:

— Շատ աղեկ: Դառնանք հիմա մեր խոսքին… ո՞ւր մնացինք… հա՛, Թորոս աղային վրա էր: Տարօրինակ մարդ մ'է աս Թորոս աղան, ականջը խոսի, շատ պատմություններ ունի. ուրիշ գիշեր մը զանոնք կը պատմեմ, և ժամանակ կանցունենք: Երկար չըննեք, աս առտու հանդիպեցա Մելքոն աղային…

---

[30] Շոր, ներքնաշոր:

[31] Փլավ:

— Բերի, որ տաք տաք ուտենք,— ըսավ տիկինը ներս մտնելով և ապուրը բերելով:

— Այո՛, այո՛, ուտենք, վասն զի շատ անոթի եմ,— ըսավ Աբիսողոմ աղան:

— Հրամմեցե՛ք...

— Շնորհակալ եմ, ըսավ Աբիսողոմ աղան և գդալը բերանը տանելու մնաց, մեկեն ի մեկ վեր ցատկեց:

— Կարծեմ թե շատ տաք էր, ներեցե՛ք, Աբիսողոմ աղա,— ըսավ տիկինը:

— Քիչ մը ջուր առ բերանդ, Աբիսողոմ աղա,— ավելցուց Մանուկ աղան:

— Վնաս չունի, վնաս չունի...

— Տիկի՛ն, ինչո՞ւ համար ուշադրություն չեք ըներ կերակուրներու տաքու-թյանը կամ պաղությանը,– ըսավ էրիկն կնոջը:

— Ա՛լ այս գիշեր մեր պակասություններուն աչք գոցելու է Աբիսողոմ աղան:

— Վնաս չունի, բան մը չէ:

— Ապուրը մինչև որ պաղի, այս օրվան դեպքը պատմեմ գոնե,– ըսավ Մանուկ աղան:

– Մանո՛ւկ աղա, Աբիսողոմ աղային գլուխ մի ցավցուներ այս գիշեր. թերևս չախորժիր:

— Ժամանակ անցունելու համար պիտի խոսեի, որ զբոսնու և չձնեղվի:

— Ուրիշ գիշերվան թող. այս գիշեր հոգնած—հոգնած կըն՞ա քեզի մտիկ ընել:

— Կարծեմ թե Աբիսողոմ աղան սիրով մտիկ կընե ազգային գործերը և բնավ ձանձրություն չզգար: — Այո՛, սիրով մտիկ կընեմ, պատասխանեց հյուրը,— բայց տիկինին ըսածին պես վաղը գիշերվան թողունք, վասնզի այսօր շատ հոգնած եմ:

— Շատ լավ, շատ լավ, ինչպես որ կուզեք, այնպես ըլլա. բայց մեր թաղին թաղականին գործը շատ զվարճալի է: Մելքոն աղան եթե հոս ըլլար և պատմեր, խնդալեն կը ճաթեինք:

— Ապուրը պաղեցավ, հրամմեցե՛ք,— ըսավ տիկինը:

Աբիսողոմ աղան այս հրավերն առնելուն պես՝ գդալով ապուրին վրա հարձակեցավ:

— Օղի մ'ալ կը խմե՞ք, Աբիսողոմ աղա:

— Շնորհակալ եմ, չեմ ուզեր:

— Տիկին, Աբիսողոմ աղային գինի լեցուր:

— Մանուկ աղա, այս գիշեր այլանդակ խոսքեր կընես, ապուրի վրա գինի կը խմվի՞:

— Ինչո՞ւ չխմվիր, տեսնենք պիտի հավնի՞ մեր գինիին:

Տիկինը դուրս ելավ և խաշած միս բերելով սեղանին վրա դրավ:

Աբիտողոմ աղան այնպիսի ախորժակով մը կուտեր, որ մսի կտորները առանց ծամելու կը կլլեր:

— Փառք քեզ, աստվա՜ծ, այս գիշեր ալ կշտացանք,— ըսավ Աբիտողոմ աղան փորն քահանայի մը պես լեցնելեն ետքը և երեսը խաչակնքելով ու ցած ձայնով հայր մերն ըսելով՝ սեղանեն ելավ և լվացվելու համար ջուր փնտրեց:

— Կերակուրեն վերջը կը լվացվի՞ք,— հարցուց տիկինը հյուրին:

— Եթե ջուր ըլլար...

— Մենք սովորություն չունինք, բայց ձեզի քիչ մը ջուր բերեմ և լվացվեցեք:

Աբիտողոմ աղան լվացվեցավ և ձեռները չորցնելու ատեն հարցուց տիկինին, թե որ սենյակին մեջ պիտի պառկեր:

Տիկինը ճրագով երկրորդ հարկը սենյակ մը առաջնորդեց հյուրին և վար իջավ:

Այս պառկելու սենյակն փոքր էր, և անոր ճիշդ չափը տված կըլլանք, եթե ըսենք, որ Աբիտողոմ աղային հասակին երկայնությունն ուներ: Անկողինը շինված էր այն միակ պատուհանին առջև, որ փողոցի վրա բացված էր: Աթոռ մը, քառակուսի պզտիկ սեղան մը, փոքրիկ հայելի մը, ջուրի շիշ մը և գավաթ մը, սանտր մը, վրձին մը այս սենյակին կարասիքը կը կազմեին:

Աբիտողոմ աղան սենյակեն ներս մտնելուն պես ձեռներն բացավ և նորեն փառք տվավ աստուծո, որ վերջապես խալսեցավ փորձանքներեն և առանձին մնաց: Բանտեն արձակվող մը չէր կարող ավելի ուրախություն զգալ: Փառաբանությունն ավարտելուն պես հանվեցավ և ինքզինքն անկողնո մեջ նետեց:

— Ասկեց ետքը ընելիքս գիտեմ,— ըսավ անկողնո մեջ, և ոչ մեկու հետ պիտի տեսնվիմ, վասնզի ես այս պոլսեցիները շատ չսիրեցի, ասոնք կամ դրամդ առնելու կը նային կոր կամ երկու, ժամ զլուխդ ցավցնելու: Ինչո՞ւ պետք իմին. ես եկած եմ հոս կին մ՚ առնելու և երթալու. որուն աղջիկն որ սիրեմ՝ կուզեմ. եթե տան՝ կառնեմ, գործս կերթամ, և եթե չտան, եթե չտան... բայց ինչո՞ւ չտան... ինձմե աղեկի՞ն պիտի տան... Եթե վաղը սա լրագիրն իմ անունս ալ փառավորապես գրե, այն ատեն շատերն պիտի աղաչեն ինծի, որ իրենց աղջիկն առնեմ... Մեկեն ավելին ի՞նչ պիտի ընեմ... անոնց մեջեն պարկեշտ աղջիկ մը կը զատեմ... խոսկապը[32] կընեմ... նշան կուտամ... կը կարգվիմ...

Այս որոշումները տալով կը քնանա Աբիտողոմ աղան:

---

[32] Նշանդրեքից առաջ համաձայնություն:

Զ

Աբիտողոմ աղան աղվոր քուն մը քաշեց նույն գիշերը, վասնզի շատ հոգնած էր և թերևս հետևյալ օրն ալ չէր բանար աչերն, եթե փողոցի վաճառականներն առավոտուն իրենց ահարկու ձայներովս չխռովեին անոր քունը, մահվան այդ կտրոնն, որ ոչ միայն հոգնած մարդերու հանգստարանն է, այլև շատ մշտնջենա-կան ցավերու առժամանակյա դարմանն է: Երանի՜ անոնց, որ կը քնանան և ուշ կարթննան կամ բնավ չեն արթննար, վասնզի անոնք բնավ չեն զգար կամ գոնե քիչ կզգան այն ցավերն, որք հալ ու մաշ կընեն մարդս: Բայց Պոլսո մեջ քնանալու ազատություն ալ չկա. գիշերները պահապաններն այնքան ուժով գետին կը զարնեն իրենց փայտերն, և առավոտուն փողոցի վաճառականներն այնքան բարձր ձայնով կեղանակեն իրենց ապրանքներն, որ քունն կը շվարի, կը մնա, թե ո՛ր կողմ փախչի: Եթե վերջին դատաստանին օրը Գաբրիել հրեշտակապետը չհաջողի յուր փողովն մեռյալներն արթնցնել, ես պիտի առաջարկեմ, որ այդ պաշտոնը Պոլսո փողոցի վաճառականներուն կամ գիշերային պահապաններուն հանձնվի: Աբիտողոմ աղան ալ, որ փողոցի վրա սենյակի մը մեջ կը պառկեր, ստիպվեցավ կանուխ արթննալ: Աչերը բանալուն պես անկողինեն ելավ, սնդուկը բացավ և ճերմակեղենները փոխեց, հետո լվացվեցավ և հագվեցավ:

Տան տիկինն, որ իմացած էր հյուրին ելած ըլլալն, վեր ելավ և զարդարուն սենյակ մը հրամցնելով զայն՝ իմաց տվավ, թե մեկն կսպասեր վարը և զինքը տեսնել կուզեր:

— Թո՛ղ հրամմե,— ըսավ Աբիտողոմ աղան:

— Շատ լավ, կաղաչեմ, ըսե՛ք ինծի. խահվեն կաթո՞վ կը խմեք, թե առանց կաթի:

— Կաթ կը խմեմ առանց խահվեի:

— Կաթ բերեմ ուրեմն:

— Այո՛, կաթ բերե՛ք: Տիկինը վար գնաց:

— Տեսնենք ո՞վ է աս մարդը,— ըսավ ինքնիրեն խոշոր մարդը,– թերևս աղջիկ ունի կարգելու և իմ Պոլիս գալս իմանալով՝ առավոտուն կանուխ հետս խոսելու եկած է: Բայց ես մինչև որ չստուգեմ աղջկան ինչ բնության տեր ըլլալը, խոսք չեմ տար. նախ ամեն բան հասկնալու եմ, աղջիկը քննելու եմ, վերջեն հորս հարցնելու եմ. վասնզի իմ սիրելս բավական չէ, պետք է որ հայրս ալ սիրե իմ կինս. ոչ թե միայն հայրս, այլ ամեն մարդ հավնելու է...

— Բարև, վսեմափայլ տէր,— ըսավ երեսնամյա և վառվռուն երիտասարդ մը սենյակ մտնելով և արագաքայլ Աբիսողոմ աղային վազելով՝ անոր ձեռները սղմելու համար:

Աբիսողոմ աղան տեղեն ելավ և ձեռները հանձնեց այդ երիտասարդին, որ ուզածին պես սղմե և թոթվե[33] զանոնք՝ հազար ու մեկ հարգանքներ մատուցանելով:

— Նստեցե՛ք, Աբիսողոմ աղա՛, կաղաչեմ, չվայլեր, որ ոտքի ելնեք,— ըսավ երիտասարդն՝ տիրոջը դարձնելով իրեն հանձնված ձեռներն և կոտրտվելով ետ ետ գնաց, թիկնաթոռի մը վրա նստավ:

Աբիսողոմ աղան բազմոցին վրա բազմեցավ:

— Արդարև մեր պարտքն էր երեկ գալ և ձեր գալուստը շնորհավորել, բայց ուշ իմացանք ձեր գալն. ատոր համար հատկապես ձեր ներողությունը կը խնդրենք,— ըսավ երիտասարդն ձեռներն իրարու շփելով:

— Այսօր գալով պակասություն մ' ըրած չեք ըլլար, որ ներողություն խնդրեք:

— Ձեր քաղաքավարությունն է, որ այնպես խոսել կուտա ձեզի, բայց մենք մեր պակասությունը միշտ կը ճանչնանք: Արդարև մեծ պակասություն մ' է մեր ըրածը. ձեզի պես երևելի մարդ մը մայրաքաղաքս գա, և պատկերահան մը անմիջապես բարի եկարի չերթա, պակասություններու պակասությունն է, որ և ոչ մեկ կերպով մը կրնա պակասություն ըլլալե դադրիլ:

— Ամեննին պակասություն մը չէ, եթե բնավ չգայիք, դարձյալ պակա-սություն մը չէր համարվեր ինծի համար:

— Շատ վեհանձն եք:

— Ամեննին վեհանձն չեմ:

— Թող այնպես ըլլա, ատոր համար հիմա վիճաբանության մտնելու հարկ չեմ տեսներ. միայն ինքզինքս ձեր տրամադրության տակ կը դնեմ և ձեր հրամաններուն կսպասեմ, եթե կուզեք, հոս քաշել[34] տվեք, եթե կը փափագիք, մեր գրասենյակը պատվել հաճեցեք, և հոն հանենք. ինծի համար միևնույն բանն է դուք ինչպես որ կախորժեք, այնպես ընելու պատրաստ եմ: — Ի՞նչ պիտի քաշել տանք... իմ ակռաներըս աղեկ են:

— Գիտեմ, որ ակռաներդ աղեկ են, ինչպես նաև դուք ալ աղեկ եք. ես կը փափագիմ ձեր լուսանկար պատկերը քաշել:

— Ես մինչև հիմա պատկերս բնավ քաշել տված չունիմ և քաշել տալու հարկ մ'ալ չեմ տեսներ, վասնզի ամեն օր հայելի կը նայիմ և ինքզինքս կը տեսնեմ:

---

33 Թափ տալ:

34 Այստեղ՝ լուսանկարել:

— Եթե ձեր պատկերը մեկու մը ղրկելու ուզեք, հայելին կրնա՞ք ղրկել, Աբիսողոմ աղա:

— Հայելին ինչո՞ւ ղրկեմ, ես կերթամ:

— Շատ աղեկ կը խոսիք, բայց ես մինչև որ ձեր պատկերը չհանեմ, չեմ կրնար հանգիստ ըլլալ. ինծի համար պզտիկություն մ'է ձեր պատկերը չհանելը, թող որ ձեզի համար ալ այնպես է:

— Ինչո՞ւ:

— Լաված բա՞ն է, որ ձեզի պես երևելի մարդ մը Պոլիս գա և պատկերը քաշել չտա. աշխարհ արարատ ձեր վրա պիտի խնդացնե՞ք:

— Ինչո՞ւ:

— Պատճառը հայտնի է, մեծ մարդերը բնականաբար մեծ բարեկամներ կունենան. դուք մեծ մարդ մ'եք և այսօր կամ վաղը պիտի սկսեք մեծ մարդե-րու այցելություններն ընդունել: Ասոնցմե շատերն իրենց պատկերներն մեյմեկ հատ պիտի նվիրեն ձեզի, և դուք ալ պիտի ստիպվեք ձերինեն մեյմեկ հատ տալ անոնց:

— Եվ եթե չտամ, կը խնդա՞ն իմ վրա:

— Խնդալն ալ խո՞սք է, ընկերություններու մեջ մատի վրա կառնեն քեզի:

— Զարմանալի բան...

— Լաված բա՞ն է, որ ձեզի պես ազնվական մը պատկերը հանել չտա. մեծ ամոթ է...

— Մե՞ծ ամոթ...

— Այո, շատ մեծ ամոթ է. անվարտի[35] պտտիլն այնքան ամոթ չէ, որքան իրեն պատկերն չունենալը:

— Ես չէի գիտեր:

— Քաղաքակրթությունը և լուսավորությունը պարտք կը դնեն մեր ամենուս վրա, որ մեր պատկերներն ունենանք:

— Լրագիրները պիտի գրե՞ն, որ Աբիսողոմ աղան յուր պատկերը քաշել տված է:

— Լրագիրներու վերաբերյալ խնդիր մը չէ աս...

— Ըսել է թե եկեղեցիներու մեջ ծանուցում ալ չպիտի ըլլա:

— Ծանուցումի ի՞նչ հարկ կա, Աբիսողոմ աղա, կը ծաղրե՞ք զիս: — Ծաղրե՞լ, ատոր շատ դեմ եմ ես... ի՞նչ իրավունք ունիմ ուրիշ մը ծաղրելու...

— Մի՛ բարկանաք...

— Չէ, կը բարկանամ, ես բնավորություն մը ունիմ, որ ամեն բան շիտակ կուզեմ:

— Շատ լավ. ի՞նչ դիրքով հանել կուզեք ձեր պատկերը:

[35] Առանց վարտիքի:

— Միտք չունիմ պատկերս քաշել տալու, վասնզի անօգուտ բան մը կերևա ինձի:

— Ի՞նչ կըսեք, ասկից ավելի օգտակար ի՞նչ կա. եթե ձեր բարեկամներեն մեկուն այցելություն մը տալ ուզեք և ժամանակ չունենաք, ձեր մեկ պատկերը կը ղրկեք, կը լմննա, կերթա: Եթե կարգված եք, ձեր ամուսնուն կը ղրկեք, որ ձեր բացակայությանն ատեն անոր վրա նայելով կարոտը կառնե. եթե ամուսնացած չեք, շատ աղջիկներ ձեր պատկերը կը տեսնեն և ձեր ով ըլլալը կը հասկնան, որով ընկերություններու մեջ ձեր անունը կը խոսվի: Լուսանկար պատկեր մը այս օրվան օրս հացեն ավելի պետք է մարդուս. կաղաչեմ, որ համոզվիք, և ժամ առաջ երթանք ձեր պատկերը քաշենք:

— Աղջիկներն ի՞նչպես և ո՞ւր պիտի տեսնեն իմ պատկերս...

— Չէ՞ որ ձեր բարեկամներուն պիտի տաք, անոնք ալ իրենց տունը պատկերներու հատուկ գիրքի մը մեջ պիտի անցունեն և ամենուն պիտի ցուցնեն:

— Ցուցնելով ի՞նչ պիտի ըլլա:

— Ի՞նչ կուզեք, որ ըլլա... միշտ կը հիշվիք...

— Եթե չհիշվիմ, ի՞նչ կը կորսնցնեմ. հոգս էր իմին, թե զիս պիտի հիշեն. կուզեն՝ հիշեն, կուզեն՝ չհիշեն, ես անանկ դատարկ բաներու ստակ չեմ տար և քու խոսքերուդ ալ չեմ հավատար:

— Ասիկա պզտիկ ենսյուլթ[36] մ՚ է:

— Ենսյուլթն ո՞վ է:

— Տեր, գիտեք որ արտիստ մը վիրավորեցիք ծանրապես:

— Ե՞ս վիրավորեցի:

— Այո՛, դուք...

— Պատկերս քաշել չտալուս համար զրպարտության սկսա՞ր... ես մինչև հիմա մեկը վիրավորած չեմ:

— Այսօր զիս վիրավորեցիք:

— Գնա՛ ուտիկանության իմաց տուր, պարապ խոսքեր մտիկ ընելու ժամանակ չունիմ:

— Ոստիկանության երթալու հարկ չկա. կը խնդրեմ, որ ձեր բերնեն ելած խոսքը հաշտեցունեք ձեր քաղաքավարությանը հետ: — Ես կռվի մեջ չեմ մտներ, գնա, դուն հաշտեցուր, եթե կռիվ ընողներ կան:

Մանուկ աղան Աբիսողոմ աղային նախաճաշը կը բերե և եռոտանի սեղանի վրա դնելեն վերջը՝

— Հրամմեցե՛ք, ձեր կաթը խմեցե՛ք,– կըսե:

Աբիսողոմ աղան աթոռ մը կառնե, սեղանին առջև կը նստի և կսկսի կաթը խմելու:

[36] Վիրավորանք:

— Ի՞նչ որոշեցիք նայինք, Աբիտողոմ աղային պատկերը կէ՞ս մեջքեն պիտի քաշեք, թե ոտքի վրա,— կը հարցունե Մանուկ աղան:

— Ոչ կես մեջքեն, ոչ ալ ոտքի վրա,— կը պատասխանե Աբիտողոմ աղան:

— Աթոռի մը վրա նստած ամբո՞ղջ պիտի քաշեք:

— Ո՛չ:

— Պառկա՞ծ պիտի հանեք:

— Ոչ:

— Քովընտի՞[37]:

— Ո՛չ:

— Ի՞նչպես որոշեցիք ուրեմն:

— Որոշեցինք, որ մեր պատկերը բնավ քաշել չտանք:

— Ատ չըլլար. ատիկա մեծ պզտիկություն է, Աբիտողոմ աղա՛. հիմա պզտիկներեն բռնե, մինչև մեծերը գնա, ամենն ալ տարին քանի մը անգամ պատկերնին քաշել կուտան. երկու ամսու տղաներն անգամ իրենցն ունեն, միայն իրենց մորը արգանդին մեջ գտնվողները չունին իրենց պատկերը, եթե անոր ալ դյուրին մեկ ճամփան գտնեն, անոնց ալ պիտի հանեն:

— Ես չկրցի համոզել Աբիտողոմ աղան, որ կարծեց, թե զինքը խաբելու համար եկած եմ հոս,— բսավ պատկերահանը:

— Զէ, չէ, մեր պատկերահանն անանկ մարդ չէ,— ավելցուց Մանուկ աղան:

— Ըսի, թե Աբիտողոմ աղային պես մեծ և երևելի մարդ մը իրեն պատկերն անպատճառ ունենալու է:

— Այո՛, ունենալու է, և քանի մը տեսակ: Օրինակի համար. տասներկու հատ պզտիկ, տասներկու հատ միջին, տասներկու հատ մեծ, տասներկու հատ ոտքի վրա, տասներկու հատ աթոռի մը վրա բազմած, տասներկու հատ քովընտի նստած, տասներկու հատ շիտակ նստած, տասներկու հատ ոտք ոտքի վրա դրած, տասներկու հատ ձեռք ձեռքի վրա, տասներկու հատ գլուխը ձեռքին կռնթած, տասներկու հատ ձեռքը սեղանի մը վրա դրած, տասներկու հատ պառկած, տաս-ներկու հատ ձեռքը գավազան բռնած, տասներկու հատ խնդումներես, տասներկու հատ տխուր դեմքով, տասներկու հատ ալ ոչ խնդումերես[38] և ոչ տխուր դեմքով: Այո՛, Աբիտողոմ աղա՛, աս բաժներես հատ մը եթե պակաս ըլլա, ձեր պատվույն վնաս կուգա:

— Իրա՞վ կըսեք,— հարցուց Աբիտողոմ աղան:

---

[37] Կողքի ընկած:

[38] Ոչ ծիծաղկոտ երեսով:

— Սուտ խոսելու բնավ պարտականություն չունիմ. եթե ասոնք չունենաս, քու վրադ աղեկ աչքով չեն նայիր. բոլոր մեծ մարդերն ասոնք ունին:

— Մեծ մարդերն ունի՞ն. աղեկ գիտե՞ս:

— Այո, ունին:

— Պզտիկներն ալ ունին՝ ըսիր հապա:

— Պզտիկներն այս չափ չունին, անոնք կամ երեք հատ և կամ շատ շատ վեց հատ հանել կուտան:

— Բնավ մտքես չէր անցներ, որ պատկերին այս չափ կարևորություն կը տրվի հոս:

— Այո՛, կարևորությունը հիմա միայն պատկերներուն կը տրվի, և որքան աղեկ քաշված ըլլան, այնքան ավելի կարևորություն կառնեն:

— Քանի որ ամեն մարդ յուր պատկերն ունի, իմ մեծ մարդ ըլլալս ինչե՞ն պիտի հասկցվի. միայն մեծ մարդերը քաշել տալու էին, որ այն ատեն...

— Բայց մեծ մարդերունը ուրիշ տեսակ է, խոշոր դիրքով և փայլուն թուղթի վրա կը հանեն:

— Չկրնա՞ր ըլլալ, որ սպասավորներս ալ առջևս բարև բռնած հանենք:

— Շատ աղեկ կըլլա:

— Իրա՞վ կըսեք:

— Այո՛:

— Օրինակի համար ես ագարակներ ալ ունիմ, որոնց մեջ շատ մը կովեր, ոչխարներ, ձիեր, սագեր, բադեր կան, անոնք ալ կարելի չէ՞ պատկերին մեկ կողմը դնել:

— Ատոնք կարելի չէ, սպասավորներդ կրնաս առնել, այնպես չէ՞, պարոն Դերենիկ:

— Այո՛, այնպես է,— պատասխանեց պատկերհանը:

— Չկրնա՞ր ըլլալ, որ,— հարցուց նորեն Աբիսողոմ աղան,— պատկերին տակը գրվի, որ այս մարդն ագարակներ[39], ձիեր, կովեր, էշեր ունի:

— Ատ չգրվիր. կրնա գրվիլ, բայց մինչև այսօր սովորություն եղած չէ: Սակայն ի՞նչ հարկ կա զանոնք գրելու, արդեն ամեն մարդ շուտով կիմանա:

— Ձիու վրա նստած կրնա՞նք հանել:

— Այո՛,— պատասխանեց Դերենիկը:

— Ձին վազցունելով սակայն: — Ատ դժվար է:

— Շատ լավ, վաղը կը նայինք

— Եթե կուզեք մեքենան հոս բերեմ վաղը:

---

[39] Կալվածներ:

— Այո՛, այո՛, հոս բերէ՛ք,— կրկնեց Մանուկ աղան, վասնզի չվայլեր, որ Աբիսողոմ աղան ձեր սենյակը գա: Մեծ մարդերը միշտ իրենց տուներուն մեջ քաշել կուտան պատկերնին:

— Գլխուս վրա,— ըսավ Դերենիկն և ձեռները շփել սկսելով ոտքի վրա ելավ և կոտրվիլ սկսավ այնպես, որ խոսք մը ըսել կուզեր և կը քաշվեր:

Հայտնի է, թե այն մարդն, որ բան մը ըսել կուզե և կը քաշվի, անպատճառ ստակ պիտի ուզե:

— Վաղը մեքենան հոս բե՛ր,— ըսավ Աբիսողոմ աղան:

— Շատ լավ,— պատասխանեց պատկերհանը միշտ կոտրտվելով և ձեռները շփելով:

— Վաղը մեքենան հոս բե՛ր՝ ըսինք ա՛,— կրկնեց Աբիսողոմ աղան տեսնելով, որ պատկերհանը չերթար:

— Այո, հասկցա, մեքենան վաղը հոս պիտի բերենք,— պատասխանեց նորեն Դերենիկը,— բայց սովորություն մը ունինք մենք, որ... ներեցէ՛ք սակայն:

— Ըսէ՛ք:

— Բայց կաղաչեմ, ծանր չգա ձեզի:

— Ծանր չգար ինծի:

— Սովորություն մը ունինք, որ եթե մեքենան մեկու մը տունը տանել հարկ ըլլա, կանխիկ գումար մը կառնենք... ոչ թե վստահություն չունենալուս համար, այլ սովորություն մը հարգելու համար:

— Ատ ի՞նչ գեշ սովորություն է...

— Վերջապես սովորություն մ՚է:

— Շատ լավ... երկու ոսկի կը բավե՞:

— Այո՛, կը բավե:

— Աբիսողոմ աղան երկու ոսկի տվավ պատկերհանին, որ դուռը բանալն և աներևութանալն մեկ ըրավ:

Է

Կան մարդեր, որ ցցունել կուզեն, ինչ որ չունին. կան ալ, որ ցցունել չեն ուզեր, ինչ որ ունին. կան նաև որ ցցունել կուզեն, ինչ որ ունին: Աբիսողոմ աղան վերջիններեն էր. կը փափագեր, որ բոլոր աշխարհ իմանա ազա-րակներ ունենալը, և յուր փափագն իրացնելու համար ստակ ալ չէր խնայեր: Այսպես, երբ ըսին իրեն, թե մեծ մարդերն իրենց պատկերներն ունին, հավանեցավ, որ ինքն ալ իրենն ունենա, բայց կասկածելով, թե խաբված ըլլա և պարապ տեղը ստակե ելլա, Դերենիկին մեկնելէն անմիջապես ետքը հարցուց Մանուկ աղային.

— Եթե պատկերս քաշել չտամ, զիս մարդու տեղ չե՞ն դներ:

— Քավ լիցի, բայց քանի որ ձեր աստիճանի մարդերը իրենց պատկերները հանել տված են, ձեզի ալ կը վայելե, որ անոնց պես ընեք: Երբ մեկն ձեր պատկերն ունենալ կը փափագի, և դուք պատասխանեք, թե պատկերս քաշել տված չեմ...

— Ի՞նչ կըլլա:

— Բան մը չըլլար... բայց...

— Բայց ի՞նչ... ազարակներս կառնե՞ն ձեռքես...

— Ամեննին:

— Ոչխարներս, կովերս կը հափշտակե՞ն:

— Բնավ... բայց... խավարյալ մարդու տեղ կը դնեն ձեզի, չեն ըներ այն պատիվն, որ կուտան մեծ մարդու:

— Հասկցա, ի՞նչպես հանել տալու եմ ուրեմն պատկերս, որ տարակույս չմնա, թե պզտիկ մարդ չեմ, վասնզի ըսիք, թե պզտիկներն ալ իրենց պատկերներն կը հանեն:

— Ձեր պզտիկ մարդ չըլլալը հասկցնելու համար մեծ պատկեր հանելու եք թիկնաթոռի մը վրա նստած:

— Նոր հագուստներս հագնելու եմ, այնպես չէ՞:

— Այո՛:

— Ժամացույցս ալ կախելու եմ հարկավ:

— Տարակույս չկա:

— Սանկ ծխփող քաշելով և երկու մարդ ալ դեմս բարև բռնելով և մեկն ալ ետևես ձիս բռնելով:

— Այո՛, այո՛:

— Դեռ ուրիշ ի՞նչ պետք է փառավոր երևնալու համար:

— Այսչափ բավական է:

— Կուզեի, որ սպասավորներս երկուքն ալ չախելով[40] դիմացես վռնտեի, և անոնք ալ գլուխնին ծռած դուրս ելնեին. վերջապես սանկ բաներ չը՞ կրնար ըլլալ... կամ թե մեկը ծեծեի... օրինակի համար, մեր ազարակներուն վերակացուին երեսն ի վեր պոռայի... «մա՛րդ, քեզի քա՞նի անգամներ հրամայեցի, որ մշակներու հետ քաղցրությամբ վարվիս, կովերուս հետ սիրով երթաս, վար ու ցանը ժամանակին ընես, քանի որ ասոնք չըրիր, ես ալ քեզի կը վռնտեմ»: Վերակացուն ալ թաշկինակովն աչերը սրբելով՝ ոտներուս իյնա, աղաչե և պաղատե ըսելով. «զավակներուս սիրույն համար ներե՛ հանցանացս. այսչափ տարիներե հետե ձեր հացը կուտեմ, դուք իմ բարերարս եք, ես ձեզ

[40] Հանդիմանել:

գրկերուս մեջ այնչափ գրկած ու պտտցուցած եմ, երբ դեռ պզտիկ էիք»... վերջապես սրվոր նման բաներ չե՞նք կրնար դնել պատկերին մեջ:

— Ատոնց վրա վաղը կը խորհինք. մենք հիմա սկսինք մեր երեկվան պատմության, որ կիսատ մնաց: Մելքոն աղան զիս տեսնելուն պես...

— Կամ թե սանկ կռնակի վրա պառկիմ, և սպասավորներս ալ բանթալոնս[41] քաշեն...

— Զիս տեսնելուն պես մոտեցավ ինծի և...

— Նարկիլեյով ավելի փառավոր չըլլա՞ր...

— Մոտեցավ ինծի և ձեռքերս բռնելով ըսավ. «Թե այսօր չաշխատինք, մեր չուզած մարդերը թաղական պիտի ընտրվին»:

— Սանկ տասը կանգուն[42] երկարությամբ մարբուճ[43] մը...

— Անոնք վաղվան գործ են, Աբիսողոմ աղա, թող տվեք, որ սա պատմությունս լմնցնեմ: Մելքոն աղան թևես բռնելուն պես քաշեց զիս ազգային ընթերցատունն, ուր երիտասարդները նստած թուղթ կը խաղային:

— Ես ալ կըսեմ, որ մարբուճը եթե կարճ ըլլա, ավելի աղվոր կերևնա պատկերին մեջ:

Կյանքիս մեջ հարյուր անգամեն ավելի հանդիպած եմ այս տեսարանին, ուր երկու դերասաններ խոսքն իրարու բերնեն հափշտակելով, յուրաքանչյուրը կը փափագի առաջ յուր խոսքը մտիկ ընել տալ: Այո՛, հարյուր անգամ ներկա գտնված եմ. երկու անգամ ընկերություններու մեջ և իննսունը ութը անգամ Ազգային երեսփոխանական ժողովո[44] մեջ: Հարյուր մեկերորդ անգամն էր այս, և սատանան կը դրդեր զիս ըսելու այս երկուքեն մեկուն. «Թո՛ղ տուր դիմացինիդ լմնցնել յուր խոսքն և վերջը խոսե»: Բայց որովհետև ուրիշ անգամներ այսպես խոսած ըլլալուս համար մեկուն կամ մեկալին սիրտը կոտրած եմ, որոշեցի չեզոքություն պահել, թող տալ իրենց փոխասացություն ընել և սպասել տեսնելու համար, թե ինչպես պիտի վերջանա այս տեսարանն, որ Ազգային երեսփոխանական ժողովո մեջ գրեթե միշտ կռիվով կը վախճանի:

— Իրավունք ունիք,— պատասխանեց Մանուկ աղան, կարճ մարբուճը շատ աղեկ կերևնա պատկերին մեջ, բայց և այնպես մաքուր և

---

41 Շալվար:

42 Երկարության չափ:

43 Նարգիլեի բարակ, երկար խողովակ, որի ծայրից ծխում են:

44 Ազգային երեսփոխանական ժողով— ըստ տաճկահայոց Ազգային սահմանադրության երեսփոխանական էր կոչվում այն կենտրոնական պատգամավորական ժողովը, որ գումարվում էր Պոլսում և որին պատկանում էր ազգային գործերի տնօրինության բարձրագույն իրավունքը:

շիտակ ըլլալու է թա-ղական ընտրվող մարդ մը։ — Դուք աղեկ կը ճանչնա՞ք։

— Իմ ճանչնալս մինակ օգուտ չըներ, քվեարկությամբ կընտրվի։

— Քվեարկությա՞մբ։

— Այո՛, ըստ Սահմանադրության[45], քվեարկությունը կընտրե։

— Ի՞նչ կըսեք, թաղեցին քվե՞ պիտի տա հիմա աղեկ մարբուճ մը ընտրելու համար։

— Թաղականի վրա է մեր խոսքը։

— Թաղական ո՞ւսկից հանեցիր. մարբուճի վրա է մեր խոսքը։

— Մի՛ բարկանաք, Աբիսողոմ աղա, այնպես ըլլա։

— Ինչո՞ւ բարկանամ պիտի... վաղը կերթանք, հատ մը առնենք։

— Կառնենք։

Այս պահուն սենյակի դուռը բացվեցավ, և կնկան մը գլուխ երևցավ։

Այս կինը Շուշան կը կոչվեր, և յուր արհեստն ալ սիրո միջնորդություն էր. այրերուն կին կը գտներ, կիներուն այր կը մատակարարեր և զանոնք իրարու հետ ամուսնացնելով յուր աշխատության վարձքը կընդուներ։ Երբեմն ալ այրը կինեն կը զատեր և դարձյալ յուր աշխատության փոխարենը կառներ։ Տարիքն, եթե հարցունես, երեսունվեց է, իսկ եթե հարցունես ինծի, որ միշտ սովորություն ունիմ կնկան մը խոստոված տարիքին վրա տասն ավելցնել, քառասունվեց է։ Ծաղկի հիվանդությունը յուր նշանները ձգած է անոր երեսը։ Սև և երկար դեմք մը, որուն կեսը կը կազմեր ծնոտը, և որուն մեջ տեղը երկնցած էր քիթ մը, որ բարձր և ճոխ հանգ[46] մ՚ուներ, կը կրեր յուր վրա երկու փոքրիկ և սև աչեր, որ ամեն վայրկյանին չորս կողմը կը պտտեին։ Հազիվ երկու մատ լայնությամբ ճակատ մ՚ուներ. ընքվիները հիվանդութենե թափած էին։

Տիկին Շուշան գլուխը դռնեն ներս խոթելեն ետքը դուռը բացավ և ներս մտավ ըսելով.

— Եթե գաղտնի խոսք մը ունիք, դուրս ելնեմ։

— Ո՛չ,— պատասխանեց Մանուկ աղան,— թաղականի վրա կը խոսեինք։

— Գետնին տակը անցնի այն թաղականի խնդիրն,— ըսավ տիկին Շուշան և ծանրությամբ գլուխն Աբիսողոմ աղային ծռելով՝ գնաց բազմոցի մը վրա նստելու։

---

[45] Ազգային սահմանադրություն— այսպես կոչվում է հայ ազգային կուլտուրական ինքավարության այն կանոնադրությունը, որ հորինված էր տաճկահայերի համար և օսմանյան կառավարության կողմից հաստատվել 1863 թվականին։

[46] Ձև։

— Բարի եկաք, տիկին,— ըսավ Մանուկ աղան:

— Բարի տե՛սանք: Դուք ալ բարի եք եկեր, Աբիսողոմ աղա. քաղաքն ի՞նչպես գտաք, նայինք՝ հավնեցա՞ք:

— Հավնեցա, շատ աղեկ է: — Այս կողմերը ի՞նչ գործ ունիք,— հարցուց Մանուկ աղա, դարձյալ նշանտո՞ւք[47] մը կա, ի՞նչ կա:

— Հրամմեր եք, սա դիմացի տունը եկա, և անգամ մ՚ ալ ձեզի հանդիպիմ, ըսի: Սա Անթառամին աղջիկը դիմացինիդ տղուն կուզեմ շինել. գործն ալ լմնցածի պես էր, բայց տիկին Մարթան յուր աղջիկը տալ ուզելուն համար Անթառամին աղջկանը վրայոք խել[48] մը խոսքեր ըսած է մանչուն, ան ալ քիչ մը պաղած է: Այսօր եկա, որ զինքը տեսնեմ և համոզեմ, բայց դուրս ելած ըլլալուն՝ վաղը պիտի գամ:

Աղջիկ մ՚ ալ մեր Աբիսողոմ աղային չգտնա՞ս:

Աբիսողոմ աղան ժպտեցավ:

— Տիկինն արդեն իմացուց ինծի վարը, թե Աբիսողոմ աղան կարգված չէ, և ես ալ շիտակը անոր համար վեր ելա,— պատասխանեց տիկին Շուշան ճերմակ թաշկինակովն քիթը սրբելով:

— Անանկ միտք մը ունիմ,— ըսավ Աբիսողոմ աղան տեղեն ելնելով և սիգար մը հրամցնելով տիկին Շուշանին:

— Եթե անանկ միտք մը ունիք, քեզի ալ կրնանք ձեր ուզածին պես աղջիկ մը գտնել. քսան տարիե ի վեր այս գործին մեջն եմ, ամենքն կը ճանչնամ: Հրամանքնիդ ի՞նչպես աղջիկ կուզեք, անգամ մը ան հասկանալու եմ ես:

Մանուկ աղան տեսնելով, որ Աբիսողոմ աղան տիկին Շուշանի հետ խոսքի բռնվեցավ, դուրս ելավ՝ ուրիշ անգամի պահելով թաղականի պատմությունն, զոր չէր կրցած ավարտել:

— Աղվոր աղջիկ մը կուզեմ,— պատասխանեց Աբիսողոմ աղան խնդալով:

— Գիտեմ, որ աղվոր աղջիկ կուզես. ուզած աղջիկդ հարո՞ւստ ըլլալու է:

— Այո՛:

— Պարկեշտ:

— Հարկա՛վ:

— Տասնվեց տասնութ տարեկան:

— Ճիշտ:

— Դաշնակ[49] զարնել գիտնա:

— Գիտնալու է:

---

[47] Նշանդրեք:

[48] Բավականին:

[49] Դաշնամուր:

— Աղեկ պարե:

— Հրամմեր եք:

— Շատ լավ, ասանկ աղջիկ մը կա ձեռքիս տակը, բայց այս տեսակ աղջիկները գործ չեն տեսներ տունը. առտվնե մինչև իրիկուն ծունկ ծունկի վրա կը դնեն և կերգեն, կը պարեն և կամ բոլոր օրը կը պտտին. հիմակվընե ըսեմ, վերջեն ինծի պատճառ չբռնես. աղեկներն ալ կան, բայց գտնելը շատ դժվար է: Քու ըսած աղջիկներուդ մեջ անանկներ ալ կան, որ իրենց ուզած մեկը կը սիրեն և շատ անգամ անոր հետ գեղ մը կը փախչեն, և դուն ալ կսպասես, որ կինդ գա:

— Ի՞նչ կըսեք: Եթե այդպես է, չեմ ուզեր:

— Բայց կան ալ, որ վրադ կխենդենան:

— Եթե այսպես է, կուզեմ:

— Բայց կան ալ, որ ամիս մը իրենց սիրածին հետ կապրին և քու անունդ բնավ չեն տար:

— Եթե այնպես է, չեմ ուզեր:

— Բայց կան ալ, որ վայրկյան մը քովեդ չեն բաժնվիր:

— Եթե այսպես է, կուզեմ:

— Ասոնք ըսելուս համար ինծի բան մի՛ ըսեր. վասնզի կան անանկներ ալ, որ թող կուտան իրենց կինը ուրիշի մը հետ սիրահարություն ընել և աղջկան հորմեն քիչ մը դրամ առնելով աչք գոցել:

— Իրա՞վ կըսեք. անանկ էրիկ մարդ կը գտնվի՞ աշխարհիս վրա:

— Մազես շատ:

— Եվ այն տեսակ էրիկ մարդերու և կիներու երեսը ո՞վ կնայի:

— Ամեն մարդ. կինը կարդարացնեն՝ ըսելով, թե սատանայե խաբված է, էրիկն ալ կը սրբացնեն՝ ըսելով, թե խեղճը չգիտեր յուր բռնած ընթացքը:

— Է՛, հիմա կը ճաթիմ... չեմ ուզեր, չեմ ուզեր, թող մնա՛, իմ քաղաքս կը կարգվիմ:

— Բայց և այնպես անանկներ ալ կան, որ քեզի համար իրենց հոգին անգամ կուտան:

— Անանկ մեկն եթե գտնեմ, կը կարգվիմ:

— Ես անանկ մեկը պիտի գտնեմ քեզի. իմ հարցունելս սա է, որ ձեր ինչ տեսակ աղջիկ ուզելը հասկնամ:

Ես ալ իրավունք կուտամ տիկին Շուշանին. վասնզի ամեն օր այնպիսի ամուսնություններ կը տեսնենք, որք մարդուս զարմանք կուտան: Ատեն մը հետաքրքրության համար կարգված մարդու մը սիրո կրկնատոմարը[50] գրեցի և տարեգլխուն հաշվեկշիռը[51] հանելով տեսա,

50 Հաշվեմատյան:

որ մարդը սնանկացած էր բարոյականության մեջ: Բարևս կտրեցի իրմե և սակայն մեծ զարմանքով տեսա, որ այդ մարդը մեծ պատիվ կը գտնե ընկերություններու մեջ և իբրև բարոյականի տեր անձ մը ամեն կողմե հարգանք կընդունի: Հետաքրքրությունս ավելցավ. հաշվեկշիռս նորեն աչքե անցուցի և դիտեցի, որ կինն, զոր ես այդ մարդուն ընկեր նշանակած էի, մայր հաշվույն մեջ դրամագլուխի կողմ անցած է երկանը տետրակին մեջ: Եթե օր մը սիրո տոմարակալություն[52] մը հրատարակեմ, մեծ հուզմունք պիտի պատճառեմ հաշվագետներու մեջ. վասնզի ես շատ էրիկ մարդիկ գիտեմ, որոնք կինն իրենց սիրո հաշվույն մեջ ընդհանուր ծախքի կողմ կանցունեն, շատերը կարասիքի հաշվույն տակ կը գրեն, ոմանք ընդհանուր ապրանքի կարգը կանցունեն, ոմանք վճարելի թուղթերու և ոմանք ընդունելի թուղթերու հաշվույն մեջ կը նշանակեն: Խիստ քիչ են այն նախանձելի ամուսնությունններն, որոնց մեջ կինը էրկանը ընկեր կարձանագրվի սիրո տետրակին մեջ:

— Կարգվիլը շատ անուշ բան է,— հարեց սիրո միջնորդն,— քեզի հարմար աղջիկ մը գտա՞ր, ամեն օր արքայության մեջ ես...

— Ես ալ ասոր համար է, որ կարգվիլ կուզեմ:

— Կինդ բնավորությանդ չհարմարեցավ, ամեն օր դժոխքի մեջ ես, կրակներու մեջ կերիս:

— Ես ալ ասոր համար է, որ կարգվելու կը վախնամ:

— Նայեցե՛ք, ձեզի բան մը ըսեմ, աղա՛, հրամանքնիդ հարկավ մեծ տեղե մը աղջիկ կուզեք առնել, վասնզի դուք ալ մեծ մարդ մ՛եք:

— Այո՛, այո՛, մեծ տեղե կուզեմ:

— Ես ալ քեզի մեծ տեղե մը աղջիկ կը գտնեմ, բայց հրամանքնիդ ֆրանսերեն գիտե՞ք:

— Մեծ տեղե աղջիկ առնելու համար անպատճառ ֆրանսերե՞ն գիտնալու է:

— Այո՛, վասնզի մեծ տեղի աղջիկներն ֆրանսերեն կը խոսին, և երբ կին մը յուր երկանը չգիտցած լեզվով ուրիշի մը հետ կը խոսի, տակեն նախանձ կելնե:

— Ես ալ կը սորվիմ ֆրանսերեն:

— Բացի ասկից, երջանկությունը շատ քիչ կը գտնվի այն ամուսնության մեջ, ուր կնիկն էրիկեն ավելի բան գիտե:

— Այնպես է, ես ալ այն կարծիքին եմ:

— Հրամանքնիդ եվրոպական եղանակներեն բան մը կը հասկնա՞ք:

— Ամենևին բան մը չեմ հասկնար և մանավանդ թե կը ձանձրանամ:

---

[51] Բալանս:

[52] Հաշվապահություն:

— Ի՞նչ պիտի ընես ուրեմն, եթե կինդ ժամերով դաշնակի առջևն անցնի և այդ նվազարանի վրա եվրոպական խաղեր զարնե:

— Թող չեմ տար, ես ձանձրույթ կիմանամ:

— Ան հաճույք կզգա:

— Կին մը ի՞նչ իրավունք ունի յուր էրկանը գլուխ ցավցնելու:

— Էրիկ մը ի՞նչ իրավունք ունի յուր կինն զվարճութենե զրկելու: — Եթե գործը մինչև աս տեղվանքը պիտի գա, չեմ կարգվիր[53]:

— Չկարգվիլ չըլլար, միայն եթե պիտի ստիպվիս կնկանդ ճաշակին հարմարելու համար դաշնակ սորվիլ:

— Ես կրնա՞մ սորվիլ:

— Ինչո՞ւ չէ, մանավանդ թե ավելի դյուրին է քեզի դաշնակ զարնել սորվիլ, քան թե կնկանդ դաշնակ զարնելը մո՛ռնալը:

— Եթե այդպես է, ատոր ալ ճամփան գտանք ըսել է:

— Ատոնք ըսելուս պատճառն ան է, որ ես հոգիս սնցունել չեմ ուզեր. ամեն բան առաջուց կըսեմ, որ վերջեն ինձի պատճառ չբռնեն: Իմ ձեռքիս տակ ամեն դասե աղջիկ կա. բարձր դասեն, միջին դասեն և ստորին դասեն. այս երեք դասեն ալ ծախու ապրանք ունիմ. հրամանքնիդ ձեր քակին հետ խորհրդակցեցեք և ինձի ըսեք՝ սա դասեն կուզեմ: Հայտնի է, որ բարձր դասը շատ սուղ է, միջինն՝ նվազ սուղ և ստորինն՝ աժան:

— Ես շատ աժան չե՛մ ուզեր:

— Շատ լավ. աղջիկը ճերմա՞կ գույն ունենա, թե քիչ մը թուխ:

— Ճերմակ կուզեմ:

— Աչքերը սև՞, թե կապույտ:

— Եկու, տես, որ սևն ալ կը սիրեմ, կապույտն ալ...

— Կամ մին պիտի ըլլա, կամ մյուսը. վասնզի չկրնար ըլլալ անանկ աղջիկ մը, որուն մեկ աչքը կապույտ ըլլա, մյուսը՝ սև:

— Կապույտ ըլլա թո՛ղ:

— Շատ լավ: Հասակն և մազերը...

— Երկար, երկար:

— Մեջքը...

— Մեջքը բարակ ըլլա, բայց տկար չեմ սիրեր. կուզեմ, որ քալած ժամանակը միսերը շարժին:

— Կը հասկնամ, այսչափը հերիք է. ճիշտն ուզածիդ պես աղջիկ մը կա, որ շատ ալ պարկեշտ է և իրեն էրկանը համար հոգի տալ կերնա:

— Ես ալ անանկ մեկը կուզեմ:

— Թերևս վաղը քու անունդ իրեն ըսելուս պես վրադ սեր կապե: Պատկերդ տուր, որ իրեն անգամ մը ցցունեմ:

— Պատկերս վաղը հանել պիտի տամ:

[53] Ամուսնանալ:

— Վաղը՞... վաղը հանել տալու որ ըլլաք, ութը օրեն կառնեք, և ութ օր սպասե՞նք:
— Ինչո՞ւ սպասենք, վաղը կերթանք. մեծ տեղե՞ն է աղջիկը:
— Այո՛: — Հայրը հարո՞ւստ է:
— Շատ հարուստ է, բայց հարստությունը չցցուներ:
— Շատ խանութնե՞ր ունի:
— Քանի չափ:
— Տո՞ւն:
— Քառասունի մոտ:
— Շատ աղեկ, վաղը չէ մյուս օր կերթանք այդ աղջիկը տեսնելու:
— Գլխուս վրա. ցերեկին կուգամ, և մեկտեղ կերթանք: Մնաք բարով, Աբիսողոմ աղա, սիրտդ հանգիստ բռնե. ես քեզ չեմ խաբեր, ուրիշներու կրակե շապիկ հագցնողներե չեմ: Կեցեք բարով, վաղը չէ, մյուս օր:
Տիկին Շուշանը կը մեկնի:

Ը

Մանուկ աղան, որ վարի սենյակն էր և խաիվե կը խմեր, տիկին Շուշանին վար իջնալն տեսնելուն պես՝ խաիվեի գավաթն թողուց և Աբիսողոմ աղային քովը գնաց:
— Այսպես,— ըսավ,— Մելքոն աղան թևես քաշեց, և մեկտեղ ընթերցատունը մտանք: Այդ ընթերցատունը ժամանակավ զինետուն էր: Աստված ողորմի հոգուն, Կոմիկ աղան կը բռներ, աղեկ մարդ մ’ էր, հիվանդություն մը եկավ վրան, շատ բժիշկներ նայեցան, ճար մը չկրցին գտնել, և խեղճը մեռավ...
Մանուկ աղային կինը լրագիր մը ի ձեռին ներս մտավ և լրագիրը Աբիսողոմ աղային տալով՝
— Մեծապատիվ էֆենտին հատկապես բարև ըրած է ձեզի,— ըսավ և դուրս ելավ:
Աբիսողոմ աղան աճապարանոք բացավ լրագիրն և կարդաց.
«Վանեն հետևյալը կը գրեն մեզ»: Աս չէ, վարինը կարդանք, ըսավ և կարդաց.— «Մեր բարեկամներեն մին Մուշեն հետևյալը ղրկած է մեզ ի հրատա-րակություն»: Աս ալ չէ, մյուսը նայինք. «Քուրիե տ’ Օրիանի»[54] մեջ հետևյալ տողերը կը տեսնվին»: Մյուս երեսն անցնինք. «Թայմզի»[55] թղթակիցը հետևյալը հեռագրած է հիշյալ լրագրին»: Ասոնց մեջ իմ

[54] Կուրիեր դ’ Օրիանը («Արևելքի Սուրհանդակ») Պոլսում հրատարակվող ֆրանսիական թերթ էր:
[55] «Թայմզ» անգլիական թերթ:

անունս չկա... սա կտորը նայինք... «Մայրաքաղաքիս ազնվական դասուն անդամ մ'ալ ավելցավ այս օրերս: Երևելի վաճառական և բազում ազարակներու տեր, ազգասեր, լեզվագետ, ազնվասիրտ և վեհանձն Աբիսողոմ էֆենտի, որ մեր ազգայնոց ծանոթ է, երեկ Տրապիզոնի շոգենավով մայրաքաղաքս եկավ և ուղղակի Բերա[56] ելավ Ծաղկի փողոց, թիվ 2 տունը: Աբիսողոմ էֆենտիի պես մեկու մը մայրաքաղաքս գալն անշուշտ մեծ ուրախություն պիտի պատճառե մեր բարե-միտ ազգայնոց»:

Աբիսողոմ աղան Մանուկ աղային դառնալով՝ տես,— ըսավ,— ի՛նչ գրած է ինծի համար, և բարձր ձայնով անգամ մ' ալ կարդաց:

— Մեծապատիվ էֆենտին բարև կընե եղեր,— ըսավ տիկինը նորեն ներս մտնելով, բաժանորդագին պիտի տաք եղեր:

— Հիմա՛,— ըսավ Աբիսողոմ աղան և տվավ բաժանորդագինը տիկնոջ, որ վազելով վար իջավ:

— Սա մարդը գեշ չը՞ գրեր կոր, հե՛,— հարցուց Աբիսողոմ աղան:

— Այո՛, գեշ չգրեր:

— Պատվական լրագիր մ' է:

— Ավելի պատվականը կրնա ըլլալ:

Տիկինը դուռը բանալով Աբիսողոմ աղային նամակ մը, խոշոր ծրար մը հանձնեց ըսելով.

— Մեծապատիվ էֆենտին մասնավորապես կը բարևե զձեզ:

Աբիսողոմ աղան նամակը բացավ և հետևյալը կարդաց.

«Մեծապատիվ էֆենտի,

Ձեր մեծապատվության մայրաքաղաքս գալն իմանալով փութացի ձեր գալուստը շնորհավորելով՝ լրագրես տասն օրինակ ղրկել: Քաջահույս եմ, որ պիտի հաճիք ձեր բաժանորդությամբը քաջալերել լրագիրս, որով պիտի խրա-խուսեք զիս, որ խմբագրական տաժանելի ասպարեզին մեջ ազգին ծառայու-թյուններ ընելու կոչված եմ:

Մնամ հարգանոք
խմբագիր—տնօրեն
...... լրագրո»
(ստորագրություն)

— Տասը հատն ի՞նչ ընեմ...

— Կշտանալով կը կարդանք...

Տիկինը նորեն ներկայացավ ծրարով մը և նամակ մ' ալ տվավ Աբիսողոմ աղային, որ բանալով սկսավ կարդալ.

«Մեծապատիվ էֆենտի,

---

[56] Պերա կոչվում է Պոլսի եվրոպական թաղամասը:

Ձեր հանրածանոթ ազգասիրությունը քաջալերություն տված ինձ լրագրես տասնհինգ օրինակ ղրկել ձեզ: Քաղցր է ինձ հուսալ, որ պիտի բարեհաճիք զանոնք ընդունիլ ի պաշտպան կանգնիլ լրագրության, որ մեր մեջ ընթերցասիրության չտարածվելուն պատճառովը դժբախտաբար գեշ վիճակի մը մեջ կը գտնվի:

Մնամք հարգանոք
խմբագիր—տնօրեն
...... լրագրո»
(ստորագրություն)

Աբիսողոմ աղան նամակը ծալլելու վրա էր, տիկինը ներս մտավ.

— Մեծապատիվ էֆենտին սիրով բարևներ կընե եղեր ձեզի,— ըսավ և նա-մակով մը գիրքեր ներկայացուց Աբիսողոմ աղային, որ նամակը բացավ և սկսավ կարդալ.

«Մեծապատիվ էֆենտի,

Իմ մտքիս ծնունդն եղող քերթվածները հրատարակած ըլլալով՝ արժան դատեցի անոնցմե քառասուն օրինակ ձեզ ղրկել: Կը հուսամ, որ շնորհ կընեք զանոնք ընդունելու և կերպով մը քաջալերություն տալու ինձ, որպեսզի մյուս քերթվածներս ալ քիչ օրեն հրատարակության տամ:

Խնդրելով, որ ընդունիք իմ խորին մեծարանացս հավաստիքը, մնամ ձերդ մեծապատվության խոնարհ ծառա»:

(ստորագրություն)

Աբիսողոմ աղան նամակը գոցեց և քովը դրավ:

Տիկինը դարձյալ ներս մտավ:

— Մեծապատիվ էֆենտին բարև՞ ըրած է դարձյալ,— հարցուց Աբիսողոմ աղան:

— Ո՛չ, բեռնակիրներեն մեկը եկած է և կրողչեքը կուզե:

Աբիսողոմ աղան քսան դահեկան հանեց, տվավ:

Տիկինը դուրս ելավ, դուռը գոցեց:

— Ընթերցատան մեկ անկյունը քանի մը հոգի նստած ընտրելի թաղականներու ցուցակը կը պատրաստեին,— ըսավ Մանուկ աղան՝ յուր պատմության թելն ձեռք առնելով:— Անոնք մեր կողմեն չէին և կաշխատեին, որ իրենց ուզած կաշառակեր մարդերը թաղական ընտրեն:

— Տղուն— մեկը եկավ սա գիրքերը ձգեց, գնաց,— ըսավ տիկինը նորեն մտնելով.— մեծապատի՛վ էֆենտին շատ բարև կընե եղեր և այսօր կամ վաղը պիտի գա եղեր զձեզ տեսնելու:

Տիկինը գրքերը սեղանի մը վրա դրավ:

— Ի՞նչ ընեմ այսչափ գիրքերը, գրավաճա՞ռ պիտի ըլլամ ես: Չեմ ուզեր, ալ ասկից վերջը եթե բերող ըլլա, մի ընդունիր, Աբիսողոմ աղան հոս չէ՝ ըսե և ճանփե: — Ատ ալ չըլլար, դուն խմբագիրները չես ճանչնար. անոնց մեջ կը գտնվին այնպիսիներ, որ երբ իմանան, թե իրենց ընկերներեն մեկուն լրա-գիրն առած ես և իրենցը չես առեր, վրադ կը հարձակին և չլսված խոսքեր կըսեն:

— Եթե այնպես է ըսդունե, որչափ լրագիր որ բերեն, ի՞նչ ընենք, բոնվեցանք անգամ մը. եթե գիրք բերեն, մի ընդունիր:

Տիկինը գլուխը ծռելով դուրս ելավ:

— Թեպետ այդ մարդիկն իրենց ուզածները թաղական ընտրելու, կաշխա-տեին, բայց իրենց մեջ ալ անմիաբանություն կար. ակնավաճառն յուր առաջին հաճախորդը կուզեր թաղական ընտրել, հացագործն կուզեր թաղական ընտրել այն մարդն, որուն տունը օրը տասը հաց կուտար. դերձակն թաղական տեսնել կը փափագեր այն երիտասարդն, որուն վրա շաբաթը երկու անգամ հագուստ կը ձևեր, կը կարեր. համետագործը[57] քվե տալ կուզեր այն հարուստին, որուն մեկ երկու համետ կը շիներ տարին. խմբագիրն յուր բոլոր բաժանորդները թաղական խորհրդո մեջ տեսնել կուզեր. փաստաբանը իրեն շատ դատ հանձնողին քվե կուտար. բժիշկն՝ յուր ամենեն ծանր հիվանդին, և գինեպանն ալ ամենեն շատ օղի և գինի խմողին կուզեր հանձնել թաղին գործերը: Ահա այսպես իրենց մեջ...

Մանուկ աղան դարձյալ չկրցավ շարունակել յուր պատմությունը, վասնզի ուրիշ հյուր մը ներս մտնելով ընդհատեց անոր խոսքը:

Այս հյուրը մաքուր հագված երիտասարդ մ՛էր. յուր կլոր և ճերմակ դեմքը շրջանակված էր դեղինով խառն սև մորուքե մը, որ շատ չէր վայլեր: Պատկերներ կան, որ առանց շրջանակի ավելի գեղեցիկ կերևան. թեպետ և կան ալ, որ գեղեցիկ երևալու համար շրջանակի կը կարոտին: — Եթե բնությունը չարգիլեր կիներու շրջանակի մեջ անցունել իրենց դեմքերն, այսօր ո՛րչափ կիներ մորուք պիտի ունենային: Այս երիտասարդը ներս մտնելուն պես հանեց յուր սև և երկար գլխարկն և բարևեց սենյակին մեջ գտնվող երկու բարեկամները:

Մանուկ աղան անմիջապես դուրս ելավ բարկությամբ մռմռալով.

— Այս տարիքն եկած եմ, և ասանկ բան գլուխս եկած չէր. թո՛ղ չեն տար, որ երկու խոսք ընեմ. հազիվ թե բերանս կը բանամ, մեկը կուգա, կսկսի խոսել, և իմ խոսքս բերնիս մեջ կը մնա:

— Աբիսողոմ աղա հրամանքնի՞դ եք,— հարցուց հյուրն բազմոցի վրա նստելեն ետքը

— Այո՛, ես եմ:

— Շնորհակալ եմ, որ Աբիսողոմ աղան դուք եք. ձեր գալուստը լրագրի մեջ կարդացի և շատ ուրախացա, որ ազգերնուս մեջ ձեզի պես

[57] Թամբ, ավանակի համար նստատեղ շինող:

ազնիվ սիրտ կրող ազգասերներ պակաս չեն, վասնզի այն ազգն, որ ազգասեր չունի յուր մեջ, ազգ չէ:

— Այո՛:

— Փոխադարձաբար այն ազգասերն ալ, որ ազգ չունի, ազգասեր չէ:

— Շիտակ է:

— Այս երկուքն իրարու հետ այնպիսի սերտ կապակցություն մ՛ունին, որ իրարմե բաժնելուդ պես՝ երկուքն ալ կը կորսվին:

— Այնպես է:

— Ազգ մը, որ յուր աշխատավորները չքաջալերեր,— ավելցուց հյուրն միշտ ծանր և լրջագույն եղանակով մը,— ազգերու կարգ անցնելու բնավ իրավունք չունի:

— Շատ աղեկ կը խոսիք:

— Եվ երբ աշխատավոր մը վարձքը չընդունիր յուր ազգեն, բնականաբար կը վհատի և երբեմն կը խորհի երթալ ինքզինքը ծովը նետել:

— Ատ տղայություն է:

— Ներեցե՛ք, Աբիսողոմ աղա, եթե մեր այս առաջին տեսությանը քիչ մը համարձակ կը խոսիմ ձեզի հետ:

— Հոգ չէ:

— Ծառադ վեց տարի Եվրոպա մնացած եմ և բժշկություն սորված եմ:

— Աղեկ արվեստ:

— Գիշերները քունս ծախելով կարդացած ու գրած եմ, որպեսզի քաղաքս դառնամ և ազգիս ծառայություն ընեմ:

— Մարդ ալ յուր ազգին ծառայություն ընելու է:

— Երկու տարի է, որ հոս կը գտնվիմ, և մինչև այսօր հազիվ չորս հիվանդ նայած եմ. հասկցիր, թե ի՞նչպես կը քաջալերվին հոս բժիշկները:

— Ցավալի բա՛ն... այս տեղացիները հիվանդ ըլլալու սովորություն չունի՞ն...

— Ունին, բայց հոս հիվանդները ազգային զգացում չունին, Հայաստանի վրա գաղափար չունին:

— Ի՞նչ կըսեք:

— Այո՛, երբ հայ մը հիվանդ ըլլա, օտար ազգե բժիշկ մը կը բերե յուր տունը՝ առանց գիտնալու, թե հայու ցավն հայը կարող է միայն բժկել, առանց համոզվելու, թե օտարը չէ կարող հայու ցավուն դարման ըլլալ: Այսօրվան օրս երկու հազարեն ավելի հայ բժիշկ կա. ասոնց մեջեն հինգ վեց հատը, մանավանդ երկու երեք հատը պատվական կյանք կանցունե, և անդին մնացածը ամեն օր բերանը բաց կսպասե, որ հիվանդ մը ներկայանա իրեն և ստակ առնե:

— Գեշ վիճակ:

— Ի՞նչ ընեն ազգային բժիշկներն, երբ ազգային հիվանդներն օտարներու կը դիմեն... ո՛հ, օտարասիրություն, օտարասիրություն,— գոչեց բժիշկն աչերն երկինք վերցնելով,— ե՞րբ պիտի երթաս մեր քովեն:

— Օտարասիրությունը աղեկ բան չէ:

— Մանավանդ թե բժիշկները քաջալերելու չափ հիվանդություն ալ չկա մեր ազգին մեջ. և այն ազգին մեջ, որ հիվանդությունը տարածված չէ, պարապ բան է Եվրոպայի բժիշկներուն չափ ճարտար բժիշկներ հուսալ, ինչպես նաև այն ազգն, որու մեջ ընթերցասիրությունն տարածված չէ, իրավունք չունի տաղանդավոր և հանճարեղ հեղինակներ ունենալու. տաղանդն և հանճարն առանց քաջալերության կը մեռնի:

— Շատ իրավունք ունիք:

— Չեք կարող երևակայել, Աբիսողոմ աղա, թե որչափ հուսահատած եմ. հազար անգամ զղջացած եմ, երկու հազար անգամ անեծք կարդացած եմ բժիշկ ըլլալուս համար. ո՛ւր էր, թե բժիշկ ըլլալու տեղ հիվանդ ըլլայի և... մեռանեի. մեր ազգին մեջ հիվանդությունը բժշկութենեն աղեկ է, վասնզի տգիտու-թյունն գիտութենեն ավելի կքաջալերվի... թեթևությունը ծանրութենեն ավելի հարգ կը գտնե, մոլիներն առաքինիներեն ավելի պատիվ կը վայելեն. ճշմարիտ աստված, ուխտ ըրած եմ, որ եթե օր մը երևելի ազգայիններեն հի-վանդ մը նայիմ, անոր անունը լրագիրներու մեջ բարձրացունեմ:

Այս խոսքին վրա Աբիսողոմ աղա արթնցավ, այսինքն փառասիրությունն արթնցավ: Ի՛նչ անուշ բան է թերություններ հավաքել միամիտ մարդերու վրայեն: Խորամանկներն երբեմն վարպետությամբ այնքան կը կեղծեն իրենց թերություններն, որ անոնց հավաքիչները կը շվարեցնեն. վասնզի անոնք երբեմն միամիտ և երբեմն խորամանկ կը ձևանան, ժամ մը՝ տգետ, ժամ մը՝ գիտուն, մերթ՝ անաչառ, մերթ՝ աչառու, մերթ՝ կեղծավոր, մերթ՝ անկեղծ, և երբ ազգային նշանավոր, հանճարեղ և հերանուշ Ծերենցը[58] ասոնցմե մին նկարագրե-լով անբնական անձ մը ներկայացնե, ամեն կողմեն կը բասրվի, թե Ծերենցն տակավին Մանուկենց[59] է անձեր ստեղծելու արհեստին մեջ, թե միևնույն անձին վրա Ադամն և Նեռն[60], սատանան և հրեշտակն, Ջոյիլն[61] և Հոմերոսն[62],

---

[58] Ծերենց (1822-1888) բժ. Հովսեփ Շիշմանյանի գրական կեղծանունն է: Հայտնի են նրա երեք պատմական վեպերը՝ «Երկունք», «Թորոս Լևոնի», «Թեոդորոս Ռշտունի»:

[59] Մանուկենց - Այստեղ հեղինակը բառախաղ է անում Ծերենց կեղծ անունը նկատի ունենալով:

[60] Նեռ - հակաքրիստոս (ըստ քրիստոնեական վարդապետության պետք է հանդես գա աշխարհի վախճանի ժամանակ և կռվի Քրիստոսի դեմ):

արական և իգական միանգամայն կներկայացնէ: Ի՞նչ հանցանք ունի Ճերմակէ-րես Ծերենցն, երբ յուր ներկայացնելիք անձերն խորամանկ են.— Ներեցէ՛ք, Աբիսողոմ աղա և տեր բժիշկ, եթե ձեր խոսակցությունն ընդմիջեցի. ի բնե քիչ մը անհամբեր եմ. երբ խոսքին կարգը գա, չեմ կարող ինքզինքս բռնել, որչափ ալ այս բնավորությանս պատիժը կրած ըլլամ և կրեմ:— Այո՛, Ծերենցն կը ներկայացնէ անձերն ոչ թե ինչպես որ են, այլ ինչպես որ կերևին: Ծե-րենցն այս մասին որչափ ալ երկնցնէ յուր մազերն, իրավունք ունի, վասնզի ունինք հեղինակներ, որոնք Ծերենցեն ավելի երկար մազ ունին և կը ներկա-յացնեն իրենց անձերն ոչ թե ինչպես որ են, այլ ինչպես որ կուզեն իրենք, որ ըլլան անոնք: Ասոր համար է, որ կին—հեղինակներն, երբ Հայկ կամ Վարդան[63] կամ Արտաշես[64] ներկայացնել ուզեն, Վիքթոր Հյուկոյի[65] խոսքերը կամ Մոլթքեի[66] կարծիքները կը դնեն անոնց բերնին մեջ: Ասոնք կը կարծեն, թե երբ Ադամ յուր ժամանակին հատուկ պարզությանը մեջ ներկայացնեն, կը կորսնենն իրենց տաղանդն, եթե ունին, կամ կը վնասեն իրենց հանճարին, զոր ունենալ կը կարծեն, կամ վերջապես կը զրկվին այն համբավեն, զոր վաստկիլ կերազեն: Ո՞վ բաած է այս ողբերգակներուն, թե ավելի դժվար է մեկուն պատկերն ճշտությամբ նկարելն, քան թե երևակայությամբ անբնական պատկեր մը գծելն. ո՞վ պոռացած է ասոնց ականջն ի վար, թե նկարիչ մը պատկերներ ստեղծելու սկսելե առաջ՝ պատկերներ ընդօրինակելու է:— Ոչ ոք: Եվ ով կը հանդգնի այս փափուկ ժամանակին մեջ ուրիշի մը գործն

---

[61] Զոյիլ -հունական անվանի հռետոր, փիլիսոփա և քննադատ էր (IV- III դար Ք. ա.). նրա անունը դարձել է հասարակ անուն մանրախնդիր, նախանձոտ և խայթող քննադատի համար, որովհետև Զոյիլը թունոտ, ոչնչացնող քննադատության է ենթարկել Հոմերոսին («Հոմերոսի խարազան»):
[62] Հոմերոս- հունական ավանդությունների համաձայն՝ ապրել է մոտավորապես 10-րդ - 9-րդ Ք. ա.) հույն ժողովրդական երգիչ էր, որին վերագրում են «Իլիական» և «Ոդիսական» աշխարհահռչակ պոեմները. թարգմանված են բոլոր կուլտուրական ժողովուրդների լեզուներով, ինչպես և հայերեն:
[63] Վարդանը Մամիկոնյան նախարարական տոհմի հայտնի ներկայացուցիչն էր, պետական գործիչ և զորավար, հռչակվեց Ավարայրի դաշտում տեղի ունեցած ճակատամարտով, որտեղ պարտություն կրեց պարսից զորքերի կողմից (451 թ.) և սպանվեց:
[64] Արտաշես մի քանի հայ թագավորների անունն է:
[65] Վիկտոր Հյուգո (1802-1885)-ֆրանսիական բանաստեղծ, վիպասան և դրամատուրգ. ռոմանտիկական դպրոցի պարագլուխն էր Ֆրանսիայում: Նրա նշանավոր երկերից մի քանիսը թարգմանված են հայերեն:
[66] Մոլտկե կոմս (1802-1885) պրուսական գեներալ-ֆելդմարշալ էր, գլխավոր շտաբի պետ. հռչակվել է որպես ռազմագետ (մանավանդ 1870-71 թ.) ֆրանս-պրուսական պատերազմի ժամանակ:

անաչառա-բար քննադատելու: Մեր քննադատները, քիչ բացառությամբ, ակնոց ակնոցի վրա կդնեն գործի մը մեջ գեղեցիկ կտորներ փնտրելու համար. փնտրելու համար և ոչ թե տեսնելու համար, վասնզի տեսնված բանը չփնտրվիր: Ասոնք բնավ տարբերություն չունին գրաքննիչներեն, որք որևէ հրատարակության մը մեջ միայն տգեղ կտորներ կը փնտրեն: Չեմ տեսած քննադատ մը, որ տգեղ հրատարակության մը կոկորդեն բռնե, սղմե և սպանե զայն: Սպանելու չէ, գործ մը գեղեցկացնելու աշխատելու է, կըսե, անոր գեղեցիկ կողմերը ցույց տալով և միշտ տգեղ կետերը հեռուանց ցցունելով խիստ քիչ անգամ: Ո՛չ, պարոն քննադատներ, ո՛չ, իրավունք չունիք, սպանեցեք տգեղ գործերն և վստահ եղեք, որ պիտի գեղեցկանան անոնք: Մարդեր կան, որ կը գեղեցկանան, երբ մեռնին: Ես, որ այսչափ խստությամբ կը խոսիմ ուրիշներու երկերուն վրայոք, կը կարծեք, թե քաղցրությամբ կը վարվիմ «Մուրացկաններուս» անձերուն հետ, որոնց բերնեն ելած խոսքերն միայն բառ առ բառ կը գրեմ հոս, առանց իմ կողմեն կետ մ՚ավելցնելու հանդգնությունն ունենալու: Բնավ եր-բեք, մանավանդ թե կզգամ, որ իմ անձերս ալ ունին շատ թերություններ, զորս օր մը պիտի հարվածեմ: Նույնիսկ մեծ թերություն մէ, որ պատմիչ մը յուր պատմության թելը կտրե և յուր ընթերցողներն երկու ժամ խնդիրեն դուրս խոսքերով զբաղեցնե: Բայց ի՞նչ ընեմ, այս թերությունս իմ առավելությունս է, վասնզի այս թերությանս շնորհիվ է, որ կրցած եմ քանի մը ընթերցող-ներու տեր ըլլալ, թերություն, որ թերություններ ուղղելու պաշտոնն ունի: Այսչափ բացատրություն ալ թերությանս համար: Դառնանք ուրեմն մեր պատմության:

Աբիսողոմ աղան, ինչպես ըսինք, ականջները տնկեց, երբ իմացավ, որ բժիշկն եթե հիվանդ մը զտնե, անոր անունն լրագիրներու մեջ պիտի հրատա-րակե. ուստի անմիջապես տկարություն ունենալ ուզեց:

— Աղեկ եղավ, որ,— ըսավ բժշկին,— այսօր հոս եկաք, վասնզի քանի մ՚օրե ի վեր վրաս գեշություն մը կա:

— Ի՞նչ կզգա՞ք,— հարցուց բժիշկը:

— Գեշություն մը կզգամ:

— Ո՞ր կողմդ:

— Ո՞ր կողմս:

— Այո՛:

— Ամեն կողմս:

— Ախորժակդ ի՞նչպես է:

— Աղեկ է:

— Կերածդ շատ մը կը մարսե՞ս:

— Կը մարսեմ:

— Գիշերները հանգիստ կը քնանաս:

— Շատ հանգիստ, բայց վրաս գեշության մը կզգամ:

— Գլուխդ երբեմն կը ցավի՞:
— Այո՛:
— Վրադ սանկ թուլության պես բան մը...
— Ճիշտ:
— Երբեմն դողալ մը սանկ... — Այո, այո, դողալ մը սանկ... (մեկուսի) կյանքիս մեջ դողացած չունիմ:
— Դողալեն վերջը տաքություն մը...
— Տաքություն մը:
— Տաքութենեն վերջը քրտինք մը...
— Քրտինք մը:
— Առտուները լեզվիդ վրա լեղիություն մը:
— Այո՛, լեզվիս վրա լեղիություն մը:
— Հասկցա, բան մը չէ, կանցնի, ինքզինքդ մսեցուցած ես:
— Ինծի ալ այնպես կուգա, որ ինքզինքս մսեցուցած եմ:
— Շատ բժիշկներ կան, որ այս հիվանդությունը չեն հասկնար, սխալ դեղեր կուտան, ուրիշ հիվանդություն կը հրավիրեն:
— Ուրախ եմ, որ դուք աղեկ հասկցաք, դեղ մը տվեք, որ շուտ մը անցնի:
Բժիշկը ծոցեն հանեց թերթակալը կամ տետրոնը[67] — երկուքեն որն որ ուզեք, կրնաք գործածել. ազատ եք նաև ոչ մին գործածելու և ոչ մյուսն,— թուղթ մը քաշեց անոր մեջեն և մատիտով քանի մը բառ գծելեն ետքը թուղթին վրա՝ Աբիսողոմ աղային տվավ զայն՝ ըսելով.
— Ասիկա կարմիր ջուր մ՚ է. ժամը մեկ անգամ կը խմեք անկից խահվեի գավաթով. թեպետ և քիչ մը լեղի է, բայց ազդու է:
— Շատ աղեկ:
— Մոռցա հարցնելու, թե բնությունդ ի՞նչպես է:
— Բնությունս... շիտակը, խարդախ մարդերեն չեմ ախորժիք. ամենուն հետ աղեկ կը վարվիմ...
— Ամեն առտու, դուրս կելլա՞ք,— հարցուց բժիշկն՝ խոսքին ձևը փոխելու ստիպվելով:
— Հոս գալես ի վեր երկու առտու դուրս չկրցի ելնել:
— Իրա՞վ կըսեք:
— Սուտ խոսելու ի՞նչ պարտք ունիմ:
— Ուրեմն դեղ մ՚ ալ գրեմ:
Բժիշկը դեղագիր մ՚ ալ գրեց և Աբիսողոմ աղային տվավ:
— Նախ այս դեղը պիտի առնես,— ըսավ բժիշկն, որպեսզի վաղը առտու դուրս ելնես և վերջը մյուս ջուրը պիտի խմես:
— Եթե այս դեղեն խմեմ, վաղը առտու անպատճառ դուրս կրնա՞մ ելնել:

[67] Բլոկնոտ, ծոցատետր:

— Այո՛, անպատճառ:

— Այս ի՛նչ աղվոր դեղ է... Հապա թե որ դարձյալ հյուրեր գան և զիս խոսքի բռնե՞ն: — Հյուրերդ ի՞նչ վնաս ունին:

— Ի՞նչպես վնաս չունին. երկու առտու է, որ դուրս ելնել կուզեմ և թող չեն տար. կուգան, երկու ժամ գլուխ կը ցավցունեն: Բայց վաղը առտու ան-պատճառ պիտի ելնեմ, վասնզի պատկերս քաշել պիտի տամ:

Բժիշկը դարձյալ հարցման ձևը փոխեց հարցնելով.

— Փորդ ի՞նչպես է:

— Ամենուն փորին պես փոր է:

— Պի՞նդ է:

— Ո՞վ գիտե... իրավ որ օր մը օրանց հետաքրքրություն ունեցած չեմ հասկնալու համար, թե պի՞նդ է, թե ոչ. ո՞վ պիտի նայի անանկ բաներու:

— Աբիսողոմ աղա, ամեն օր մեծ գործ կընե՞ս,— հարցուց վերջապես բժիշկը ճարը հատնելով:

— Այո՛, այո՛, ամեն օր մեծ գործ կը տեսնեմ:

Ո՛վ մեծագործություն...

Ո՛վ մեծախոսություն...

— Շատ լավ,— պատասխանեց բժիշկն,— ես վաղն առտու նորեն կուզամ ձեզ տեսնելու:

— Կըլլա:

— Մնաք բարով. հոգ մի ընեք, ձեր տկարությունը քանի մը դեղով կանցնի:

— Շնորհակալ եմ:

Բժիշկն գլխարկն առնելով մեկնելու վրա էր, երբ Աբիսողոմ աղան ըսավ անոր.

— Գրելիքդ չմոռնաս:

Բժիշկը խորհիլ սկսավ, թե ի՛նչ էր գրելիքը, և շուտ մը հիշելով՝ պատաս-խանեց.

— Այո՛, այո՛, միտքս է, լրագրի մը մեջ պիտի գրեմ ձեր անունը: Մնաք բարով:

— Երթաք բարով:

Բժիշկը մեկնելուն պես Աբիսողոմ աղան ըսավ ինքնիրեն.

— Վախցա, որ բժիշկը կըսե, թե «դուն հիվանդություն մը չունիս» և շինծու հիվանդ ըլլալս հայտնի կըլլա. բայց պարապ տեղը վախցած եմ, վասնզի անիկա ոչ թե միայն չհասկցավ հիվանդ չըլլալս, այլ ըսավ նաև, թե քանի մը դեղով կանցնի հիվանդությունդ: Էհ, պարոն բժիշկներ, դուք բան մ՛ալ չեք հասկնար, և մամս իրավունք ուներ բնավ բժիշկ չկանչելու: Ես բան մը չունիմ, տեր բժիշկ,— շարունակեց,— անունս լրագրի մեջ գրել տալու համար հիվանդ եղա... Այս վերջին խոստովանությունը քիչ մը խենդություն երևցավ Աբիսողոմ աղային, որ խղճմտանքը հանդարտեցնելու համար ըսավ ինքնիրեն:

Լողն ալ պիտի կարծե, թե հիվանդ չեմ և շինծու հիվանդ եղած եմ. քանի մ՛օրե ի վեր է, որ անհանգստություն մ՛ունիմ, ոչ կրնամ ուտել և ոչ քնանալ, հազ մ՛ալ ունիմ, որ գիշերները չքնացներ զիս:

Ո՜վ փառասիրություն, իրավ է, որ դուն երբեմն խելացիները խենդ և խենդերը խելացի կընես...

Թ

Աբիսողոմ աղան բերանը քիչ մը բան դնելու համար վար իջավ, բայց երբ տեսավ, որ քանի մը հոգիներ նոր եկած էին զինքը տեսնելու, անոնց ձեռքեն խալսելու համար տունեն դուրս ելավ. եթե այսպես չըներ և ամեն այցելություններն ընդունելու ըլլար, ժամանակ պիտի չունենար ոչ ուտելու, ոչ քնա-նալու և ոչ արթննալու:

Աբիսողոմ աղան դեռ Պոլիս չեկած՝ իմացած էր, թե Բերա ցաղիական[68] ճաշարան մը կար և երևելի մարդերը հոն կերթային ճաշելու. ուստի տունեն դուրս ելնելուն պես միտքը դրավ հիշյալ ճաշարանն երթալու:

Հազիվ թե քանի մի քայլ առավ, հիսուն տարեկան նիհար և պատռտած հագուստներով մեկը դեմն ելավ:

— Կարծեմ Աբիսողոմ աղա հրամանքնիդ եք:

— Այո՛, ես եմ:

— Քանի մի վարկյան ձեզի հետ տեսնվիլ կը փափագեի:

— Է:

— Նոր եղանակով, նոր դասագիրքեր հանած եմ, անոնցմե հարյուրի չափ ձեզի տալ կուզեի. ներեցեք համարձակությանս, ի՞նչ ընենք, այս համարձակու-թյունը մեզի տվողն ազգն է, որ չքաջալերեր յուր դասատուներն և թող կուտա, որ անոնք խեղճ վիճակի մեջ ապրին: Ա՜հ, եթե այսօր դասագիրքերը չկարենամ քշել, տպարանապետը բանտը պիտի դնե զիս. դեռ տպագրության և թուղթի ծախքը վճարած չեմ իրեն, և ամեն օր կսպառնա ինծի:

— Դասագիրքն ի՞նչ պիտի ընեմ ես:

— Ձեր բարեկամներուն կուտաք. կաղաչեմ, խնդիրքս մի մերժեր. վեցական դահեկանեն վեց հարյուր դահեկան կընե, և այդ գումարն ալ ձեզի համար մեծ բան մը չէ:

— Ցաղիական ճաշարանն ո՞ր կողմեն կերթցվի:

— Ասկից կերթցվի, սիրով կառաջնորդեմ ձեզի հոն: — Շնորհակալ կըլլամ:

---

[68] Ֆրանսիական:

— Կը քալենք և կը խոսինք: Դասատուներն ազգին ծառաները համարված են և ամենուն երեսեն ինկած, մինչդեռ անոնք ազգին տերերն են: Ազգ մը անոնցմով առաջ կերթա. բայց ի՞նչ օգուտ, մեր մեջ քաջալերություն չկա: Դասատու մը այսօր դպրոցի մը պաշտոնի կը կոչվի և քանի մ՛օրեն կը ճանփվի, վասնզի հոգաբարձուներեն մեկուն գետնեն բարև չէ տվեր: Եթե քանի մը ամիս պաշտոն վարե և ամսական ուզե. կը վռնտվի՝ ամսական ուզած ըլլալուն համար, և միշտ սա խոսքերը կը լսե. «Ազգին ստակովը[69] կապրիք, ազգին վրա բեռ եղած եք. գացե՛ք, կորսվեցե՛ք»: Ա՜հ, Աբիսողոմ աղա, չեք գիտեր, թե ինչ կը քաշեն Պոլսո դասատուները. խեղճության զենիթը բարձրացած են. չեմ կարծեր, որ ասոնք իմանալեն ետքը դասագիրքերես հարյուր օրինակ չառնեք:

— Այդ ճաշարանն ասկից շատ հեռո՞ւ է:

— Չէ, մոտեցանք: Միայն դասատուները չեն, որ այս վիճակի մեջ են. խմբագիրները, հեղինակները, տպարանապետները, գրավաճառներն, վերջապես անոնք, որ գիրքով կզբաղին, թշվառությամբ կը զբաղին: Հառաջիմություն կը պոռանք և ետ ետ կերթանք, լույս կը պոռանք և դեպի խավար կերթանք, աջ կը կոչենք և դեպի ձախ կերթանք, ապագա կըսենք և դեպի անցյալը կը վազենք: Ո՜հ, մեծ մեծ խոսքեր, իսկ մեծ գո՞րծ...

Ո՜հ, մեծագործություն...

Ո՜հ, մեծախոսություն...

— Կերակուրներն ի՞նչպես են այն ճաշարանին:

— Աղեկ են: Հարյուր դասագիրքը տունը ղրկե՞մ, թե...

— Պատասխանը քանի մ՛օրեն կուտամ...

Երկու բանակիցներն խոսելով հասան ճաշարանին առջև:

— Հրամմեցե՛ք, մտե՛ք, Աբիսողոմ աղա:

Աբիսողոմ աղա կը մտնե ճաշարան և չորս կողմը հայելիներե ուրիշ բան չտեսնելով՝

— Սխալ եկանք,— կըսե,— հոս հայելի կը ծախեն:

— Չէ, չէ:

Երկու, բարեկամներն կը նստին սեղանի մ՛առջև:

Մանչուկը կը բերե կերակուրներու ցուցակը:

Աբիսողոմ աղա թուղթը կառնե, վրան կը նայի, կը դարձունե, ետևի կողքմն ալ կը նայի և սեղանին վրա կը դնե:

— Ի՞նչ պիտի ուտեք,— կը հարցունե դասատուն:

— Միսով կերակուրը կուտեմ ես: Դասատուն մանչուկը[70] կը կանչե և կերակուր կապսպրե թե՛ Աբիսողոմ աղային համար և թե՛ իրեն համար:

---

[69] Դրամ, փող:

[70] Մատուցող տղա:

— Ահա այսպես, Աբիսողոմ աղա, դասատուներուն այս վիճակը լսելով չե՞ս ցավիր:

— Ցցավիլն ալ խո՞սք է:

— Կը վայլե՞ ազգի մը այսպես մուրացկանի պես ապրեցնել յուր վարժա-պետները:

— Չվայլեր:

— Եթե կուզեք, գիրքերս այս գիշեր տունը ձգեմ:

— Հիմակու հիմա թո՛ղ մնա, ուրիշ օր մը խոսինք ասոր վրա:

Մանչուկը կերակուրները կը բերե. Աբիսողոմ աղան երեսը խաչակնքելով՝ երկու պատառ կընե և կը կլլե իրեն բերված խորոված միսը. ետքը բարեկամին դառնալով կըսե.

— Կտոր մը միսով մա՞րդ կը կշտանա. զրուցե՛ սա անպիտանին, որ քիչ շատկեկ բերե:

Մանչուկը կը կանչվի, և բիլավ[71] կապսպրվի:

Այս միջոցին միջահասակ և գիրուկ երիտասարդ մը կը մտնե ճաշարան՝ ի ձեռին ունենալով ծրար մը և ուղղակի Աբիսողոմ աղային առջն կուգա:

— Կարծեմ,— կըսե,— Աբիսողոմ աղան տեսնելու պատիվը կը վայելեմ:

Աբիսողոմ աղա բան մը չհասկնալով նոր եկողին երեսը կը նայի անբար-բառ: Քովի բարեկամն ալ ձայն չհաներ:

— Կարծեմ,— կը կրկնե,— այն մեծ մարդուն առջն գտնվելու բարեբախտությունն ունիմ, որ մայրաքաղաքս եկած է մեկենաս անվանվելու համար:

Աբիսողոմ աղան, որ այս ձևերուն տեղյակ չէր, գդալը կառնե և կսկսի ուտել բիլավն, զոր նոր բերած էր մանչուկը: Սեղանակիցն ալ նոր գրագետի մը գալն իր գործույն արգելք համարելով՝ չուզեր անոր պատասխանել:

— Կարծեմ, կ՚երեքկնե[72], այդ ազնիվ անձին քովը գտնվելու բախտը կը վայելեմ, որուն անունը քանի մը օր առաջ լրագրի մը մեջ կարդացի:

Աբիսողոմ աղան, որ բիլավով կզբաղեր, դարձյալ պատասխան չտար, և նոր եկողը կստիպվի պարզել յուր խոսքն ըսելով.

— Աբիսողոմ աղան հրամանքնիդ եք կարծեմ:

— Այո՛, ես եմ:

Նոր եկողն աթոռ մը կառնե և կը նստի:

Մանչուկը կուգա հարցնելու վերջեն եկողին, թե ի՞նչ կուզե ուտել:

[71] Փլավ:

[72] Երրորդ անգամ ասել:

— Եղի մեջ հավկիթ,—կը պատասխանէ՝ ձեռքի ծրարը քովի աթոռին վրա դնելով: Աբիսողոմ աղան բիլավն ալ կը հատցունէ և կասկարայի[73] ձուկ կապսպրէ:

— Էհ, Աբիսողոմ աղա,— կըսէ նորեկը,— մեծ պատիվ, մեծ բախտ կը համարեմ ինծի ձեզի պես բաբեսիրտ անձի մը սեղանակից գտնվիլս: Ծառաղ՝ ազգային գրագետներուն ամենեն ետինն եմ, գրեթե քիչ մ՛ ալ բանաստեղծ եմ. քանի մը ողբերգություն գրած եմ և կուզեմ. որ անոնց յուրաքանչյուրեն քանական օրինակ ձեզի նվեր ընեմ...

— Օ՜օօ, Աբիսողոմ աղա,— կըսէ երրորդ մը խնդում երեսով Աբիսողոմ աղային մոտենալավ,— բարի եկած եք:

— Բարի տեսանք:

— Ես ազգային փաստաբաններեն եմ և ձեր գալն լսելով փութացի իմ խոնարի հարգանքներս ձեզի մատուցանել և միանգամայն հայտնել, թե ձեր դատերն ինծի հանձնեք:

— Ես դատ չունիմ:

— Եթէ դատ չունիք, ինչո՞ւ ուրեմն եկաք հոս:

— Ուրիշ գործի մը համար:

— Անկարելի է, որ ձեզի պես մարդ մը դատ չունենա. ոչ միայն անկարելի է, այլ անպատվություն ալ է. ձեզի պես մեկը հարյուրներով դատեր ունենալու է, և ձեր շնորհիվ քանի մը փաստաբաններ ապրելու են: Եթե դուք դատ չունենաք անգին աղքա՞տը պիտի ունենա:

— Մեկու մը հետ դատ չունիմ:

— Զարմանալի բան. մեկու մը դեմ դատ բանալու ալ միտք չունի՞ք:

— Բնավ, դատ բանալու պատճառ մը չունիմ:

— Դատ բանալու համար անպատճա՞ռ պատճառ մը ունենալու է. մեկու մը դեմ դատ կը բանաք, կը լմննա կերթա:

— Է, ի՞նչ կը շահիմ:

— Դուն չես շահիր, բայց փաստաբանը կը շահի. քեզի համար աղոթք կընէ: Մեծ մարդերն հիմա այնպես կընեն. փաստաբաններն ապրեցնելու համար՝ իրենց դեմն ելնողներուն դեմ պատվո դատ կը բանան:

— Ես անանկ խայտառակություններ չեմ սիրեր

— Ես կատակ ըրի, Աբիսողոմ աղա. բայց կատակը մեկդի դնենք և լրջորեն խոսինք,— ըսավ փաստաբանը ծանր կերպարանք մ՛ առնելով. լսեցի, որ շոգենավուն մեջ մեկու մը հետ քիչ մը առեր, տվեր եք, և այն մեկը ձեր պատվույն դեմ ծանր խոսքեր ըրեր է:

— Ամեննին:

— Թե դուք ալ անոր քանի մը խոսք ըրեր եք...

— Բնավ: — Թե վերջը ծեծկվուքի[74] ելեր եք...

---

[73] Թավա:

[74] Ծեծ:

— Անանկ բան մը բնավ եղած չէ:
— Թե դուք անոր գլխուն զարկեր եք...
— Սուտ է:
— Թե անիկա ալ ձեզի ապտակ մը տվեր է...
— Բոլորովին սուտ:
— Թե երրորդ մը մեջ մտեր է...
— Երկրորդ չկա, որ երրորդ ըլլա:
— Թե քու թևեդ քաշեր է...
— Սխալ:
— Թե անոր ալ ձեռքը բռներ է...
— Սուտ:
— Թե ասանկով զձեզ բաժներ է:
— Բնավ տեղ չկա:
— Թե դուք այս բաժանումեն զոհ չըլլալով՝ դատ բանալ ուզեր եք:
— Որչա՜փ սուտ:
— Թե վարպետ փաստաբան մը փնտրեր եք...
— Ամենն ալ սուտ:
— Թե զիս կանչել տալ ուզեր եք...
— Ամենևին:
— Որպեսզի ձեր դատը պաշտպանեմ. և ես ալ ասոր համար եկա:
— Ատանկ բան մը չկա:

Այս խոսակցության միջոցին երկու երեք հոգի ևս կուգան՝ ամենն ալ Աբիսողոմ աղային կամ գիրք նվիրելու կամ լրագրի մը բաժանորդ գրելու դի-տավորությամբ, և ամենը պատվական ճաշ մ՛ ալ կընեն իրենց առաջարկությունները ներկայացնելով:

Աբիսողոմ աղան հազար անեծք կարդալով ճաշարանն եկած ըլլալուն վրա՝ մանչուկը կը կանչե և հաշիվը կուզե:

Մանչուկն անմիջապես կը բերե հաշիվն, որու գումարն էր քառասուն ֆրանք, զոր տաճկերեն դրամի կը թարգմանեն և կըսեն Աբիսողոմ աղային հայրուր յոթանասուն և վեց դահեկան[75]:

— Հարյուր յոթանասուն և վեց դահեկա՜ն... ես այնչափ բան չկերա:

— Այո՛, դուք չկերաք, բայց ձեզի եկող հյուրերն ալ կերան,— ըսավ փաստաբանն, որու կը վերաբերեր այս դատին պաշտպանությունը:

— Իրավ որ մեծ պզտիկություն եղավ, որ Աբիսողոմ աղան վճարե մեր ճաշը,— ըսավ մին: — Այո, ես շատ ամոթով մնացի, մեր պարտականությունն էր անոր կերակուր հրամցնելն,— կրկնեց երկրորդ մը:

— Ներեցեք մեր անքաղաքավարությանն,— ըսավ չորրորդ մը,— ուրիշ անգամ մենք ձեզի կը հրավիրենք ճաշի:

---

[75] Թյուրքական դուրուշ. (դրամ՝ 8 կոպեկի արժեքով):

Աբիտողոմ աղան առանց պատասխանելու՝ ստակները համրեց և ճաշարանեն դուրս նետեց ինքզինքը՝ որոշելով, որ մեյ մ՛ ալ ճաշարան չմտնե։

Ժ

Հետևինք ուրեմն Աբիտողոմ աղային, որմե վայրկյան մը չբաժնվեցանք մինչև հոս և բաժնվելիք ալ չունինք մինչև պատմությանս վախճանը։ Ազնիվ ընթերցողն մինչև հոս տեսնելով գրեթե միօրինակ տեսարաններ, որք բնավ հարաբերություն չունին իրարու հետ, քանի մը անգամ մտքեն անցուց անշուշտ, թե ինչո՞ւ միայն Աբիտողոմ աղային օձիքը բռներ կերթանք և մյուս անձերն, անգամ մը ներկայացնելեն ետքը, բոլորովին կը մոռնանք։ Այս պակասությունը, եթե երբեք պակասություն է, մեր վրա գրելու չէ, այլ նյութին բնությանը։ Ամեն նյութ բնություն մ՛ ունի։ Նյութ կա, որուն բնությունն է լալ, նյութ կա, որուն բնությունն է խնդալ, նյութ կա, որուն բնությունն է համոզել, նյութ կա, որուն բնությունն է հուզել, դարձյալ նյութ կա, որուն բնությունն է արձակ, ինչպես նաև կա, որուն բնությունն է ոտանավոր, վերջապես նյութ կա, որուն բնությունն է կրկնություն... Յուրաքանչյուր նյութ իրեն հատուկ ընդհանուր բնութենեն զատ ունի նաև մասնավոր բնություններ։ Եվ որովհետև մենք հոս ճարտասանության դաս տալու պաշտոն չունինք, համառոտիվ մեր միտքը բացատրենք և անցնինք։ Մոլիերի Միզանթրոբն[76] ալ կատակերգություն է, Լե Ֆաշեոն[77] ալ, բայց ասոնց յուրաքանչյուրն

---

[76] Մոլիեր գրական-թատերական կեղծանունն է Ժան-Բատիստ Պոկլենի (1621, (կամ 1622) — 1673), որ հռչակավոր ֆրանսիական դրամատուրգ-կատակերգու էր և դերասան։ Իր ժամանակ առաջադեմ մարդկանց մեկը լինելով՝ Մոլիերը բազմաթիվ կատակերգությունների մեջ խարազանում էր արիստոկրատիայի և հոգևորականության բարքերը («Ժլատ», «Դոն-Ժուան», «Միզանտրոպ», «Տարտյուֆ» և այլն)։ Մեծ ազդեցություն է ունեցել համաշխարհային կոմեդիայի զարգացման վրա։ Նրա պիեսներից մի քանիսը թարգմանվել են հայերեն։ Պարոնյանն ուզում է ասել, որ բովանդակությամբ է որոշվում ձևը, և այդ երկու գրվածքի տարբեր բովանդակությունների համեմատ՝ պետք է տարբեր ձև ունենան նրանք։

[77] Լե Ֆաշեո («Անտանելիները») և Միզանտրոպ («Մարդատյացը») ֆրանսիական հռչակավոր դրամատուրգ Մոլիերի երկու կատակերգության վերնագրերն են։ Առաջին գրվածքը թեթև կատակերգության բալետ է, որի մեջ հեղինակը կարևոր տեղ է հատկացրել պարին, երգին ու երաժշտությանը, մասամբ գրված է Լյուդովիկոս XIV-ի պատվերով, գրական խոշոր արժեք չի ներկայացնում․ իսկ երկրորդը Մոլիերի հանճարի լավագույն գործերից մեկն է․ այն տիպի

իրարմէ այնքան տարբեր մասնավոր բնություններ ունին, որ Մոլիեր չէր կարող Լէ Ֆաշեռյի տեսարաններով Միզանթրոբ մը շինել, ոչ ալ Միզանթրոբի տեսարաններով Լէ Ֆաշեոն գրել: Կարծեմ կրկնություն է ըսել, ես ալ ուրիշ վեպերու տեսարաններով չէի կարող գրել Մեծապատիվ մուրացկաններս, որոնց բնությունն է աներևույթ ըլլալ Աբիսողոմ աղային անգամ մը ներկայանալեն ետքը: Կը խոստովանիմ, որ եթե սույն նյութը Օվրատիոս[78] առներ, երգիծանք մը կը շիներ, և եթե Մոլիեր ձեռք անցուներ, կատակերգություն մը կը հորիներ. բայց մենք, որ ապրելու պետք ունինք, ստիպված ենք ժամանակին հարմարիլ, շատ անգամ բանթալոնեն բաճկոն և երգիծանքեն վեպ շինելով: Այս համառոտ բացատրութենեն ետքը դառնանք Աբիսողոմ աղային:

Աբիսողոմ աղան, ինչպես կը հիշե ընթերցողն, տուն դարձավ՝ շարունա-կելով յուր բարկությունն, զոր զգացած էր ճաշարանի մեջ ունեցած ինքնահրավեր սեղանակիցներուն վրա: Տուն դառնալուն պես իմաց արվեցավ, որ քանի չափ նամակներ ղրկված էին իրեն: Վեր ելավ, նամակները մեկիկ մեկիկ բացավ, կարդաց, պատռեց և գետինը նետեց: Սենյակին մեջ քանի մը անգամ դառնալեն ետքը հանկարծ կանգ առավ և պոռաց.

— Ասոնք զիս քթես բռնելով կողոպտե՞լ կուզեն: Սա քաղաքը գալես ի վեր վայրկյան մը ինքս իմ գլխուս չմնացի. հազիվ մեկը կերթա, մյուսը կուգա, ստակ կուզե. ես աս տեղ ամենուն ստա՞կ տալու համար եկա: Ի՞նչ աներես մարդեր են.. այսչափ աներեսություն ոչ լված բան է, ոչ ալ տեսնված: Եթե վռնտեմ[79] ըսես, ո՞ր մեկը վռնտելու է, ո՞ր մեկուն հասնելու է. օրականով չորս հինգ հոգի վարձելու է, որ ուրիշ գործ չունենան, միայն եկողները վռնտեն... : Եթե վռնտելու ելնես, այն ատեն ալ բոլոր քաղաքին մեջ պիտի բամբասեն զիս՝ ըսելով, թե անքաղաքավար մարդ է, թե ստակ չունի: Չեմ ալ ուզեր, որ վրաս գեշ խոսվի... Աս ի՞նչ փորձանք եկավ գլխուս, տեր աստված... Բարով խերով ոտք չկոխեի սա քաղաքը: Գլուխ ելնելու բան չէ, շուտով աղջիկ մը գտնելու է, շոգենավ մտնելու և փախչելու է. ասոնք պիտի սնանկացնեն մարդը... Քաշվելու բան չէ սա... Ճաթելու բան է: Աշխատե, արյուն

կատակերգություններից, որոնց մեջ ավելի դրամատիզմն է ուժեղ, քան թե զավեշտը: «Միզանտրոպը» լուրջ քննադատությունն է տալիս XVII դարի ֆրանսիական արիստոկրատիայի:

[78] Օվրատիոս–Հորացիոս (65 թ. 8 թ. Ք.ա.)- համաշխարհային հռչակ վայելող հռո-մեական բանաստեղծ. գրել է ներբողներ, նամակներ, երգիծական բանաստեղծություններ, որոնց մեջ վարպետությունը հասցրել է բարձր կատարելության:

[79] Դուրս անել:

քրտինք թափե, քիչ մը ստակ վաստակե և հոս եկուր վարժապետներուն, բաներուն ցրվե. ո՞ւր լված բան է սա...

— Կարծեմ այս իրիկուն բարկացած եք,— ըսավ Մանուկ աղան սենյակին դուռն կամացուկ մը բանալով և ներս մտնելով:

— Բարկությունն ալ խո՞սք է. իմ տեղս եթե ուրիշ մը ըլլար, մինչև հիմա բարկութենե ճաթած էր:

— Ի՞նչ եղավ, հոգի՛ս:

— Ի՞նչ կուզես, որ ըլլա. վայրկյան մը հանգիստ չեն թողուր. տուն կը նստիմ, վրաս կը թափվին, ստակ կուզեն. փողոց կելնեմ, չորս կողմս կպաշարեն, ստակ կուզեն. ճաշարան կերթամ, բոլորտիքս կը շարվին, ստակ կուզեն. և ես ասոնց ձեռքին խալսելու համար տունեն փողոց, փողոցեն տուն կը վազեմ: Կաղաչեմ, ասոնց ձեռքեն խալսելու համար ո՞ր ծակը մտնեմ, ըսե՛ ինծի:

— Իրավունք ունիս. ես չե՞մ հասկնար. ինծի ալ թող տվի՞ն, որ սա թաղականին գործը պատմեմ:

— Քսան նամակ դեռ հիմա պատռեցի:

— Ի՞նչ ըսած էին այդ նամակներուն մեջ:

— Ըսած էին, թե հետս գալ կուզեին տանս վարժապետություն ընելու համար, թե գիրք մը ինծի պիտի նվիրեն եղեր, և ասոր համար քսան ոսկի տալու եմ եղեր, թե լրագրի երկու բաժանորդ գրվելու եղեր, թե... ի՞նչ գիտնամ, ո՞ր մեկը համրեմ, ո՞ր մեկն ըսեմ, դիմանալու բան չէ:

— Անոնք ալ աղքատ են խեղճերն, ինչ ընեն:

— Ապրելու համար թող ուրիշ գործ մը փնտրեն, արհեստ մը սորվին, վերջապես ընեն, ինչ որ կուզեն. ես ի՞նչ հանցանք ունիմ, որ կուզան գլուխս կը թափվին, եղբա՛յր. ունեցածս չունեցածս հանեմ, անո՞նց տամ:

— Ի՞նչու անոնց տաս:

— Մարդս քիչ մ՚ալ ամչնալու է... . չճանչցած մարդուս երթամ և բարև, աստծու բարին, ինծի ստակ տուր, ըսեմ... դուն կրնա՞ս ըսել:

— Աստված ան օրը չցցունե:

Սենյակին դուռը նորեն բացվեցավ, և քսանհինգ տարեկանի մոտ միջահասակ պատանի մը դողդողուն քայլերով ներս մտավ և նամակ մը հանձնեց Աբիսողոմ աղային, որ նամակը չբանալով հարցուց բարկությամբ.

— Ի՞նչ կուզես, մարդ:

— Մեջը գրված է,— պատասխանեց պատանին թոթովելով:

— Դուրսը մեջը քեզի ըլլա, ի՞նչ կուզես, ըսե:

— Վաղը իրիկուն ներկայացում մը պիտի տամ իմ հաշվույս համար, և ձեր ազնվության օթյակի մը տոմսակ բերի:

— Ես չեմ ուզեր,— պատասխանեց Աբիսողոմ աղան՝ նամակը պատանվույն երեսը նետելով: — Բռնությամբ գործ ալ չըլլար,— ըսավ Մանուկ աղան:

— Տասը տարիէ ի վեր,— ըսավ պատանին,— թատերական բեմին վրա կը քալեմ...

— Թող նստեիր,— պոռաց Աբիսողոմ աղան:

— Եվ ազգին ծառայություն կընեմ:

— Աղայություն ընեիր թո՛ղ, ինչո՞ւս պետք իմին, ատոնք պարապ խոսքեր են:

— Իրավունք ունի, ատոնք պարապ խոսքեր են,— կրկնեց Մանուկ աղան:

— Տասը տարիէ ի վեր է, որ բարոյական դպրոցի մը մեջ ազգին վարժապետություն կընեմ:

— Ի՞նչ փույթ ինծի:

— Ի՞նչ փույթ անոր,— արձագանք տվավ Մանուկ աղան:

— Եվ իրավունք ունիմ, կարծեմ, ինծի համար տրվելիք ներկայացման ձեզի պես ազնիվ մեկն ալ հրավիրել:

— Ես պետք չունիմ:

— Ան պետք չունի— կրկնեց Մանուկ աղան:

— Եթե դուք օթյակ մը չեք ընդունիր, որո՞ւ ուրեմն տամ օթյակի[80] տոմսակներն:

— Ուր ուզես, հոն տար. ատ իմ խառնվելու բանս չէ:

— Ատ իր խառնվելու բանը չէ, տղա՛ս,— ըսավ Մանուկ աղան:

— Կաղաչեմ, մի՛ մերժեք այս տոմսակն. եթե մերժելու ըլլաք, զիս փողոցներու մեջ խայտառակ ընելու պատճառ պիտի տաք:

— Գնա՛ բանդ, ես ձանձրացա այդ տեսակ խոսքեր մտիկ ընելէ:

— Ան ձանձրացավ այդ տեսակ խոսքեր մտիկ ընելէ,— հարեց Մանուկ աղան:

— Ա՜հ, եթե ասկից ձեռնունայն ետ դառնամ, իմ մահս պիտի տեսնեմ:

— Քեզ մտիկ ընելու ժամանակ չունիմ:

— Քեզ մտիկ ընելու ժամանակ չունի,— ըսավ Մանուկ աղան:

— Մեկ ոսկիի բան է, ընդունեցե՛ք զայն, կաղաչեմ, մեծ հուսով եկած եմ հոս, պարապ ետ մի դարձուներ զիս:

— Դուրս ե՛լ, գնա՛, աստվածդ սիրես, քե՞զ մտիկ պիտի ընենք հոս:

Սենյակին դուռը նորեն բացվեցավ, և մազերու մեջ ճերմակ ինկած՝ հի-սունը անցած մարդ մը ներս մտավ հանկարծ և յուր խոսքերն Աբիսողոմ աղա-յին ուղղելով՝

— Չե՞ս խպնիր[81] դուն,— հարցուց:

— Ինչո՞ւ պիտի խպնիմ,— պատասխանեց Աբիսողոմ աղան շվարելով:

---

[80] Լոժա:

[81] Ամաչել:

— Ինչո՞ւ խեղճ տղան երկու ժամէ ի վեր հոս կսպասցնես: — Ո՞վ կսպասցունէ, ո՞վ կուզէ, որ սպասէ, կը վռնտեմ, չերթայ:

— Կը վռնտես, բայց առանց մի ոսկի պարտքդ տալու:

— Ո՞վ պարտք ունի անոր:

— Դուն ունիս. և եթե ան չըսեր ինծի, թե քեզմէ առնելիքն այս իրիկուն պիտի առներ և ինծի պիտի տար, ես չէի տպեր այդ տոմսակներն և ներկայացման ազդերը: Երկու ժամ է, որ վարը դրան առջև կսպասեմ, որ իջնա և պարտքը տա, և դուն հոս կը խաղցունես խեղճը:

— Աս ի՞նչ է, ես անոր պարտք ունենա՛մ... ամեննին...

— Ամեննին,— ըսավ Մանուկ աղան:

— Ես անպատճառ առնելիք ունիմ չըսի քեզի, պարոն տպարանապետ,— ըսավ դերասանը,— այլ ըսի, թե օթյակի տոմսակ մը պիտի տամ, ոսկի մը պիտի առնեմ:

— Ինչո՞ւ ուրեմն խաբեցիր զիս, ստախո՛ս:

— Որպեսզի ծանուցումները ետ չմնան:

— Ես քու խաղալի՞քդ եմ:

— Ան քու խաղալի՞քդ է,— ըսավ Մանուկ աղան:

— Ինչո՞ւ խաղալիքս ըլլաս:

— Թշվառակա՛ն, խայտառա՛կ, անամո՛թ, աներե՛ս...

— Ատոնց ամենն ալ դու ես:

— Դո՛ւ ես:

— Ես չեմ, դու ես.

Ես չեմ, դու եսի վրա ծեծկվուք կը ծագի դերասանին և տպարարանապետին մեջ տեղ, Աբիսողոմ ու Մանուկ աղաները մեծ դժվարությամբ կը հաջողին զանոնք իրարմե բաժնել:

— Վա՛ր իջեք,— պոռաց Աբիսողոմ աղան զանոնք զատելեն ետքը,— վար իջեք և հոն կռվեցեք:

— Դուն մեր կռվույն խառնվելու ի՞նչ իրավունք ունիս. դուն զիս չես կրնար վռնտել. ես առնելիքս կուզեմ և ինծի պարտական եղողն ուր որ գտնեմ, հոն կրնամ մտնել:

— Դուն վար իջիր,— ըսավ դերասանին Աբիսողոմ աղան:

— Ի՞նչպես իջնամ. տեսար, որ աչքիդ առջև ինչեր ըրավ:

— Մինչև որ ան չիջնա, ես քայլ մը չեմ առներ,— կրկնեց տպարանապետը:

— Մինչև որ ան չհեռանա, ես չեմ կրնար փողոց ելնել,— ըսավ դերասանը:

— Մենք իջնանք ուրեմն, Մանուկ աղա,— ըսավ Աբիսողոմ աղան:

Դերասանը Աբիսողոմ աղային ծունկերուն փաթթվելով աղաչեց, որ ոսկի մը փոխ տա զոնե: Աբիսողոմ աղան շատ ընդդիմացավ, բայց հետո տեսնելով, որ անոնց ձեռքեն ուրիշ կերպով փրկվելու ճար չկա, ակռաները կրճտելով հանեց բարկությամբ, ոսկի մը տվավ տպարանապետին, որ շնորհակալություն հայտնելով դուրս ելավ: Դերասանն ալ ներումն խնդրելով վար իջավ և գնաց:

— Ասոր ի՞նչ կըսես, Մանուկ աղա:

— Ընելիք չմնաց, Աբիսողոմ աղա:

— Հրամանքդ վար իջիր, դուռը գոցե և ապսպրե, որ չբանան դուռն:

— Շատ լավ:

— Որպեսզի այս գիշերը գոնե հանգիստ անցունենք և մեր ի՞նչ ընելիքին վրա խորհինք:

— Իրավունք ունիս:

— Շուտ ըրեք, վասնզի հիմա մեկիկ—մեկիկ կուգան:

— Հիմա կերթամ:

Մանուկ աղան վար գնաց իրեն տված հրամանները կատարելու, և Աբիսողոմ աղան գլուխը բարձի մը վրա դրավ քիչ մը հանգստանալու համար:

ԺԱ

Աբիսողոմ աղան քանի մը ժամ քնացավ բազմոցի վրա: Սակայն դատելով այն ձայներեն, զորս կը բառնար քունին մեջ, կը հասկցվեր, թե խմբագիրներն, բանաստեղծներն և դասատուներն քունի մեջ ալ հանգիստ չէին թողուր զինքն, որ կը պոռար մերթ ընդ մերթ. «գացե՛ք, կորսվեցե՛ք, ստակ չունիմ ա՛լ տալու»: Երեք ժամու չափ այսպես հուզված մրափելեն ետքը մեկեն ի մեկ աչքերը բացավ ահ գոչելով: Կարծես խմբագիր մը անոր կոկորդեն սղմելով խղդեր կսպառնար զինքն, եթե չբարեհաճեր յուր թերթին բաժանորդ գրվելու: «Տեր ողորմյա, տեր ողորմյա»,— պոռաց աչերը շփելով,— «հանգիստ քուն մ՛ալ չունինք»:

Հետո ոտքի ելնելով զազը վառեց և կանչեց Մանուկ աղան, որուն քիչ մը կերակուր ապսպրեց[82]: Քառորդե մը բերվեցավ կերակուրն, որուն հաջորդեց խահվեն, որուն ետևեն եկավ քունը: Հանվեցավ Աբիսողոմ աղան և անկողինը մտավ քնանալու համար: Հարկ չէ կրկնել, թե նույն գիշերն հանդարտ քուն մը չունեցավ: Առավոտուն կանուխ ելավ անկողինեն, երեսը լվաց, հագվեցավ, տունեն դուրս ելավ և շիտակ պ. Դերենիկին գործատունը գնաց լուսանկար պատկերը քաշել տալու համար: Գործատունը դեռ բացված չէր, և Աբիսողոմ աղան Բերայի փողոցներուն մեջ կը շրջեր, որպեսզի ժամանակ անցնի, և գործատունը բացվի: Ժամը չորսին (ըստ տաճկաց) բացվեցավ գործատունը, և Աբիսողոմ աղան սանդուղե մը վեր ելնելով մտավ սենյակ մը, որ

[82] Պատվիրել:

լուսանկար պատկերներով զարդարված էր և ուր պ. Դերենիկ նստած կը կարդար:

— Բարի եկաք, Աբիսողոմ աղա, սանկ հրամմեցեք,— ըսավ պ. Դերենիկ՝ սեղանի վրա դնելով լրագիրն: Եվ հետո գրագրին դառնալով նշանացի հրամայեց անոր, որ խահվե բերեն:

— Ժամ առաջ քաշեք սա պատկերս, որովհետև քանի մը մեծ մարդոց այցելություն պիտի ընեմ:

— Շատ լավ:

— Կուզեմ, որ պատկերս փառավոր կերպով քաշվի: Կուզեմ թիկնաթոռի մը վրա նստիլ, առջևս ունենալ երկու սպասավոր, մեկ աղախին. այնպես ըրեք, որպես թե ագարակի մը մեջ ըլլամ, աղին վարուցան, անդին կովերեն կաթ կթեն, աղին ոչխարներն արածեն, աղին ցանեն՝ անդին քաղեն, աղին հերկեն, անդին մածուն շինեն, աղին ձմերուկ փրցունեն, անդին կարագ շինեն, աղին սագերը ծովու մեջ լողան, անդին անտառին մեջ փայտ կտրեն, աղին սայլերով ցորեն փոխադրեն, անդին վերջապես ինչ որ կըլլա ագարակի մը մեջ, տեսնվի պատկերիս մեջ:

— Այդ ամենը կարելի չէ կատարել. միայն քանի մը սպասավորներ կրնամ կայնեցնել քովդ:

— Ինչո՞ւ չըլլար:

— Որովհետև անկարելի է:

— Մեծ մարդոց համար ի՞նչպես կընեք:

— Անոնք աթոռի վրա նստած կամ ոտքի վրա քաշել կուտան իրենց կենդանագիրը[83]:

— Ի՞նչպես ուրեմն կը հասկցվի անոնց մեծ մարդ ըլլալը:

— Պատկերը մեծկակ[84] ու փայլուն կըլլա:

— Իմի՞նս ալ անանկ պիտի ըլլա ուրեմն:

— Այո՛:

— Ոտքի՞ վրա, թե նստած:

— Ինչպես որ կուզեք:

— Դուք ի՞նչպես կուզեք. ի՞նչպես հանեմ նե, աղեկ կըլլա:

— Ձեզի համար ոտքի վրա կը վայլե:

— Շատ աղեկ. սպասավորներն ալ դեմս:

— Այո՛:

— Ես անոնք չախելու պես կըլլամ, անոնք ալ առջևնին կը նային:

— Սքանչելի:

— Ծեծելու պես կըլլամ զանոնք, և վերջը բարկությունս իջած կըլլա:

— Աղեկ խորհած եք:

---

[83] Լուսանկար:

[84] Մի փոքր մեծ:

— Հագուստներս ի՞նչպես են:

— Ընտիր: — Ուրիշ ժամացույց մը ալ ունիմ, անի ալ կրնա՞նք մեկ կողմերնիս կախել:

— Մեկ ժամացույցը բավական է, ավելին ավելորդ է:

— Այս հագուստներուս համար հիսուն ոսկի տված եմ. անոնց խումաշին[85] աղեկ և ընտիր ըլլալն ի՞նչպես պիտի հասկցվի պատկերես:

— Հոգ մի՛ ըներ, կը հասկցվի:

— Ընտո՞ր[86] պիտի ցուցնես:

— Հանգիստ եղե՛ք:

— Չկարծվի սակայն, թե երկու ոսկինոց հագուստ է հագածս:

— Այդ մասին անհոգ եղե՛ք:

— Շատ լավ:

— Ես կերթամ անդիի սենյակն նախնական պատրաստություններս ընելու, քանի մը վայրկենեն հրամանքնիդ ալ հրամմեցեք:

— Շատ աղեկ:

— Եթե կուզեք, մինչև որ անդիի սրահը մտնեք, սափրիչ մը կանչել տանք, որ գա մազերդ ու բեղերդ սանտրե, շտկե ու շտկոտե:

— Աղեկ:

Գործարանի պաշտոնյաներեն մին վազելով կերթա սափրիչ մը բերելու:

Քանի մը վայրկյանեն կուգա սափրիչն, որ գլուխն ծռելով և ետ—ետ երթալով հարգանքներ կը մատուցանե Աբիսողոմ աղային:

— Եկուր սա մազերս շտկե, նայինք,— կըսե Աբիսողոմ աղան:

— Պարտքերնիս է,— կը պատասխանե սափրիչը:

— Աղեկ մը շտկե, որովհետև պատկերս հանել պիտի տամ:

— Գլխուս վրա: Ա՜բ...

— Ես շատ կարևորություն կուտամ գլխուս:

— Ինչու չտաք, վսեմապատիվ տեր... Ա՜խ... եթե դուք չտաք, ո՞վ տա: Ա՜խ... երանի թե ես ալ ուրիշ մտմտուք[87] չունենայի և...

— Շտկոտե[88] նայինք:

— Գիտեմ, որ ես հանցավոր եմ ձեզի բարի եկաքի չգալուս համար, բայց ի՞նչ ընեմ... պարագաները թող չտվին, որ կարենայի կատարել այդ պարտականությունս և այսօր երես ունենայի, աղաչեի ձեր վսեմության, որ...

— Վերջը կը խոսինք, սա մազերս սանրե... մարդը կսպասե ինծի:

---

[85] Թանկագին կերպաս:

[86] Ի՞նչպես:

[87] Հոգս:

[88] Ուղղել, կարգի բերել:

— Վնաս չունի, անիկա կսպասե: Աղաչելու ձեր վսեմության, եթե կարելի է, հիսուն վաթսուն ոսկի մը... ես ալ ազգային սափրիչ մ՛եմ:

— Ի՞նչ ըսել է հիսուն վաթսուն ոսկի... — Կը խնդրեմ, մի բարկանաք, հիսուն վաթսուն ոսկի փոխատվություն մ՛ընեիք ինձ, որպեսզի այդ գումարն Փարիզ ղրկեի տղուս, որ այդ գումարով պարտքերը տար ու բժշկության վկայական առներ, գար ու քանի մը տարիեն վաստկեր ու տոկոսովն ձեզի հատուցաներ: Բայց ինչ օգուտ, որ այսօր երես չունիմ սանկ առաջարկություն մը ձեզի ընելու, որովհետև բարի եկաքի չեկա ձեզի: Եթե բարի եկաքի եկած ըլլայի ձեզի, համարձակություն կունենայի ձեզի աղաչելու, որ սա պզտիկ խնդիրքս կատարեիք, բայց քանի որ բարի եկաքի չեկա ձեզի, դուք ալ իրավունք ունիք խնդիրքս մերժելու, թեև ազգային արհեստավոր մ՛ըլլամ:

— Հիմա ատանկ խոսքեր մտիկ ընելու ժամանակ չունիմ, ինչ որ պիտի ընես նե, ըրե... Աս ի՛նչ տարօրինակ քաղաք է. բարև, աստծու բարին, բարա[89] տուր... Մեկու մը բարև տալու չէ... Տեր ողորմյա... տեր աստված, մեղա... Ամեն բան սահման մ՛ունի, էֆենտիմ... Հասկցա... ժամ առաջ փախչելու է այս քաղաքեն...

— Կերևի թե էֆենտին բարկացուցած են,— ըսավ՝ ներս մտնելով տարիքը հիսունին և վաթսունին մեջ կորսված քահանա մը:

— Աս չքաշվիր, տեր հայր:

— Ողջույն օրհնած. թեպետ և դուք զիս չեք ճանչնար, բայց ես ձերին ով ըլլալն շատ լավ գիտեմ... ի՞նչպես է, պատվական քեֆերնիդ աղե՞կ է:

— Շիտակը՝ աղեկ չէ:

— Աստված չընե. աստուծով քիչ ատենեն ավելի աղեկ կըլլա: Ձեզի հետ քիչ մը առանձին մնալ կուզեի: (Սափրիչին) Քիչ մը դուրս կելլա՞ք: Ես քեզի համար ալ կը խոսիմ, էֆենտիեն կը հասկնամ խնդիրքդ և ես ալ կը բարեխոսեմ, որ ի նպաստ քեզի բան մ՛ընե: Էֆենտի, սափրիչնիս ալ, գիտեք ա՞, ազգայիններեն է, անոր ալ երակներուն մեջ Հայկա արյունը կեռա, անտես ընելու չէ զանոնք ալ... (սափրիչը կերթա): Ձեզի հետ մասնավոր և առանձին տեսակցություն մ՛ընել ուզելուս պատճառն սա է, որ հրամանքնիդ կարգվիլ կուզեք եղեր... և ինչո՞ւ չկարգվիք: Իմացա նե, շատ ուրախացա, և ինչո՞ւ չուրախանայի: Ձեզիպեսներն կարգվելու են, որ ազգերնուս մեջ հարուստ աղայք շատնան: Աղվոր աղջիկ կը փնտրեք կոր եղեր... և ինչո՞ւ չփնտրեք. ես ալ ձեր տեղն ըլլայի նե, ես ալ կը փնտրեի: Ստակ ալ կուզեք կոր եղեր քիչ մը... ինչո՞ւ չուզեք, առանց ստակի կարգվիլն ալ, շիտակը, աղեկ բան մը չէ: Այդ ես իմ ձեռքիս տակն ունիմ անանկ աղջիկներ, որ թե աղվոր են և թե հարուստ:

— Շնորհակալ եմ, օր մը կը նայինք, աչքե կանցունենք զանոնք: Եթե կուզեք, քիչ մը սպասեցեք, սա պատկերս քաշել տամ ու երթանք:

---

[89] Փող:

Շիտակը խոսելով՝ ես ուրիշ գործ չունիմ հոս, աղջիկ փնտրելու եկած եմ. քանի՛ օր պիտի մնամ.. եթե կրցի գտնել, կարգվիմ պիտի հետն ու առնեմ, պիտի երթամ, եթե չգտնեմ, դարձյալ պիտի երթամ, որովհետև հոս հանգիստ չեն թողուր զիս վայրկյան մը. ալ ձանձրացա:

— Իրավունք ունիք, ժամանակներն ալ գեշ են, էֆենտիս, դրամական տագնապ, տագնապ դրամական ամենուրեք կը տիրե, ազգին աղքատները շատ են: Ինչ որ է, կսպասեմ ձեզի ու ի միասին կերթանք:

— Սա անպիտանն ալ մազերս շտկելու համար եկավ ու...

Այս միջոցին պ. Դերենիկ ներս կմտնե ու

— Հրամմեցեք,— կըսե,— սրահը:

— Բայց մազերս...

— Հոգ չէ, ես կը սանտրեմ:

— Բայց բեղերս...

— Վնաս չունի, ես կը շտկեմ:

Պ. Դերենիկ Աբիսողոմ աղային կառաջնորդե լուսանկարի սրահը:

Քահանան առանձին կը մնա և կսկսի մտքովը հետևյալ խորհրդածություն-ներն ընել: Բայց ի՞նչպես կրնանք մտքով եղած խորհրդածություններն գուշա-կել. դեմքեն անշուշտ. դեմքերը շատ անգամ կը խոսին. ինչպես հարուստնե-րուն, նույնպես նաև աղքատներուն լեզուն շատ անգամ անոնց դեմքին վրա է: Մեկու մը դեմքը նայելով կրնանք ըսել՝

— Այս մարդն իհմե ստակ ուզելու եկած է, կամ այս մարդն ինծի ստակ տալու եկած է:

Քահանային դեմքն ալ կըսեր. «Ի՞նչ ճանփա բռնեմ, որ սա ձմեռվան ածու-խիս ու փայտիս ստակն սա մարդեն փրցնեմ»[90]:

Քահանան այս խորհրդածությանց մեջ էր, երբ սափրիչն ներս մտավ նորեն ու քահանային ըսավ.

— Տեր հայր, գործս ավրեցիր[91] եթե ներս չմտնեիր, քանի՛ ոսկի պիտի փրցնեի այս մարդեն. տվող է՝ կըսեն կոր, տվող. բոլոր խմբագիրներուն և դասատուներուն ստակ տվեր է:

— Եղբայր, անոնք չե՞ն մի, որ պատճառ կըլլան կոր, որ մեզի պես աղքատները չեն կրնար կոր օտարականներե ստակ փրցնել: Հյուր մը եկա՞վ մի, բոլոր խմբագիրներն ու դասատուները վրան կը թափին կոր... անիծյալ գարշելիներ...

— Ի՞նչ պիտի ընենք հիմա:

— Ես քեզի համար կըբարեխոսեմ, դուն ալ ինծի համար միջնորդե, գոնե մեյմեկ[92] կտոր բան փրցնենք սա մարդեն:

---

[90] Պոկել:

[91] Խանգարել, փչացնել:

[92] Մի մի:

— Շատ աղէկ: — Հիմա հոս պիտի գա, ես անոր ականջն ի վար կըսեմ, որ այս սափրիչը գոհ ըրե, որովհետև շատ հարուստ տուներ կը մտնե, կելնե և կրնա, եթե ուզե, գործդ ավրել:

— Գործը ի՞նչ է:

— Հարուստ աղջիկ մը կը փնտրե կոր:

— Աղեկ: Ես ալ կըսեմ, որ քահանայեն զատ մեկու մը մի՛ վստահիր:

— Շատ աղեկ:

— Աս աղեկ ճանփա է:

— Միամիտին մեկն է:

— Այո՛, դյուրահավան է, բայց կողոպտեր են մարդը, էֆենտի՛մ, կողոպտեր են. մենք շատ ուշ հասանք:

Աբիսողոմ աղան զվարթ դեմքով կը դառնա սենյակն, ուր քահանան սափրիչին հետ կխոսեր:

— Ներեցե՛ք, Աբիսողոմ աղա,— կըսե սափրիչն,— ձեզի այդ խնդիրքն ընելուս համար. սակայն ես կարծեցի, թե կրնայի իմ կողմես ես ալ ծառայություն մ՚ընել ձեզ:

— Աբիսողոմ աղա, պետք է գիտնալ, որ,— կըսե քահանան,— մեր սափրիչ էֆենտին գրեթե մայրաքաղաքիս բոլոր հարուստ տուները կը մտնե, բոլոր աղջիկները կճանչնա:

— Ի՞նչ կըսեք:

— Այո՛, ինքն ալ բարի մարդ մ՚է, կատարեցեք խնդիրքը, մեղք է:

— Արժանապատիվ հորեն մի զատվիք, եթե անանկ միտք մ՚ունիք. տեր հոր ձեռամբ կարգված երիտասարդներն միշտ գոհ մնացած են: Ուրախ եմ, որ ձեր գործը տեր հոր պես բանիբուն և գործունյա քահանայի մը ձեռքն ինկած է, վստահ եղեք, որ երջանիկ պիտի ըլլաք ձեր ամուսնության մեջ:

— Բայց դուք ալ պիտի օգնեք ինծի, տեր սափրիչ,— կը հարե քահանան:

— Ես ի՞նչ բանի կարող եմ...

— Ձեր աջակցությունն ալ պետք է:

— Կընեմ, ինչ որ կարող եմ ընել:

— Շնորհակալ եմ: Աբիսողոմ աղան օտարական չէ, ազգային է, կարգվելու համար եկած է հոս. մեր պարտքն է օգնել իրեն:

— Հարկավ: Աբիսողոմ աղային հետ ատելություն մը չունիմ ես, մանավանդ թե ինքը շատ բարի ու առաքինի մարդ մ՚է:

— Երեսին խոսիլ չըլլա, ընտիր մարդ մ՚է:

— Պատվական մարդ է:

— Վրան նայես նե, կըսես, որ քիպարությունը[93] վրայեն կը վազե կոր: — Ո՞վ կը պնդե՞ հակառակը, ես անոր թշնամին չեմ:

---

[93] Ազնվություն, վեհանձնություն:

— Այսինքն թե որ քեզի այլ հարցվի նե, բարի վկայություն տաս:

— Անշուշտ:

— Աբիսողոմ աղան չիյ[94] մարդ չէ, քեզի կվարձատրե վերջը:

— Գլխուս վրա, գլխուս վրա: Ա՜խ, տղուս վկայականն առնվեր անգամ մը:

— Հինգ օրեն ետքը, Աբիսողոմ աղա, հինգ օրեն ետքը պատրաստ են պատկերներդ,— ըսավ պ. Դերենիկ ներս մտնելով:

— Շատ աղեկ,— պատասխանեց Աբիսողոմ աղան ու գործարանեն վար իջավ ընկերակցությամբ քահանային ու սափրիչին:

ԺԲ

Տիկին Շուշան, զոր ընթերցողն մոռցած չէ անշուշտ, Աբիսողոմ աղային տունեն տեղեկացած էր, թե... քահանան Աբիսողոմ աղան գտնելու համար պ. Դերենիկի գործատունն գացած էր: Ուստի որսն քահանային հափշտակել չտալու համար՝ հևալով կը վազեր դեպի ի պ. Դերենիկի գործարանը, ուր կը հասներ ճիշտ այն վայրկենին, որում քահանան սափրիչն վարպետությամբ ճանփելե հետո՝ Աբիսողոմ աղային կբարեխոսե հետևյալ կերպով. «Ներեցեք, որ քիչ մ՛ ուշացա ճշմարտությունն ձեզի հայտնելու սափրիչի մասին: Այս սափրիչը աներես մարդ մ՛ է, բոլոր Պոլիս եկողներուն օձիքեն կբռնե և անոնցմե ստակ կորզելու կաշխատի: Անպիտանին մեկն է: Իմ պարտքս է, որպես խոստովանահայր, զգուշացնել զձեզ այս կարգի մարդերեն, որք միմիայն քանի մը ոսկի հափշտակելու նպատակով կը մոտենան հարուստներուն: Ո՜րքան կատեմ այդ մարդերը:

— Շնորհակալ եմ ձեր բարեսրտութենեն և մարդասիրութենեն:

— Երեւս մի՛ տաք այդ մարդոց:

— Ո՜չ,

— Տեր պապա[95], դու ի՞նչ գործ ունիս Աբիսողոմ աղային հետ,— կը հարցնե տիկին Շուշանն, որ, ինչպես ըսինք, հևալով հասած էր:

— Պզտիկ գործ մը:

— Ոչ, բնավ գործ պիտի չունենաս դուն անոր հետը. դուք ձեր պարտքը կատարեցեք և թող տվեք, որ մենք ալ մերինը կատարենք. ալ խպնեցե՛ք քիչ մը: Երթանք, Աբիսողոմ աղա:

— Ո՜չ, դուք խպնեցեք քիչ մը, մենք Աբիսողոմ աղային հետ պզտիկ գործ մ՛ ունինք. երթանք, Աբիսողո՛մ աղա:

---

[94] Խակ:

[95] Տեր հայր:

Եվ քահանան Աբիսողոմ աղային ձախ թևեն կը քաշէ: — Տեր պապայի մը չվայլեր ըրածդ:

— Լռե՛:

— Չպիտի լռեմ:

— Թո՛ղ տվեք թևերս:

— Թող՛ չեմ տար,— կը պաաասխանե տիկին Շուշան,— իմ իրավունքս է:

— Ոչ, իմ իրավունքս է:

— Քանի մը հարյուր դահեկան առնելու համար կուզես, որ խեղճ մարդը թշվառ ընես. դուն աղջիկ չես ճանչնար:

— Մի՛ պոռար. պիտի թողում, որ կողոպտեք այս ազնիվ մարդն, այնպես չէ՞:

— Ինչո՞ւ կռիվ կընեք, ամոթ չէ՞... ես չեմ ուզեր աղջիկ:

— Չըլլար,— կը պատասխանե տիկին Շուշան,— մենք քեզի աղջիկ մը պիտի գտնենք. բայց թե որ տեր պապային ձեռքով աղջիկ փնտրես, գիտցած եղիր, որ պատիվդ մեկ ստակի[96] կըլլա:

— Ընդհակառակն, քահանայի ձեռամբը աղջիկ փնտրողն է պատվավորը: Երթանք, Աբիսողոմ աղա:

— Թող չեմ տար:

— Երթանք, Աբիսողոմ աղա:

— Թող չեմ տար, որ երթա. ես անոր աղջիկներ պատրաստած եմ, աղջիկտեսի պիտի երթանք:

Այս տեսարանը տեղի կունենար պ. Դերենիկի գործատան[97] առջև, և անցնողներեն պզտիկ խումբ մը հանդիսականի պաշտոն կը վարեր անդ, երբ Մանուկ աղան ստիպված Աբիսողոմ աղան անպատճառ գտնելու՝ եկավ հոն, տեսավ Աբիսողոմ աղան, որուն մեկ թևեն քահանան և մյուս թևեն տիկին Շուշան կը քաշեր, և մեկդի քաշելով զայն՝ քանի մը ծանր խոսքեր ուղղեց քահանա-յին և տիկին Շուշանին և հեռացուց զանոնք:

— Ա՛հ,— ըսավ Մանուկ աղան Աբիսողոմ աղայի դառնալով,— հանցանքը ձերն է, ամենուն երես կուտաք. ասոնք միմիայն քեզմե օգտվելու համար կը մոտենան քովդ:

— Իրա՞վ կըսեք:

— Ինչո՞ւ սուտ պիտի զրուցեմ: Կարգվիլ կուզես, լավ. ես գտնեմ քեզի աղջիկներ, ընտրե և ուզածդ առ:

— Աղեկ ըսիր:

— Պատվավոր ընտանիքե աղջիկներ ցուցնել տամ քեզի:

— Ցուցո՛ւր:

— Միջնորդով աղջիկ փնտրելու ժամանակը անցած է հիմա:

---

96 Դրամ:

97 Արհեստանոց:

— Այդպե՞ս է: — Մինչև անգամ ամոթ է:
— Ամոթ է նե, չուզեր:
— Ես քեզի աղջիկ կը հավնեցնեմ:
— Շնորհակալ եմ:
— Տուր ինծի դուն սըկեց հիսուն ոսկի:
— Սա ի՞նչ ըսել է:
— Տուր դուն ինծի հիսուն ոսկի:
— Ի՞նչու տամ:
— Ա՛լլահ, ա՛լլահ[98], տուր կըսեմ կոր նե, հարկավ բան մը գիտեմ կոր. տեր ողորմյա, պիտի առնեմ, չպիտի փախչիմ յա:
— Չպիտի փախչիս, բայց...
— Կը վախնա՞ս կոր ինծի հիսուն ոսկի տալու, արդեն այքան գումար մը պահանջող եմ ես քեզմե, ձեզի համար այնքա՛ն ծախքեր ըրած եմ:
— Այնքան ծախքե՛ր... ի՞նչ ծախքեր են անոնք...
— Մեկիկ մեկեկ չպիտի գրենք ա՛, տիկինը գիտե: Բայց թողունք այդ խնդիրը հիմա:
— Ո՛չ, չթողունք այս խնդիրը. հիսուն ոսկի... քա՞նի օր եղավ որ...
— Մեկու մը պարտք ունեի, այսօր եկավ, նեղը խոթեց զիս, և եթե այդ գումարը չվճարեմ, տունեն պիտի հանեն մեզի: Ասիկա ինծի համար ամոթ է, քեզի համար ալ պատվաբեր բան մը չէ: Տուր սա հիսուն ոսկին, հաշիվը կը կարգադրենք վերջը:
— Ի՞նչ խայտառակություն է աս...
— Աղջիկ գտնամ նե, միջնորդեք[99] չպիտի ուզեմ ես քեզմե. տուր սա հիսուն ոսկին:
— Ինչո՞ւ տամ... ի՞նչ ըրի ես քեզի...
— Կցավիմ, որ խոսք չեք հասկնար կոր. քեզի ինչ կըսեմ կոր նե, ան ըրե. ինչո՞ւ չես տար կոր սա հիսուն ոսկին:
— Չեմ տար, տունեդ ալ կելնեմ, կերթամ:
Եվ խոսելով դեպ ի տուն կը քալեին:
— Հիսուն ոսկին ալ մեծ բան մ՚ըլլար, որ չեք ուզեր կոր տալ: Իրավ որ ես ձեզմե չէի հուսար:
— Հուսացե՛ք:
— Ձեր քիպարությանը չէի ձգեր, որ հիսուն ոսկիի խոսքն ընեք:
— Սնդուկներս կառնեմ, կերթամ ես:
— Կրնաք երթալ, բայց հիսուն ոսկին տալեն ետքը:
— Չեմ տար: — Կուտաք:
Կիասնին Ծաղկի փողոց, ուր եկած էին նաև քահանան, սափրիչն ու տիկին Շուշան:

98 Աստված:
99 Մի գործ հաջողեցնելու համար միջնորդություն:

— Գնացե՛ք, մեկղի զացեք, երեսնիդ տեսնել չեմ ուզեր,— պոռաց Աբիսողոմ աղան տեսնելով զանոնք:

Հետո դուռը զարկավ, ներս մտավ և սկսավ սնդուկները կապել ի զարմացումն տան տիկնոջ:

— Ինչո՞ւ կը ժողվըվիք կոր, Աբիսողոմ աղա,— հարցուց տան տիկինը:

— Երթամ պիտի, պիտի երթամ: Միտքս փոխեցի. չպիտի կարգվիմ:

— Բարկացուցի՞ն ձեզի:

— Ո՛չ,

— Ինչո՞ւ ուրեմն բարկացած եք:

— Բարկացած չեմ:

— Քուզում[100] Աբիսողոմ Աղա, Մանուկ աղան հիսուն ոսկի պիտի ուզեր քեզմե, ուզե՞ց:

— Ուզեց:

— Սխալմունք մ՛է եղեր:

— Սխալմո՞ւնք է եղեր:

— Այո՛, հիսուն ոսկի չպիտի ըլլա, այլ հարյուր հիսուն ոսկի: Սա բարությունն ըրե՛ մեզի: Դուն քիպար մարդ ես: Մենք ալ քու սայեյեղ[101] պարտքե կազատինք:

Աբիսողոմ աղան սնդուկները կապելն, փողոց ցատկելն, երեք բեռնակիր բերելն ու սնդուկներն դուրս հանելն մեկ կընե:

Սափրիչը, քահանան, տիկին Շուշան և Մանուկ աղան կը հետևին իրեն մինչև... հյուրանոցի դուռը: Ուսկից կը մտնե Աբիսողոմ աղան, և կհեռանան իրեն հետևողները: Բացի Մանուկ աղայեն, որը կընկերանա Աբիսողոմ աղային հաշիվները կարգավորելու համար:

Այն օրեն ի վեր Աբիսողոմ աղան տեսնող չեղավ. միայն թե քանի մը շաբաթներ նույն հյուրանոցին դռան առջև կտեսնվեին խմբագիրք, հեղինակք, բանաստեղծք՝ իրենց թևի տակը թղթյա ծրարներ ունենալով:

Այսպես ուրեմն, կարգվելու նպատակավ Պոլիս եկող աղջիկ մ՛ իսկ տեսնե-լու ժամանակ չունեցավ և, ինչպես կըսեն, բուրդ ու բապուճ[102] փախավ մայրաքաղաքես: Բայց անջնջելի հիշատակ մը թողուց գրական մարդոց մտքին մեջ: Երբ երկու երեք հեղինակք մեկտեղին, «ինտոր փախցուցինք սա Աբիսողոմ աղան» կըսեն ու կը խնդան քիչ մը:

Իսկ երբ դրամական տագնապի մեջ գտնվին,— «աստված, Աբիսողոմ աղա մը ղրկե մեզի»— կըսեն և իրենց մտքով ալ կը հավելուն.— խնդրեցեք զ Աբիսողոմ աղան, և ամենայն ինչ հավելցի ձեզ[103]»:

---

[100] Սիրելի:

[101] Հովանի, պաշտպանություն:

[102] Հողաթափ, չուստ․ օձիքն ազատելով փախչել:

[103] Որոնեցեք Աբիսողոմ աղային, և ամեն բան կտրվի ձեզ:

Մեծատուններն ալ կհիշեն Աբիսողոմ աղան, երբ գրական մարդ մը անոնց մեկենասությունը խնդրե:

Աբիսողոմ աղա չենք մենք, կըսեն:

Իսկ մենք, որ ներկայացած չենք Աբիսողոմ աղային, կը հրատարակենք սույն գործն ոչ այնքան մեղադրելու նպատակավ ազգային խմբագիրներն, հեղինակներն, բանաստեղծներն և այլն, որքան ներկայացնելու համար ապագա սերնդյան՝ ժամանակիս գրագետներու ողբալի կացությունն և գրականության մասին ազգային մեծատուններու սարսափելի անտարբերությունը:

ՔԱՂԱՔԱՎԱՐՈՒԹՅԱՆ ՎՆԱՍՆԵՐԸ

Բռնավոր մը կա, որ գեղեցիկ անվան տակ ծածկված՝ զմեզ գերության կը դատապարտե նույնիսկ այն առանձնաշորհմանց մեջ, զորս մեր կամքն կը շնորհե մեզ և որոց չհակառակիր օրենքն: Այս բռնավորը բնության ալ կը հակառակի և թույլ չտար անոր, որ ազատ համարձակ գործե մարդ էակին վրա: Այս բռնավորը քաղաքավարությունն է: Այս բռնավորին հակառակորդներն անկիրթ կանվանվին հանիրավի:

Այս քաղաքավարությունն քաշվելու բան չէ մանավանդ անոնց համար, որ կը սիրեն և տրամադրություն ունին բնության օրինաց հետևիլ և այս ընթացքով երջանկություն գտնել: Հասկցնելու համար, թե որչափ կը չարչարվին, կը հարստահարվին այս խեղճերն, արժան կդատենք քանի մ՚օրինակներ մեջ բերել:

Բարեկամներեդ մեկուն անվան տոնախմբության ներկա գտնվիլ կը փափաքիս: Ընթրելեն հետո կելնես, բարեկամիդ տունը կերթաս, ուր սիրալիր ընդունելությունմը կը գտնես: Մեկ ժամու չափ նստելեն ետքը աչքերդ կսկսին գոցվիլ, և կուզես բազմոցի վրա ընկողմանիլ Քաղաքավարությունը կարգիլե: Ախորժակով ընթրած ըլլալով՝ գոտիդ քիչ մը թուլցնելու կամ քակելու պետքը կզգաս: Հրավիրելոց առջն ասանկ պետք մը զգալն հակառակ է քաղաքավարության: Քունը երթալով կը ծանրանա արտևանացդ վրա: Բազմության մեջ եկող քունն անկիրթին մեծն է, վանել հարկ է այդ քունը: Բնությունը քնացիր կըսե, քաղաքավարությունը մի քնքնար կը պոռա: Փորձե և քիչ մը քնացիր:

Տան տերը գլխուդ վրան կը տնկվի:

— Ինձ նայեցեք, — կը պոռա սպասավորներուն, — քիչ մը ջուր բերեք Պապիկ աղային:

Չէ, չէ, չեմ ուզեր ջուր:

Ի՞նչու կը քնանաք Պապիկ աղա:

Նստած տեղս քունս եկավ, ներեցեք:

Մեզմե չախորժեցաք:

Քավ լիցի:

— Ուրիշներուն տունը մինչև առտու կը նստեք, մեր տունը շուտ մը կը քնանաք:

Շատ կերա այս գիշեր, այդ պատճառավ...

— Ոչ աս է, ոչ ան, — կըսե տան տիկինը, — մեր տունն աղեկ զբոսում չկա անոր համար...

Կաղաչեմ, մի խոսիք այդպես:

— Ուրիշ տուն մը գտնվիք նե, հարկավ ալ ավելի պիտի զբոսնուիք և զվարճանայիք:

— Սիկարա մը բերեք Պապիկ աղային, — կը հրամայեց տան տերը:

— Խնձոր մը ըստկեցեք Պապիկ աղային, — կը հրամայե տան տիկինը:

Շնորհակալ եմ:

Խահվե մ' եփեցեք:

Թեյ մը բերեք:

— Ելիր, սանկ քիչ մը պտտե, Պապիկ աղա, որ քունդ փախչի:

— Եկուր, սքանպիլ մը խաղանք, որ չքնանաս, — կը պոռա անդիեն ուրիշ մը:

Շնորհակալ եմ, դուք քեյֆերնուդ նայեցեք:

Չըլլար, սքանպիլ մը խաղամ քեզի հետ:

— Պապիկ աղան չկրնար դիմադրել: Կսկսի սքանպիլ խաղալ: Հազիվ կը խաղա երեք քառորդ, և ահա քունն վերստին կուգա:

Մի քնանար, Պապիկ աղա:

Չեմ քնանար կոր:

Կը քնանաս կոր, Պապիկ աղա:

Չեմ քնանար կոր:

Եթե կուզես, բոլքա մը պարե, որ քունդ փախչի:

Բոլքա չեմ գիտեր:

Կը սորվիս:

— Թող տվեք զիս, Աստվածնիդ սիրեք նե, անդիի սենյակը կերթամ, կը քնանամ քիչ մը:

Անկարելի բան է: Տոնախմբության մեջ կը քնացվի՞:

Բռնությամբ պարի կը հանեն Պապիկ աղան, որ մտքեն իրարու ետևե կը շարե այն խոսքերը, զորս բարկությունն արտասանել կուտա մեզ նմանօրինակ պարագայից մեջ:

Պարը կը վերջանա: Պապիկ աղային քունը կփախչի:

Մեկ երկու ժամեն հրավիրյալները ոտք կելնեն մեկնելու համար: Պապիկ աղան ալ կելնե տուն կդառնա: Անկողին կը մտնե, չկրնար քնանալ. քունն անդառնալի կերպով փախած է: Կելնե անկողինեն, քիչ մը կը կարդա, որ քունը գա, չգար. ուրիշ քնաբեր գիրք մը կառնե. հնար չէ քնանալ նույնիսկ եթե...Օրվան կյանքը կարդա: Այսպես Պապիկ աղան մինչև առտու կը տապլտկի անկողնույն մեջ և կսկսի այն ատեն քնանալ, ուր ամեն մարդ կարթննա և գործի կերթա:

Աhավասիկ քաղաքավարության արդյունքը:

— Թող չերթար, էֆենտիմ, թող տունը նստեր, — պիտի առարկվի մեզ:

Միթե մարդս յուր տան մեջ ավելի ազատ է:

Փորձենք:

Իրիկունը տունդ կդառնաս, հագուստներդ կը հանես և գիշերազգեստ կը հագնիս և սենյակիդ մեկ անկյունը կը քաշվիս, կը նստիս: Քիչ մը կանցնի, կերակուրի սեղանը կը դրվի: Կինդ, հայրդ, մայրդ, զավակներդ, եղբայրներդ, քույրերդ, թոռներդ կառնես և վար կիջնաս ընթրելու: Սեղանեն կելնես, խահվեդ կը խմես և սանկ կերկննաս բազմոցիդ վրա:

Պապիկ աղան ստիպողական գործ մ'ունի և կը ստիպվի մեկ կողմե պանիր ու հաց ուտել փողոցի մեջ: Քաղաքավարությունը կարգիլե փողոցի մեջ անոթնալը: Կուզե բարեկամի մը խանութը մտնել և հոն ճաշել յուր պանիրն ու հացը:

Քաղաքավարությունը միշտ կը պոռա, թե բարեկամի մը խանութը ճաշարան չէ:

Պապիկ աղան խոսք տված է մեկուն. ժամադիր եղած է մեկու մը հետ:

Թող անոթի երթա ժամադրության տեղը, կըսե քաղաքավարությունը: Պապիկ աղան կը հնազանդի: Նույն օրն անոթի կանցունե և իրիկվան տուն կը դառնա թեթև տկարությամբ:

Այս ապաշխարանքին փոխարեն մարդկությունն ի՞նչ վարձատրություն կընե Պապիկ աղային, որ քաղաքավարության դեմ չմեղանչելու համար օր մը ծոմ պահեց: Ոչինչ: Ով իմացավ Պապիկ աղային այս զոհողությունն: Ոչ ոք: Բայց Աստված չընե, եթե փողոցն ուտելով քալեր. որքան խոսքեր պիտի լսվեին...

Իմացա՞ք Պապիկ աղային ըրածը:

Վաճառական մը կը վայլե՞, եղբայր:

— Յուր վարկը կոտրեց, մեղք, բիացայի վրա 20.000 ոսկվո վարկ ուներ:

Քիչ մը համբերեր թող, փաթլամիշ չպիտի ըլլար յա...

***

Շաբաթ օր է, պիտի ածիլվի Գասպար աղան:

Սափրիչի մը խանութը կերթա:

Սանկ շատ մը կածիլե՞ս ինձի և մազերս ալ կը կտրե՞ս:

Ի՞նչու չէ:

Գասպար աղան կը նստի աթոռին վրա:

Սափրիչն ատենական գործողությունները կատարելեն ետքը կը սապոնե յուր նոր հաճախորդն և կը դիմե յուր զենքերուն:

— Քեզի սա կաղաչեմ, որ ածելիդ սուր ըլլա, որովհետև իմ մորուքս քիչ մը սերթ է, վերջը դուն ալ կը չարչարվիս, ես ալ:

— Հանգիստ եղեք, — կը պատասխանե սափրիչն՝ սուր ածելի մը ընտրելու երևույթն ունենալով:

— Գիտնալու եք, որ բերտահ ալ չեմ ուզեր, սանկ վրայեն թեթև կերպով անցնելու, ձգելու է:

Ճանըմ, հոգ մ'ընեք, սափրիչ կա, սափրիչ ալ կա, — կըսե սափրիչն և ածելիով սպառազինյալ կը մոտենա Գասպար աղային:

Շատ աղեկ:

Գլուխդ սանկ դիր, նայիմ:

Դրինք:

Գործողությունը կսկսի, որուն անմիջապես կը հաջորդե արյունահեղությունը:

Կտրեցիր, եղբայրս, կամաց ըրե քիչ մը:

Պզտիկ չիպան մը կար հոն, ան արյունեցավ:

Աստղին ալ կտրվեցավ:

Հոն ալ մազը ծուռ բուսեր էր:

Ծնոտիս վրա՞ն հապա...

— Ծնոտդ կերկի բռնեցիր տե, անկից եղավ: Մի վախնար դուն, ես զանոնք հիմա քիչ մը բամբակով կը սխմեմ:

— Վազ անցա, պապամ, հոգիս ցավեցավ, երեսս կրակի պես կէրի կոր:

— Սանկ թեթև բերտահ մ'ընեմ ու երեսդ անուշահոտ քացախով լվամ նե, կանցնի, բան չմնար:

Չեմ ուզեր բերտահ, չեմ ուզեր, լմնցուր:

Առանց բերտահի չըլլար:

Ճանըմ, գլուխն իմս չէ՞ մի:

— Գլուխդ քուկդ է, բայց ամեն խանութ պատիվ մ'ունի, ածիլվելու մազեր կան տակավին երեսիդ վրա աստղին անդին: Ասանկ ձգելն մեզի անպատվություն է: Դուն սանկ դիր գլուխդ և հանգիստ եղիր:

— Պե ճանըմ, զոռով զիս տանջե՞լ կուզես, ի՞նչ ըսել է սա, ես քու խաղալի՞քդ եմ, պատիվդ պաշտպանելու համար իմ երե՞սս ընտրեցիր ասպարեզ. դահիճի պես գլուխս տնկվեր, կեցեր ես:

— Բարկացած կերևաք կոր, անոր համար չեմ ուզեր պատասխանել. միայն կաղաչեմ, որ քիչ մը համբերեք, ու լրմնցնենք սա գործը:

Սափրիչը կը հաջողի նստեցնել Գասպար աղան, որ գլուխն սափրիչին տրամադրության տակ դրած՝ անոր ածելիին քերծվածներուն վանկերը կը համրե ակռաները սեղմելով:

Բայց վերջապես համբերությունը կիատնի և հանկարծ աթոռեն կը ցատկե՝

— Հերիք պե, մարդ, հերիք, արյան մեջ ձգեցիր երեսս՝ ըսելով:

— Լմնցավ, լմնցավ, — կը պատասխանե սափրիչն և պարզ ջուրով կը լվա Գասպար աղային երեսը: Տես դադրեցավ արյունը, չորս տեղեն միայն կը բխի կոր, ան ալ քիչ մը բուտրայով կանցունենք հիմա:

— Ըրե, եղբայր, ինչ որ պիտի ընես, լմնցուր, վերջացա, այ մարդ վերջացա:

Չեմ ուրանա, թե մորուքդ քիչ մը սերթ է:

Առաջուց ըսինք ձեզի, էֆենտիմ:

Սափրիչն յուր բոլոր ուժն կսպառե բրնձի փոշիով դադրեցնել արյունահեղությունը և չհաջողիր:

Հարյուր տրամի մոտ արյուն հանեցիր, պե ատամ:

Ծո, սա շիշեն տուր:

Աշակերտը սրվակ մը կը բերե պարունակությունն դժոխային քարե պատրաստված բաղադրություն մ'ըլլալու էր, որովհետև ամեն անգամ, որ փետուրի մը ծայրով կը քսեր այն ջուրեն Գասպար աղային երեսը, Գասպար աղան դժոխային ցավեր կզգար և վեր—վեր կը ցատկեր:

— Ահա լմնցավ, սիրտդ հանգիստ ըլլա, — ըսավ սափրիչը Գասպար աղային՝ սրվակն աշակերտին դարձնելով;

— Շնորհակալ եմ, շնորհակալ եմ, — պատասխանեց Գասպար աղան:

Հիմա մազերդ:

— Չէ, չէ, չեմ ուզեր, մազերս թող մնան՝ — ըսելն, հինգնոց մը նետելն ու դուրս ելնելն մեկ բրավ Գասպար աղան:

— Այս չափ ալ աքսի մարդ բնավ տեսած չունիմ, — մռմռաց ինքն իրեն սափրիչը:

— Իսկ Գասպար աղան ինքզինքն փողոցի մեջ գտնելուն պես հառաչեց ու ողբաց սա պես.

— Աս ինչ թռաֆ աշխարհ է, գլուխնուս պիլե տեր չենք կրնար կոր ըլլալ...

***

Սեդրաք աղան կօշկակարի մը խանութը կը մտնէ:

— Բարեկամ, — կըսէ կօշկակարին, — զույգ մը կօշիկ կուզեմ ապսպրել:

Շատ աղեկ:

Կօշիկներուն քիթը նեղ ըլլալու չեն:

Հիմիկվան մոտայեն չեք ուզեր ըսել է:

— Միայն կուզեմ, որ ոտքս կօշիկի մեջ կարենա շարժիլ. նեղ ոտքի աման չեմ ուզեր, որովհետև նասըր ունիմ:

— Գլխուս վրա, ձեզի անանկ կօշիկ մը շինեմ, որ թե մոտայի համաձայն ըլլա, և թե ձեր ոտքերը չխմեն:

Եթե կարենաս գոհ ընել զիս, միշտ քու խանութը կուգամ:

Վստահ եղեք:

Կօշկակարը Սեդրաք աղային ոտքի չափը կառնե և կիմացնե, թե քանի մ'օրեն պատրաստ պիտի ըլլան կօշիկները:

Սեդրաք աղան քանի մ'օրեն կերթա կօշկակարին:

Պատրա՞ստ են կօշկիկներս:

Այո պատրաստ են:

Կօշկակարին աշակերտը Սեդրաք աղային կը ներկայացնե կօշկիկները:

Եղբայրս, — կսե Սեդրաք աղան, — ասոնք պզտիկ են:

Ընդհակառակն, մեծ են:

Ասոնց քթները նեղ են:

— Չեմ կարծեր, շատ լայն քթերն այսօր մաքպուլ չեն. կաղաչեմ անգամ մը ձեր ոտքն անցունեիք սա կօշիկները:

Սեդրաք աղան կը նստի: Կօշկակարին աշակերտը քառակուսի տախտակ մը կը դնե Սեդրաք աղային ոտքերուն տակը: Սեդրաք աղան կը ձեռնարկե նոր կօշիկներն հագնելու: Կօշկիկները կապստամբին:

Ոտքդ ուժով կոխե, — կը պոռա կօշկակարն:

— Ոտքի վրա ել ու այնպես կոխե, — կսե կօշկակարին քալֆան:

— Ուժով ոտքդ գետինը զարկ, — կը խրատե կօշկակարին աշակերտը:

— Ծո, սա փոշին ցանե քիչ մը կօշիկներուն մեջ, որ Սեդրաք աղային ոտքերը դյուրությամբ սահին ու մտնեն, — կը հրամայե կօշկակարն պզտիկ աշակերտին:

Հրամանը կը կատարվի:

Կօշիկներն հաստատամիտ են:

— Էօֆ, քրտնեցա, պե ատամ, — կըսե Սեդրաք աղան՝ երեսը թթվեցնելով, — քեզի քառասուն անգամ ապսպրեցինք, որ մեծ ըլլան, լայն ըլլան, երկար ըլլան:

Կերնա, որ ոտքերդ ալ քրտնած են և անոր համար...
Չէ, ճանըմ... կոշիկները նեղ են:

— Անգամ մը հագնիս, կը բացվին: Լայն ոտքի ամաններն ավելի կը վնասեն նասըրներուն:

Չեմ կրնար կոր հագնիլ:

Կոշկակարն քալֆայովն և աշակերտներովն Սեդրաք աղային օգնելու կերթա: Երկու հոգի Սեդրաք աղային թևը կը մտնեն. կոշկակարն Սեդրաք աղային մեկ ոտքը կը բռնե և կաշխատի կոշիկին մեջ դնել: Ամբողջ կոշկակարյան խումբը կը քաշալերե Սեդրաք աղան.

Հա, հա, կմտնա կոր...

Քիչ մ'ալ համբերություն...

Քիչ մ'ալ հաստատամտություն...

Օն, քաջալերվե...

Վայ, վայ, վայ...

Քիչ մը դիմացիր, էֆենտիմ...

Անգամ մը մտնա նե...

Ոտքս կոտրեին նե, ավելի աղեկ էր...

Հա, հա, քիչ մնաց...

Քիչ մ'ալ ճահտ ընես նե, կը լմննա, կերթա:

Հոգնեցար նե, քիչ մը հոգնություն առ տե...

— Հարյուր անգամ ալ ապսպրեցի, որ ես մոտա չեմ ուզեր, ոտքերուս հանգստությունը կուզեմ...

Կոխե ոտքդ...

— Ի՞նչպես կոխեմ, ճանըմ, չեք հասկնար կոր, որ ոտքերս կէրին կոր, կարծես թե կրակի մեջ կոխած եմ... թող տվեք, Աստվածնիդ սիրեք, սա ի՞նչ խոսք չհասկացող մարդոց հանդիպեցանք:

Քիչ մ'ալ դայրեթ ըրե, էֆենտի:

— Ղայրեթնիդ ալ գետնին տակը անցնի, կոշիկնիդ ալ... թող տվեք ոտքս, վազ անցա:

Բարկանալու իրավունք չունիք, Սեդրաք աղա...

— Չունիմ, աղբար, չունիմ, դուք իրավունք ունիք բարկանալու, թող տվեք, սա ոտքս քաշեմ:

— Կոշկակարն ուժով բռնած է Սեդրաք աղային ոտքեն, որու ինը տասներորդ մասը մտած է կոշիկի մեջ:

Շատ բծախնդիր եք, Սեդրաք աղա:

Սեդրա աղան կզգա, թե գերի բռնված է, ուստի անձնատուր կլլա կոշկակարին, որ յուր խումբովը կը հաջողի կոշիկներն անցնել յուր հաճախորդին ոտքերուն:

— Տեսա՞ր, ինչպես աղեկ եղավ... ոտքի վրա կայնե քիչ մը. ոհ... մինչև տուն երթաս նե, ոչ ցավ կը մնա, ոչ բան մը... սանկ քալե, նայիմ:

— Ի՞նչպես քալեմ, ճանըմ, նասըրներս կը ցավին կոր... հանեցեք սըվոնք:

— Քիչ մը խոսք մտիկ ըրե, Սեդրաք աղա, մինչև տուն գնա, ոտքերդ պիտի վարժվին ու...

Քիչ մը լայնկեկ շինեիք նե, չէ՞ր ըլլար:

— Չըլլար Սեդրաք աղա չըլլար, ամեն խանութ նամուս ունի, մենք մեր խանութին պատիվը չենք կրնար կոտրել անանկ մեծ, լայնու տձև կոշիկներ կարելով, ամեն մարդ իր գործը գիտե:

Աղեկ, աղեկ, ի՞նչ պիտի տանք

Ոսկի մը ու մեճիտիե մը

Առեք:

— Շնորհակալ եմ: Մեզի մի մոռանաք, Սեդրաք աղա:

Սեդրաք աղան այդ կոշիկներով դուրս կելնե կոշկակարին խանութեն, նասրներու ցավեն ամեն քայլափոխին հառաչելով, երբեմն ալ արտասվելով: Կզգա վերջապես, թե չպիտի կրնար շարունակել ճամփան, զբոսարան մը կը մտնե, բազմոցի վրա կը նստի և կոշիկները հանել կուզե: Չիաջողիր: Սրճարանին սպասավորը կը կանչե և կաղաչե, որ կոշիկներն քաշե:

Սպասավորը բոլոր ուժը կսպառե, կարելի չէ կոշիկները հանել: Իմաց կը տրվի կոշկակարին, որ քալֆային ընկերակցությամբ կը հասնի ու մեծ դժվարությամբ կը հաջողի ազատել Սեդրաք աղան յուր ոտքերուն ձեռքեն: Սեդրաք աղան կը հագնի հին կոշիկները, զորս կոշկակարի խանութեն հետն առած էր, և կը հանգստանա: — Բնավ սըխըի չեք գար կոր, Սեդրաք աղա, — կըսե կոշկակարը, — ձևավոր և ճաշակավոր բան մը հագնելու համար քիչ մը ակռան սխմելու է մարդս, Հետևյալ օրը Սեդրաք աղան շուկա կերթա, ապայե լաքճին մը ու լաստիկ մը կը գնե, կը հագնի ու գործի կերթա:

Դիտողությունները կսկսին.

Խայտառակություն է:

Ինչ մեղքս պահեմ, հետը պտտելու կամչնամ կոր:

Թող գյուղ մը երթա, նստի, էֆենտիմ:

Ատ ոտքերով ընկերությանց մեջ մտնել կարելի չէ:

Այս դիտողություններն Սեդրաք աղային ականջը կիասնի:

Սեդրաք աղան կը համոզվի, թե քաղաքավարությունը չիակառակիր նասըրի,բայց սարսափելի թշնամի է ապա լաքճինի: Սեդրաք աղան կը ստիպվի հանել լաքճինները և ընդունել մոտային համաձայն կոշիկներն ու անոր հարվածներն:

***

Գամիկ աղա, այս իրիկուն կերակուրը մեկտեղ ուտենք:

— Շնորհակալ եմ, Մարկոս աղա, բայց չեմ կրնար գալ, որովհետև ուրիշ տուն մը հրավիրված եմ:

Կաղաչեմ:

Կը խնդրեմ:

Խոսքս մի կոտրեր:

Մի ըներ:

Չէ մի ըսեր:

Մի ստիպեր:

Ի՞նչ կըլլա, մեկտեղ ժամանակ կանցունենք քիչ մը:

Աղեկ, բայց...

Բայցս ալ ի՞նչ է, երթանք:

— Որովհետև այսչափ կստիպեր կոր, ես ալ չեմ մերժեր. երթանք:

Կեցցես, Գամիկ աղա, շնորհակալ եմ:

— Այս խոսակցությունը տեղի կունենար Բերա մեծ փողոց, գինետան մ՚առջև:

Մարկոս աղան հրավերն ընդունել տալուն պես բարեկամի ձեռքեն բռնեց և գինետունը տարավ:

Մասթիքա՞ կը խմեք:

Ոչ:

Անանկ է նե, տյուզ կը գործածեք

Ոչ:

Ռո՞մ:

Ոչ:

Ըսել է՝ քոնյաք կը խմեք:

Ոչ:

Ի՞նչ կը խմեք ուրեմն:

Ոչինչ. չիյտե՞ք, քանի մը տարի կա, որ ես ըմպելիք չեմ գործածեր:

Ըմպելիք չե՞ս գործածեր:

Ոչ:

Ոտքդ պաքնեմ:

Ոչ:

Իրա՞վ կըսես:

Ինչո՞ւ սուտ խոսիմ:

Աստվածդ սիրես:

Չեմ խմեր:

Կատա՞կ կընես հետս

Ի՞նչ հարկ կա կատակ ընելու:

Հիմա մասթիքա չե՞ս խմեր դուն:

Ոչ:

Տյո՞ւզ:

Ոչ:

Րո՞մ:

Ոչ:

Քոնյա՞ք

Ոչ:

— Ինչո՞ւ կապրիս կոր ուրեմն, — կը պոռա հաճախորդներեն մին՝ լեցնելով գավաթը:

— Կը խմե, կը խմե, կատակ կընե կոր, — կը պատասխանե Մարկոս աղան:

Չեմ խմեր, Մարկոս աղա:

— Ամոթ է, աղբար, չխմել կըլլա՞, լված բան է, նստողները վրանուս խնդացունե՞ք պիտի:

Սովորություն չունիմ, եղբայր, ինչո՞ւ կստիպեք:

Կնիկ ես, ի՞նչ ես, պե մարդ, օղին չխմվի՞ր, — կըսե մին;

Բերնին համը ի՞նչ գիտե անիկա, — կը հարե ոմն:

Պարզ մարդ մ'է, — կսե երրորդ մը:

Ճգնավոր, — կը պոռա ուրիշ մը:

— Հա, հա, հա, օղի չխմեր եղեր, վայ, ապուշ, վայ, — կը թոթվե գինեմոլ մը խնդալով:

— Կը խնդրեմ, Գամիկ աղա, վերջացնենք այս խաղը, — կըսե Մարկոս աղան:

Ի՞նչ ընեմ:

Գավաթ մը միայն խմե: Մեզի մի շիշ մասթիքա բերեք:

Գավաթ մը կխմեմ խաթերդ համար:

— Շնորհակալ եմ. ժամանակին հարմարելու է. չխմողի վրա կը խնդան հոս, թող որ չխմելն ալ պաղ բան մ'է:

Շատ աղեկ:

Հրամմեցեք:

Կենդանություն:

Անուշ:

— Գամիկ աղան կստիպվի քանի մը գավաթ ևս խմել՝ գայթակղություն չպատճառելու համար հարբեցողաց մեջ:

— Ժամը տասներկուքին կը մոտենա: Գամիկ աղան անոթի է. ամեն երեկո սովրած է ընթրել առ առավելն ժամը կեսին:

— Ելլենք, Մարկոս աղա, եթե կը հաճիք, — կըսե Գամիկ աղան:

Դեռ կանուխ է:

Տասներկուքին մոտեցավ:

Առածը չիյտես. Հյուրը տան տիրոջ գառն է:

Գիտեմ, բայց...
Իմ կըտաս չլմնցավ դեռ: Ճիշտ երկու շիշ պիտի ըլլա:
Շատ աղեկ:
— Մարկոս աղան կշարունակե յուր կըտան և Գամիկ աղան յուր անոթությունը:
Ժամը մինչև քանի՞ն պիտի նստինք հոս, Մարկոս աղա:
— Ինչո՞ւ կաճապարես կոր, բարեկամ, նստինք խոսինք, տուն երթանք՝ ի՞նչ ընենք հիմա. այս ատեն կերակուր կուտվի՞, անասունները կուտեն հիմա...
Ի՞նչ... անոթի՞ ես դուն:
Չէ, չէ, բնավ չէ:
Եթե անոթի ես, երթանք;
Չէ, այս ատեն կերակուր կուտվի՞;
— Շիտակ զրուցե, կաղաչեմ. ես կուզեմ, որ էյլեսմիշ ըլլաս դուն, ֆերահլանմիշ ըլլաս... չէ նե, ի՞նչ հասկցա... ես կուզեմ, որ հյուրս քեյֆլենմիշ ըլլա... երթանք, թե որ անոթի ես...
Չէ, չէ, բնավ չէ:
Կը կրկնեմ, եթե անոթի ես, երթանք:
Չէ, այս ատեն կերակուր կուտվի՞
— Կը կրկնեմ՝ շիտակ զրուցե, կաղաչեմ, ես կուզեմ, որ էյլեսմիշ ըլլաս դուն, ֆերահլանմիշ ըլլաս... չէ նե, ի՞նչ հասկցա... ես կուզեմ, որ հյուրս քեյֆլենմիշ ըլլա... երթանք, թե որ անոթի ես...
Անոթի չեմ:
— Խոսե ուրեմն, բան մը պատմե, արձանի պես ինչո՞ւ մունջ կեցեր ես: Կենդանություն:
Անուշ, անմահություն:
Հատ մ՛ ալ քեզի տամ:
Չէ, գլուխս կը դառնա կոր:
Խոսե նայիմ: Կենդանություն:
Անուշ:
Գործ մ՛ունեիր նե, ի՞նչ ըրիր ան:
Ո՞ր գործը:
— Որն ըլլա նե, ըլլա գործ մ՛ըլլա տե, մերամ ժամանակ անցունել չէ՞ մի:
Անանկ է յա:
— Չխոսի՞ս, աղբար. գիշերներն ի՞նչպես ժամանակ կանցունեք կոր, ցերեկներն ի՞նչ կընեք կոր, առտուները ինչո՞վ կզբաղվիք կոր:
(Մեկուսի) Անոթութենե մարելիք կուգա կոր վրաս:
Ինչպե՞ս եղավ նայինք այդ գործը:
Մելքոնի՞ն գործը:
Հա Մելքոնին գործը. (մեկուսի) պարե գիտնա՞մ...

— Մելքոնը հանցավոր էր այդ գործին մեջ. (մեկուսի) ժամ մ՛ առաջ երթայինք ու սեղան նստեինք:

— Իրա՞վ կըսես, վայ անպիտան, վայ, վայ Մելքոնեն չի հուսար (մեկուսի) պարե ճանչնա՞մ:

Չար տղա է:

Անպիտան. պատմե, նայինք:

— Երկար է պատմությունը: (Մեկուսի) Գայլի մը պես անոթի եմ: Հիմա չեմ կրնար պատմել անոթի փորանց:

Կենդանություն անանկ է նե:

Անուշ: Ժամը մեկ է:

Շատ աղեկ, կերթանք: Սա հաշիվս մաքրեմ:

Մարկոս աղան հաշիվը մաքրելու կը զբաղի, Գամիկ աղան ինքզինքը զինետունեն դուրս կը նետե և փողոցին մեջ կսպասե Մարկոս աղային, որ վերջին գավաթները կը խմե մի ըստ միոջե:

Գամիկ աղան քառորդի մը չափ կսպասե փողոցին մեջ և հետո զինետան սեմին վրա կելնե ու կը կանչե Մարկոս աղան:

Մարկոս աղա, ուշ մնացինք:

Կուզամ կոր: Գամիկ աղան քառորդ մ՛ալ կսպասե. համբերությունը հատնելու վրա է, կուզե մեկնիլ, բայց քաղաքավարությունը չթողուր: Ուստի նորեն կը կանչե.

Մարկոս աղա, Մարկոս աղա, երթանք:

Հիմա:

Գինովներուն հիման առնվազն քառորդ ժամ է:

Մարկոս աղա, երկար ըրիր:

Եկա:

Գինովներուն եկան պիտի զամ է:

Մարկոս աղա:

Կաղաչեմ, քիչ մը... ներս եկուր, մեկտեղ ելլենք:

Չեմ զար:

Եկուր:

Ոչ:

Կը բարկանամ:

Բայց պիտի երթանք:

Այո: Ահա եկա: Կարծեմ քեզի սպասցուցի քիչ մը:

Վնաս չունի:

— Քեզի տեսա, չիյտես, որչափ գոհ եղա, այս իրիկուն քեյֆս քեզի պարտական եմ. ոտքի վրա հատ մը կը տնկե՞ս:

Չէ, երթանք:

Շատ աղեկ, երթանք: Կենդանություն:

Անուշ: Երթանք:

Այո, երթանք:

— Երկու բարեկամները ճամփա կելնեն և քանի մը փողոց դառնալեն հետո տուն կը հասնին:

— Վայ, Գամիկ աղա, հրամմեցեք, — ըսելով հյուրը վեր կը հրամցնե Մարկոս աղային տիկինն, որ խնդումներես և քիչ մ'ալ – սիրտը չվիրավորվի, — շատախոս է:

Գամիկ աղան հյուր բերի, տիկին:

— Շատ աղեկ ըրիր, վայ Գամիկ աղան, վայ:

— Բարի եկաք, — կըսեն Մարկոս աղային աղջիկներն Գամիկ աղային ու անոր ձեռքը կը թոթվեն:

Գամիկ աղան աչքերով սեղան կը փնտռե:

Վայ, Գամիկ աղա, վայ, է, տահա ինտո՞ր ես, նայինք:

Փառք Աստուծո, տիկին, դու ինտո՞ր ես:

— Ձեզի տեսանք, ավելի աղեկ եղանք, վայ, Գամիկ աղա, վայ, դուն ալ հոս պիտի գաս եղեր:

Սա բախըի թեփսին շտկեցեք, — կը հրամայե Մարկոս աղան:

— Վայ, Գամիկ աղա, վայ, բնավ մտքես չէր անցներ, որ Գամիկ աղան մեզի հյուր պիտի գա այս գիշեր, ո՞ր հովը փչեց ասանկ, վայ, էյ, ինտուր եք, նայինք, ի՞նչ կընեք կոր, շիտակը հավատալիքս չգար կոր, որ դուք հոս եք, վայ, Գամիկ աղա, վայ... էյ, խոսե, նայինք... մեզի չտեսնելեն ի վեր ի՞նչպես ժամանակ կանցունեք կոր. աֆերիմ, Մարկոս աղա, շատ աղեկ ըրեր ես, որ Գամիկ աղան բերեր ես. վայ, Գամիկ աղա, վայ: Գամիկ աղային օղի մը տվեք. շատ բան, շատ բան, վայ, Գամիկ աղա, վայ, մեզի տեսնալ պիտի գաս եղեր աս գիշեր, որո՞ւն մտքեն կանցներ, աֆերիմ, Գամիկ աղաս... օղի մը տվեք, աղջիկներ:

Օղի չեմ խմեր:

Հատ մը խմե, — կըսե Մարկոս աղան:

Չէ, Մարկոս աղա:

— Վայ, Գամիկ աղա, վայ... տահա ինտո՞ր եք, նայինք, չոլուխ չոճուխը ի՞նչպես է...

Աղեկ են:

Աղեկ ըլլան, վայ, Գամիկ աղա, վայ:

— Գամիկ աղա, — կըսե Մարկոս աղան, — դուն մեր թեքլիֆսիզ հյուրն ես, մեզի մը նայիր, եթե անոթի ես, ըսե, ուտելիք, մեզի համար հոգ չէ:

— Քա ճանըմ, կեցի հելե, քիչ մը երեսը տեսնանք, ան ալ հանգստանա քիչ մը, ու վերջը կուտենք, Աստծո տվածեն հարկավ բան մը պիտի գտնենք ուտելու, անոթի չպիտի մնանք յա, ամա ի՞նչ ընենք, Գամիկ աղան կերակուրներուս չպիտի հավնի եղեր, հյուրը սպասածը չի ուտում, գտածն է ուտում: Գամիկ աղա, այս գիշեր հոս պիտի գաս եղեր. բարի եկար, հազար բարի, ամեն օր հրամմե, մեր դուռը բաց է, է տահա ինտո՞ր եք, նայինք, ի՞նչ կա ի՞նչ չկա, նայինք, դրացիներնիդ ի՞նչպես են, Եպրոս հանըմը ի՞նչպես է, Մաքրուհի հանըմը նշանվեցա՞վ մի... Թորոս աղան գործ մը գտա՞վ, հավերը մորթեցի՞ք մի, ո՞ր մեկը հարցնեմ, չգիտեմ քի. քեզի տեսա նե կարծես քի զանձ մը գտա, վայ, Գամիկ աղա, վայ ինչո՞ւ համար օղի չես խմեր կոր Գամիկ աղա... մի խմեր ես զոռ չեմ ըներ, ինտոր կուզես նե, անանկ ըրե, քեյֆդ նայե, սանկ հանգիստ նստե, կաղաչեմ, կռնակդ բարձին տուր... կուզես նե, հենվե էնթարի մը բերեն, բապուչ բերեն... ասանկ հա, վայ, Գամիկ աղա, վայ, էհ ապրիս, ողջ մնաս:

Կնիկ, թող չես տար, որ քիչ մ'ալ ես խոսիմ:

— Տեր ողորմյա, բերանդ ով բռնած է... վայ, Գամիկ աղա, վայ, շատոնց է տեսած չունիմ տե, ուրախություննես ինչ ընելիք չեմ գիտեր կոր անոթի ես նե, նստինք սեղան:

Գեշ չըլլար;

Գամիկ աղան երկար շունչ մը կառնե:

— Աղջիկներ, պրիզոլան կրակի վրա դրեք, ձուկն ալ տապակեցեք...

— Ոհ, ոհ, ոհ, — ըսավ ինքն իրեն Գամիկ աղան, — ասկից վերջը կերակուր պիտի եփվի, ու պիտի ուտենք:

— Վայ, Գամիկ աղա, վայ, մինչև որ կերակուրը պատրաստվի, կրնանք քանի մը գավաթ օղի խմել, ախորժակնիդ կը բացվի:

Շնորհակալ եմ, Մարկոս աղան թող խմե:

Սեղանի զանգակը կը զարնե:

Կը ցատկե Գամիկ աղան և ճաշի սենյակը կիջնե: Չմոռնանք հոս հիշել, թե հարբուխը Գամիկ աղային ակռաներուն երեք քառորդը հափշտակած է:

— Պրիզոլային սա կտորն առեք, Գամիկ աղա, — կըսե Մարկոս աղան:

Գամիկ աղան կառնե միսն և սպառազինվելով դանակով ու պատառաքաղով՝ յուր բոլոր ուժովն կաշխատի հոշոտել միսն: Դանակը չկտրեր. ակռաներն, որ արդեն կորուսած են իրենց մեծամասնությունն, կարողություն չունին կտրելու. Գամիկ աղային անոթության վրա բարկությունն ալ կը բարդվի, և սակայն քաղաքավարությունը կը պահանջե, որ մսի խոշոր կտորներն առանց կոտրակելու կլլե և ցամաք հացով փորը կըշտացնելու աշխատի:

— Գամիկ աղաս, պրիզոլայեն չեք ախորժիր, — կը հարցնե տիկինը:

— Շատ կախորժիմ, կուտեմ կոր, կերա, շնորհակալ եմ, պիտի ուտեմ, հոգ մի ըներ:

Գինի հրամմեցեք:

Կը խմեմ, շնորհակալ եմ:

Գինին քացախ է, և քաղաքավարությունը թող չտար, որ հյուր մը տան տիրոջը հայտնե ասանկ ճշմարտություններ: Գամիկ աղան չուզեր խմել. տիկինը կստիպե:

Իմ խաթերս համար սա բաժակը պիտի խմես:

Գամիկ աղան կստիպվի խմելու:

Բաժակ կառաջարկեմ Գամիկ աղայիս կենդանությունը:

Գամիկ աղան կստիպվի խմել երկրորդ բաժակն ալ;

Մարդս ոչ միայն յուր թերություններն, այլ յուր սեղանին թերություններն ալ չտեսներ եղեր:

Գամիկ աղան անոթի փորանց քացախ կը խմե, մինչև որ վերջապես ձուկը կը բերվի սեղան: Դանակներն, պատառաքաղներն ու պնակները կը փոխվին: Գամիկ աղան պատառաքաղով ու դանակով ձուկ կերած չէ կյանքին մեջ, մատները կը գործածե անոնց տեղ: Բայց այսօր քաղաքավարությունը պարտ կը դնե վրան՝ տան տիրոջը սովորության սորվիլ: Ե՞րբ պիտի սորվի և ե՞րբ պիտի ուտե:

— Չեք ուտեր կոր, Գամիկ աղա, — կըսե Մարկոս աղան,— կարծեմ չախորժեցաք մեր կերակուրներեն:

Քավ լիցի: Կուտեմ կոր:

Ձուկը գեշ չէ եղեր:

Աղեկ է:

— Վայ, Գամիկ աղա, վայ: Միայն թե փուշը քիչ մը շատ է, ըստկելը դժվար է:

Ինձի համար բան մը չէ:

Մի քաշվիք, կաղաչեմ:

Հոգ մի ըներ:

Իմ կենդանությանս բաժակ մը չե՞ք խմեր:

— Ինչպե՞ս չխմե, քառասուն տարին անգամ մը մեզի կերակուրի եկավ տե... Վայ, Գամիկ աղա, վայ, իրավ որ շատ զոհ եղա ձեր գալեն:

Գամիկ աղան երրորդ անգամ կը կլլե քացախը:

Երրորդ կերակուրը կը բերվի. սերկևիլով միս: Գամիկ աղան բնավ չախորժիր այդ կերակուրեն, բայց ուտել ձևացնելով պանիր ու հացով կը կշտանա:

Կերակուրեն հետո խահվե կը բերվի, և Մարկոս աղան կսկսի, օգնությամբ տիկնոջն, չորս ժամ շատախոսությամբ գլուխն ուռեցնել իր հյուրին, որ կսկսի մրափել նստած տեղը:

Պառկելու համար սենյակ մը ցույց կը տրվի Գամիկ աղային: Հազիվ կը մտնեն անկողին, մլուկները վրան կը հարձակին և կստիպեն զինքն ելնել, ճրագ վառել և տեսնել, թե մլուկներն ոչ թե միայն անկողնույն մեջ բնակատեղի հաստատած են, այլ պատերուն վրա ևս կելնեն ու կիջնեն:

Գամիկ աղան մինչև առտու կը տքնի: Ի՞նչպես: Ամենուս հայտնի է, մարդ չկա, որ կենաց մեջ գոնե անգամ մը մլուկներրու բանակին մեջ չիյնա: Հետևյալ առավոտ Մարկոս աղան և տիկինն կը հարցնեին Գամիկ աղային.

Ինչպե՞ս անցուցիք գիշերը:

Շատ հանգիստ:

Մլուկ կա՞ր:

Չկար:

— Ինչ քաշեցի ես, մինչև որ մլուկները սատկեցուցի նե, — կը պատասխաներ տիկինը:

Մնաք բարով, ձեզի նեղություն տվի:

— Ատ ի՞նչ խոսք է, այս գիշեր ալ հրամմեցեք, դարձյալ հրամմեցեք Գամիկ աղա:

Գլխուս վրա:

Տունը բարև ըրեք:

Լավ: Մնաք բարով:

Երթաք բարով

— Վայ, Գամիկ աղա, վայ, — ըսավ տիկինը վերջին անգամ և դուռը գոցելով ներս մտավ էրկանը հետ:

Գալով Գամիկ աղային՝ հսկայաքայլ կերթար մռմռալով.

— "Գիտեմ ես, մարդուն տուն մնալն ասանկ է, մարդս յուր տունին մեջ միայն կրնա հանգիստ ըլլալ, զոռով օղի խմե, մինչև ժամը երեք անոթի փորանց քացախ խմե, բերնիդ համար կերակուր մի գտներ, ցամաք հացով կշտացիր, պարապ խոսքեր մտիկ ըրե, այնուհետև մինչև առտու քնատ մնացիր. ինչո՞ւ համար քաղաքավարության համար: Այս քաղաքավարության տակեն պարզապես էշություն կելլե կոր: Իրենց ըսելու էի. ես տասներկուքին կերակուրս կուտեմ. օղի չեմ խմեր, շատախոսությունե կձանձրանամ, քացախ խմելու սովորություն չունիմ, ձեր դանակները չեն կտրեր կոր միսաֆիրի համար անանկ փշոտ ձուկ չեն առներ, սերկեֆիլով միսն ուտվելու կերակուր չէ, ձեր սենյակը լեփ— լեցուն մլուկ է, չե՞ք ամչնար դուք, մինչև առտու չկրցի քնանալ, մեղք չէ՞ ինձի...շիտակը ձեզի չվայելցուցի, որ հյուր մ'ասանկ տանջեք, ավանակի տեղ դրիք զիս... ձեր ըրածը անկրթություն է, այո, այո և մեծ անկրթություն է... կամ այսպես վարվելու չէին հետս... կամ բացե ի բաց գրուցելու էի, թե ձեր ըրածը պարզապես էշություն է..."

Վայ, Գամիկ աղա, վայ...

***

— Միլիտոս աղա, ամոթ եղավ, գիշերը մը չկրցինք էֆենտիին երթալ: Այս գիշեր երթանք, քանի մը ժամ կը նստինք, կը դառնանք:

Գիշերը մը կերթանք, կնիկ:

Հետևյալ երեկոյին Միլիտոս աղան տուն կը դառնա և ձեթի հազարանոց շիշը, զոր Պոլիս լեցուցած էր, կնոջը կուտա:

— Միլիտոս աղա, ամոթ եղավ, այս գիշեր երթայինք էֆենտիին:

— Կնիկ, հոգնած եմ, այնքան մտմտուք ունիմ, որ զբոսնելու, ժամանակ անցունելու ախորժակ չունիմ:

Երրորդ երեկոյին Մելիտոս աղան տուն կը դառնա:

— Միլիտոս աղա, այ մեծ ամոթ եղավ, այս գիշեր անպատճառ երթալու ենք էֆենտիին, կտոր մը կը նստինք, կելենք, կուգանք:

Այս գիշեր թող մնա:

Չորրորդ երեկոյին:

— Միլիտոս աղա, այս գիշեր ալ չերթանք նե, ալ բարևը կտրելու է անոնց հետ:

— Կերթանք գիշեր մը, կնիկ, կերանք, հոգնած եկե, թող տուր, որ շունչ առնեմ:

— Կուզես գնա, կուզես՝ մի երթար, մեյ մ՚ալ բերանս չեմ բանար:

Եվ եղև երեկո հինգերերդ:

Միլիտոս աղա:

Ի՞նչ կա, ի՞նչ կա, ի՞նչ կա:

Ալ այս գիշեր պիտի երթանք, այնպես չէ՞:

Երթանք, երթանք, որ խապլիմ ձեռքեդ: Երթանք, ամեն գիշեր երթանք, լմնցա նե... էոֆ...

Կերակուրնիս ուտենք...

Երթանք:

Ելնենք...

Երթանք ըսինք ա:

Երթանք...

Քանի՞ անգամ կըսեն:

Քիչ մը նստինք...

Նստինք:

Ելնենք, զանք. ուրի՞շ...

— Կերակուրնիս ուտենք, շտկվինք, շտկռտվինք, դուն ալ շապիկդ փոխե, էֆենտիին տունը մեծ մարդեր կուզան, խաղք չըլլանք... լմնցա՞վ:

Գե՞շ կը խոսիմ կոր:

Գեշ չես խոսիր:

Քեզի համար կըսեմ կոր:

Ինձի համար կըսես կոր, լմնցուր:

— Սա բարկանալու բան մը չեմ տեսներ կոր ես. այս գիշեր երթանք ըսի. այս գիշեր երթանք ըսելը հանցանք է նե, մեղա:

— Բարկանալու բան չկա, իրավունք ունիս... լմնցնենք ալ, այս գիշեր պիտի երթանք:

Կը նայիմ, որ պարապ տեղը կը բարկանաս:

— Կը բարկանամ: Ամեն իրիկուն է աս. երթանք, այս գիշեր երթանք,

երթանք այս գիշեր, այս գիշեր չերթանք նե... Քանի օրվան կյանքս մնաց... կը լմնցնեն ալ:

Կինը կը պատրաստե սեղանը, կը բերե կերակուրները: Կուտեն, կելնեն սեղանեն, այցելության հագուստները կը հագնին և ճամփա կելնեն:

Էֆենտին, որու տունը կերթային Մելիտոս աղան ու կինն, Մելիտոս աղային կնոջ ազգականն է: Ընդհանրապես կանայք, որ հարուստ ազգական և աղքատ ամուսին ունին, իրենց հարուստ ազգականին վրայոք կը խոսին իրենց ամուսնույն շաբաթը առնվազն չորս անգամ երկու ժամ: Եվ ի՞նչ խոսքեր:

Ահավասիկ:

"Էֆենտիին գորգը ի՞նչ աղվոր է, սրահին անանկ զարդարված է, որ դրախտ կը նմանի. ինչո՞ւ քուկին բանթալոնիդ ձևն աղեկ չէ, էֆենտիին բանթալոնները միշտ ձևավոր են... էֆենտիին հիսուն շեքի փատ է առեր առջի օրը... էֆենտիին ոսկե շղթան որչափ հաստ ու երկայն է... էֆենտիին խոհարարը փոխեր է... էֆենտիին ամեն օր կառքով կերթա գործին գլուխը...

էֆենտիին կինը կոռն շրջազգեստ հագած էր, որ կը վառեր կոր կարծես...

Այս կանայք կը պնդեն նաև, որ գոնե ամիսը մեկ անգամ իրենց ամուսինները տանին իրենց հարուստ ազգականին տունը: Կերևի, թե կանայք փառավորվիլ, իրենց ամուսիններուն վրա ազնվականության կամ կրթության առավելություն մ'ունենալ կը կարծեն՝ իրենց հարուստ ազգականին տունը տանելով իրենց ամուսիններն և ըսելով լռելյայն.

— Տես, ես հարուստ ազգական ունիմ, դուն ի՞նչ ունիս, զիս հանդիմանելու մարդ ես, լաթերդ լվալու, կերակուր եփելու, տախտակ շփելու կնի՞կ եմ ես, ճանչցիր արժեքս և ըստ այնմ վարվե հետս: Եվ եթե նորեն զիս տանջես, գիտցած եղիր, որ ամեն բան կպատմեմ էֆենտիին և պատժել կուտամ զքեզ:

Կերևի դարձյալ, թե Մելիտոս աղան ալ այս՝ լռությամբ արտասանվելիք խոսքերը լռությամբ չլսելու համար էր, որ չէր ուզեր երթալ էֆենտիին տունը, բայց խոսքը, որպես կսեն կարճ կապելու համար հավանած էր երթալու և ճամփա ելած էր:

Հետևինք ուրեմն իրենց:

— Գիտցած ըլլաս, որ շատ չեմ նստիր, — ըսավ Մելիտոս աղան կնոջն, երբ մոտեցան էֆենտիին տունը:

Բախեցին և բացվեց:

— Հրամմեցեք, տիկին, — ըսավ հարգանոք տանն սպասավորն և տիկնոջ թևը մտնելով սանդուխեն վեր հանեց:

Մելիտոս աղան սանդուխին առաջին աստիճանի վրա նստեցավ և հանեց յուր ոտքի ամանները, որ քանի մը կարկտանք ունեին:

Հետո վեր ելավ՝ զգացված սպասավորի կողմեն իրեն եղած պարզ ընդունելութենեն և մտավ ընդունելության սենյակը;

Էֆենտին քանի մըբարեկամաց հետ թուղթ կը խաղար: Մելիտոս աղային տիկինն էֆենտիին տիկնոջը քով նստած էր: Վահրամն ալ, էֆենտիին տղան, հազիվ երկու տարեկան, սենյակին մեջ կը պտտեր վանկեր շինելով:

Երբ Մելիտոս աղան ներս մտավ էֆենտիին կինը գլուխը կես սանթիմետրո ծռեց, որպես թե հյուրին բարևն առնելու համար. էֆենտին չտեսնել կեղծեց Մելիտոս աղան:

Մելիտոս աղան քիչ մ'ալ զգացվեցավ և մռմռաց քթին տակին. "Երթանք. երթանք, ահա եկանք":

Էֆենտիին բարեկամներն քաջալերված անշուշտ այն պաղութենեն, զոր էֆենտին ցույց տվավ Մելիտոս աղային, սկսան իրենց մեջ խոսիլ.

Ի՞նչ անկիրթ մարդ է:

Ո՞վ է այդ վայրենին:

Կոշիկները վարը ձգեր է:

Անասուն կը նմանի:

Մելիտոս աղան կիմանա այս խոսակցությունն, բայց քաղաքավարությունը կը պահանջե, որ կլլե այդ ծանր խոսքերն, որովհետև ցած ձայնով կարտասանվին անոնք, ըստ քաղաքավարության ոչ ոք իրավունք ունի բողոքել իրեն ուղղված այն հայհոյությանց դեմ, որք առաջին ձայնով չեն երգվիր: Թղթե խաղը կը շարունակվի. էֆենտին մերթ ընդ մերթ հետևյալ հարցումները կուղղեն Մելիտոս աղային տիկնոջ.

Ի՞նչպես եք, նայինք:

Աս ո՞ւր է, չեք երևար կոր:

Հանգի՞ստ ես:

Մելիտոս աղան, որ բազմոցի վարի կողմը նստած էր և ամեն պատրաստություն տեսած էր կանխավ էֆենտիին կողմե գալիք հարցմանց քաղաքավարությամբ և ակնածությամբ պատասխանելու համար, անկ ուներ էֆենտիին բարևին գալստյան:

Մելիտոս աղային կինն երբեմն — երբեմն ակնարկություն կըներ էրկանն, ակնարկություն, որ կը թարգմանվեր այսպես.

Ինչո՞ւ միս—մինակ նստեր ես, քովերնիս չգա՞ս:

Եվ Մելիտոս աղան այս ակնարկության կը պատասխաներ այնպիսի նշաններով, որ կը նշանակեին, գետնին տակը անցնիս, որ բռնությամբ հոս բերիր զիս:

Եվ ահա Վահրամն բառեր թոթովելով Մելիտոս աղային կը մոտենա, Մելիտոս աղային գիրկը ելնել կուզե: Մելիտոս աղան կը գրկե Վահրամն և տանտանա, տանտանա, տանտանա, տանի:

Հայրական սեր... Ի՞նչպես հայրերու կամքը կը ջախջախեն:

Էֆենտիին Մելիտոս աղային գրկացը մեջ Վահրամին խաղալը տեսնելով՝

Օ, օ, — ըսավ Մելիտոս աղա՞ն ալ հոս է եղեր: Ե՞րբ եկավ, չիմացա գալը, ինչո՞ւ մեկ ծակը քաշվել նստեր ես, չմոտնա՞ս:

— Ես ալ հոս եմ, տիկնոջ հետ եկա, գալս չիմացաք, հոս հանգիստ եմ, — կը պատասխանե Մելիտոս աղան:

— Իրավ, ինչո՞ւ մինակ նստեր եք, մեր քովը եկեք, նստեցեք, — կըսեն էֆենտիին բարեկամներն, որ քիչ մ'առաջ անկիրթ և վայրենի պատվանուններով պատված էին Մելիտոս աղան:

— Վահրամը Մելիտոս աղային պեխերը կը քաշե, մատն անոր աչքին կը խոթե և կուզե, որ տանտանա ընե զինքը:

Մելիտոս աղան կը հոգնի, բայց չի կրնար գետինը ձգել, որովհետև թող չեն տար:

Ի՞նչպես:

— Շատ բան, շատ բան, Վահրամը որքան կը սիրե կոր Մելիտոս աղան չնայի՞ս անկե բաժանվիլ չուզեր կոր, — կըսե Վահրամին մայրը:

— Բոլոր տղաքները կսիրեն Մելիտոս աղան, — կը պատասխանե Մելիտոս աղային կինը:

— Ձանձրություն տվավ քեզի, գետինը ձգե, Մելիտոս աղա, — կավելացնե Վահրամի մայրը:

— Ձանձրություն չը տար ինձի, — կը պատասխանե Մելիտոս աղան, որ թևերն վերցնելու կարողություն չունի:

— Տեր ողորմյա, ինչո՞ւ ձանձրություն տա... տղու մը ձանձրություն ի՞նչ պիտի ըլլա, արդեն Մելիտոս աղան խենթ կըլլա տղայոց համար: — Ես խենթ կըլլամ տղայոց համար, — կը կրկնե Մելիտոս աղան հևալով:

Վահրամը ցատկել, ցատկոտել կուզե:

Մելիտոս աղան կը զոհացնե Վահրամի կամքը:

— Հոգնեցար, Մելիտոս աղա, վար ձգե, — կըսե նորեն Վահրամին մայրը:

— Չհոգնեցա, հոգ մի ըներ, տիկին, — կը պատասխանե Մելիտոս աղան շնչասպառ և մեկուսի կանիծե ժամն, հորում էֆենտիին տունն ոտք կոխեց:

Խահիվե կբերեն:

Մելիտոս աղան առիթեն օգուտ քաղելովկը Վահրամը քովը կնստեցնե:

Վահրամը կսկսի լալ բարձրաձայն: Մելիտոս աղան կստիպվի նորեն գրկել Վահրամն և խահիվեն այնպես խմել:

Վահրամ հանգիստ չկայնիր, կը շարժի և խահիվեն կը թափվի Միլիտոս աղային շապիկի վրա:

Վահրամ, Վահրամ, — կըսե մայրն, — ատ ի՞նչ ըրիր:

— Վնաս չունի, վնաս չունի, — կը պատասխանէ Մելիտոս աղան՝ ի ներքուստ ակռաները կրճտելով:

Միջադեպը կը փակվի:

Վահրամ կուզէ Մելիտոս աղային կռնակն ելնել:

Կը հնազանդի Մելիտոս աղան:

Վահրամ կը կամի, որ Մելիտոս աղան ոտք ելնէ:

Կը հոժարի Մելիտոս աղան:

Վահրամ կը փափաքի, որ Մելիտոս աղան քալէ:

Մելիտոս աղան կը համառի:

Վահրամ կսկսի պոռալ:

Սըվոր ձայնը կտրեցեք, — կը պոռա էֆենտին:

Եվ Մելիտոս աղան կսկսի քալել:

— Շատ բան, շատ բան, չթողուց մարդն, որ քիչ մը նըստի, — կը մոմռա էֆենտին:

— Արդեն Մելիտոս աղան ալ կախորժի կոր տղաքներեն, էֆենտի, — կըսէ Վահրամին մայրը:

Կախորժի կոր, բայց հոգնեցավ:

— Այսչափ ալ խենթենալ տղայոց համար, զարմանալի բան, — կըսէ ինքն իրեն էֆենտիի տիկինը: Վահրամը քեզի տանք, առ գնա:

Կլլա, — կը պատասխանէ Մելիտոս աղան ճանապարհորդելով սենյակին մեջ:

Հոգնեցար նէ, ձգէ, Մելիտոս աղա:

— Ոչ: (Մեկուսի) Աներեսներ, չե՞ք հասկնար կոր, թե հոգնած եմ:

— Աղեկ, ես ըլլայի նէ թներս կը բրդեին... Մելիտոս աղան ուժով է եղեր, շիտակը կը զարմանամ կոր:

Մելիտոս աղան, որուն, ինչպես ըսինք, ուսերուն վրա բազմած էր Վահրամ, որոտման ձայներ կլսէ: Կարևորություն չտար, որովհետև քաղաքավարության հակառակ է ամեն բան ըսելը: Քիչ մը ետքը ծոծրակին վրա տաք տաք անձրև գալը կզգա: Բարկութենէ կը կատղի, դուրս կը տանի բեռը և սպասուհիվույն կը հանձնէ:

Վահրամ աշխարհ տակնուվրա կընէ, կը պոռա, կը կանչէ, կուլա: Սպասուհին իր պարտքը կը կատարէ՝ հարկ եղած լաթային փոփոխություններ մուծանելով Վահրամին լաթերուն մեջ:

Վահրամ բարկացած է սակայն, ք ը հ կըսէ Մելիտոս աղային, կապտակէ զայն պզտիկ թաթիկներովը, Մելիտոս աղան թող չտար, սպասավորները կը հրավիրեն Մելիտոս աղան քանի մը ապտակ առնելու, որպեսզի տղան լռէ, եթե ոչ, կըսեն էֆենտին տղուն ձայնը առնելուն պես կը սրդողի:

Վահրամ կապտակէ Մելիտոս աղան և կուզէ, որ խոհարարն ալ քանի մ՛ապտակ հանէ Մելիտոս աղային: Եվ խոհարարը կստիպվի թեթև կերպով ապտակել Մելիտոս աղան: Բայց վերջապես խոհարարի ապտակն, որքան էլ թեթև ըլլա, կերևի, թե ծանր եկած է Մելիտոս աղային, որ քանի մ'ապտակ առնելեն ետքը ըսավ.

Ատ ի՞նչ է, կը ցավեցնես կոր:

Տղա՞ ես, ապտակ կըսեն անոր: Տղան լռեցնելու համար սանկ երեսդ կը քերեմ կոր: Թող տուր, Աստվածդ սիրես, քանի մը անգամ ալ զարնեմ, որ լոե սա չարաճճին:

Տիկինին իմաց տվեք, ես կերթամ կոր:

Դեռ կանուխ է, այս ատեն կերթվի՞:

— Մելիտոս աղային համբերությունը կը հատնի, վեր կելլե, դուռը կը բանա, սենյակը կը մտնե ու՝ «ներեցեք, ձեր հրամանովն երթանք, որովհետև վաղը առտու կանուխ պիտի ելնենք», — կըսե:

Մելիտոս աղա, կանուխ է դեռ, — կը պատասխանե էֆենտիին կինը:

Ոչ, ժամանակ է:

Դուք գնացեք, տիկինը թող նստի քիչ մ'ալ:

Կաղաչեմ:

Տիկինը թող չե տար, այս գիշեր թող հոս մնա:

Դուն գնա, ես վերջը կուգամ, — կըսե կինը:

— Շատ աղեկ, — կը պատասխանե Մելիտոս աղան շեշտով մը, որու հավատարիմ թարգմանությունն է:

Առնելիքդ ըլլա:

— Եվ Մելիտոս աղան տուն կդառնա և կսպասե տիկնոջը գալստյան, որ վրեժը լուծե:

Երեք ժամ հետո տուն կուգա կինն ու վեր ելլելով՝

— Մելիտոս աղա, զարմանալի մարդ մ'ես, տեղ մը չես կրնար նստիլ: Ինչո՞ւ աճապարեցիր:

Ինչո՞ւ աճապարեցի:

Քիչ մ'ալ նստեիր, մեկտեղ կուգայինք:

Հոգիս բերանս բերին...

Գե՞շ եղավ, ժամանակ անցուցինք քիչ:

— Անցուցի՞նք, տղան խաղցուցինք, խահվեն վրաս թափեցին, իշու պես ուսերուս վրա առի Վահրամիկ պեյը և պտըտցուցի, վրաս մնտռեց, վերջն ալ ապտակ կերանք... ա՞ս էր ժամանակ անցնել ըսածդ, ի՞նչ անկիրթ մարդ են եղեր ասոնք, ատա՞նկ կը մեծցնեն տղա: Եթե ես անքաղաքավար մեկն ըլլայի, քանի մը խոսք կըսեի իրենց, անպիտաններ...

Էշությունն իմս էր ա... ինչ որ է, եղավ տուներիդ հյուր եկած եմ, չըսե՞ք սպասավորներուդ, որ տղան վար տանին...

Դուն ալ երկար կըսես, Մելիտոս աղա:

— Երկա՞ր մը կըսեմ. տուներնին հյուր գացած եմ, նստեցնեն զիս, «ի՞նչպես ես, աղե՞կ ես, Մելիտոս աղա» ըսեն, ես ալ՝ «Փառք Աստուծո, աղեկ եմ, դուք ինտո՞ր եք» ըսեմ, «շնորհակալ ենք», ըսենք «սանկ նստե» ըսեն «հանգիստ եմ» ըսեմ, ատոնց ո՞րը եղավ: Գացի, չգացի, տղան ձեռքս տվին, և չորս ժամ շարունակ տղան կրեցի... ավանակ մը գտան ա, հոգերնի՞ն է... ինչ ըսեմ ես իմ բնավորությանս, որ երեսս չբռներ, չեմ խոսիր ու ետքը ինքզինքս կուտեմ, ազնվականություն չունին:

Մի ըսեր ատանկ խոսքեր, էֆենտիին ականջը կերթա:

Թող երթա:

Կը բարկանա:

Թող բարկանա:

Ինչո՞ւ բարկանա... չտեսա՞ր գորգը, մեծ հայելիները:

— Ինչո՞ւս պետք, գորգ ունեցողը, , մեծ հայելիներ ունեցողն անկի՞րթ ըլլալու է անպատճառ:

— Ըսել կուզեմ, որ ատանկ մեծ մարդոց հետ իյնալն աղեկ չէ: Արդեն եղածն ի՞նչ է որ... տղան քիչ մը խաղցուցիր... Ի՞նչ վնաս ունի... մեկ բանը կառնես, կանցնիս, դուն ալ... ու մուր կնես:

— Մելիտոս աղան չպատասխաներ, բայց մինչև առավոտ չկրնար քնանալ բարկությանը պատճառով:

***

Աթանաս աղան կոշտ մարդ մը ճանչված է:

Բայց գիտե՞ք Աթանաս աղան ինչու համար կոշտ մարդ մը ճանչված է: Աթանաս աղային կոշտ մարդ մը ճանչված ըլլալուն գլխավոր պատճառը սա է, թե Աթանաս աղան չհաճիր, որ երիտասարդները, մանավանդ իրեն անծանոթ երիտասարդները չափազանց մտերմաբար վարվին յուր կնոջը հետ և հոժարություն ունենան ամեն առթիվ ծառայություն մատուցանել յուր կողակցին:

Պետք չէ ասկից հետևցնել սակայն, թե Աթանաս աղան նախանձոտ է կամ Աթանաս աղան կնոջը հավատարմությանը վրա կասկած ունի, բնավ երբեք: Աթանաս աղային, վերջապես, հաճո չթվիր, երբ երիտասարդ մ’իրմե ավելի անձնանվիրություն ցույց կուտա յուր տիկնոջը: Պատճա՞ռ: Թերևս ինքն ալ չգիտեր և թերևս կը վախնա իսկ պատճառ մը փնտռելու:

Եվ եղավ, որ գիշեր մը քանի մ’ ընտանիքներ այցելություն ըրին Աթանաս աղային: Աթանաս աղան, այր հյուրասեր, ընդունեց հյուրերն այն պատվով, որուն արժանի էին: Քանի մը վայրկյան հետո դուռը զարնվեցավ, բացվեցավ, և քսանչորս տարեկան երիտասարդ մը, Աթանաս աղային անծանոթ, ներս մտավ սենյակեն և երկու ծունկերն իրարու կցելով, գլուխը մինչև գետինը խոնարհեցնելով բարևեց ներկաները և թիկնաթոռի մը մեջ ընկղմեցավ՝ ոտք ոտքի վրա դնելով: Այս երիտասարդն, որպես վերջին հասկցվեցավ, Աթանաս աղային տունն այցելող

հյուրերուն միույն տունը գնացեր էր և անկից տեղեկանալով, թե Աթանաս աղային տունը գնացել էին, պահապանի մ'առաջնորդությամբ Աթանաս աղային դուռը զարկեր էր: Գիծ մը քաշենք հոս: Հորեղբայր մ'ունեի, որ կըսեր. «Մարդիկ կան, որ եթե քիչ մը բարձրեն նվագարանի ձայն մը լսեն, կը հարցնեն. – ո՞ր կողմն է երկնից սանդուխը»: Եվ այսօր իսկ շատ կան այս կարգի մարդիկ, որոնց դասուն կվերաբերեր նաև մեր երիտասարդը:

— Փակենք գիծը: Արդ, հարկ չկա ըսելու, թե Միհրան — այսպես կանվանվեր երիտասարդը — առաջին անգամն էր, որ կը մտներ Աթանաս աղային տունը, բայց սենյակը մտնելուն պես այնպիսի եղանակով մը սկսավ վարվիլ, որ կարծես թե Աթանաս աղային և անոր տիկնոջը հետ քառասուն տարիե ի վեր կը տեսնվեր: Այսպես, հազիվ քանի մը վայրկյան մնաց թիկնաթոռի վրա և ահա ոտք ելավ և մոտենալով Աթանաս աղային տիկնոջն, որ աթոռի մը վրա նստած էր՝

Կաղաչեմ , տիկին, — ըսավ, — թիկնաթոռի վրա նստեցեք:

Հոգ չէ, հոս աղեկ եմ:

Շնորհակալ եմ:

— Ոտվընիդ պագնեմ, խոսքս մի կոտրեր, ձեր փափուկ մարմինը փայտի վրա հանգչելու սահմանված չէ:

— Պարոն, — առավ անդիէն Աթանաս աղան, — տիկինը հոն հանգիստ է, դուք նստեցեք ձեր թիկնաթոռը և անհանգիստ մի ըլլաք տիկնոջ համար:

Այո, այո, հոս շատ աղեկ եմ, — հարեց տիկինը:

— Ոչ, ոչ, — ըսավ Միհրան, — կարելի չէ, որ հոս թողում զձեզ, — և Աթանաս աղային կինն թևեն բռնելով առավ, թիկնաթոռը տարավ և հոն նստեցուց:

Աթանաս աղան չհաճեցավ այս արարողության վրա, բայց քաղաքավարությունը խնդրեց, որ յուր տհաճությունն ինքը միայն զգա ու գիտնա:

Աթանաս աղան հնազանդեցավ քաղաքավարության և բերանը չբացավ, սակայն կը ջանար հնարք մը գտնել իմանալու համար գոնե, թե ով էր այն երիտասարդն և ինչու համար եկած էր:

Աթանաս աղային այս հետաքրքրությունը բարեբախտաբար չուշացավ փարատվելու: Հյուրերեն տիկին մը տեսնելով, որ Միհրան Աթանաս աղային հետ որպես ծանոթի մը հետ կը վարվեր, հարցուց անոր.

Միհրանիկ, շատո՞ւնց կը ճանչնաք Աթանաս աղան:

— Ես չեմ ճանչնար զինքը, — պատասխանեց անմիջապես Աթանաս աղան:

— Ես ալ չեմ ճանչնար, — հարեց Միհրան, — բայց ուրախ եմ, որ ձեր շնորհիվ ճանչցա: Ձեզի գնացի, տիկին, և սպասավորեն իմացա, որ հոս եկեր եք, ես ալ եկա՝ մեր բարեկամներուն բարեկամները մեր ալ բարեկամներն են ըսելով:

— Աթանաս աղա, — հարեց տիկինը, — Միհրանիկը եղբորս տղան է: Միհրանիկ, Աթանաս աղայի հետ եղբոր պես կը տեսնվինք, տիկինն ալ Աթանաս աղային տիկինն է, ազնիվ տիկին մ՚է, Աթանաս աղան ալ բարի մարդ մ՚է:

Շատ աղեկ, — պատասխանեց Աթանաս աղան:

— Ինքզինքս բարեբախտ կը համարիմ Աթանաս էֆենտիին և անոր տիկնոջը հետ ծանոթանալուս համար, — ըսավ Միհրան և գրպանեն ծխախոտի տուփն քաշելով՝ սիկար մը հրամցուց Աթանաս աղային կնոջը:

Շնորհակալ եմ, չեմ գործածեր:

Տիկին, իմ ծխախոտս առաջին տեսակն է:

Շնորհակալ եմ:

Առեք, կաղաչեմ:

Բայց չեմ ծխեր:

Եթե կուզեք, ավելի բարակ շինեմ:

Բարակության վրա չէ, սովրած չեմ...

Մի մերժեք:

Չեմ ուզեր:

Չէ մի ըսեք:

— Պարոն Միհրան, տիկինը սովորություն չունի սիկար ծխելու, կաղաչեմ, մի ստիպեք զինքը...

— Աթանաս աղա, շատ մեղմ է իմ ծխախոտս, առեք, տիկին առեք, Աթանաս աղա, կաղաչեմ, հրաման ըրեք ձեր տիկնոջն, որ չմերժե:

Կարծեմ՝ ըսինք, թե չգործածեր:

— Կը խնդրեմ, ըսեք, որ առնե, ձեր խոսքը չմերժեր...ծխախոտս ընտիր է... մասնավորապես տիկիններու համար է... անուշ է... կաղաչեմ, հրաման ըրեք, որ առնե:

Տիկինը խնդիրը չերկարելու համար կառնե սիկարը:

Միհրան քիչ մը ներկայից խոսակցությանը կը խառնվի, հետո հայելիին առջևը կերթա և ձեռքով մազերը կը շտկե: Սենյակին մեջ փոքրիկ պտույտ մը կընե՝ Ֆաուսթեն քանի մը կտորներ մռմռալով և նորեն կը դառնա Աթանաս աղային տիկնոջը.

— Ահ, տիկին, — կըսե, — կարմրցեր եք, եթե նեղվեցաք, պատուհան մը բանամ:

Հարկ չկա:

— Կաս-կարմիր կտրեր եք, տիկին, կը քրտնիք, վերջը կը մրսիք, հիվանդ կըլլաք:

Հոգ մի ըրեք:

Չէ, չէ, պիտի բանամ պատուհան մը:

Չուզեր:

Տիկինը նեղություն կըզգա Միհրանին ընթացքին:

Աթանաս աղան, որ բնավ ունկն չդներ հյուրերի խոսակցության և միայն Միհրանը կը դիտե, կը նեղվի նույնպես: Բայց ճար չկա, համբերելու է, մինչև որ վտանգն անցնի:

Միհրանը կը շարունակե յուր ընթացքը:

Չըլլա՞, որ գլուխնիդ ցավի, տիկին:

Բան մը չունիմ, ճանըմ:

— Քովս աղեկ լավանտա ունիմ, տամ քիչ մը ու շփեցեք ձեր ճակատը:

Գլխու ցավ չունիմ:

— Պարոն Միհրան, չգա՞ս քովերնիս նստիլ ու խոսելու, հոգնեցաք պտտվելով, — կըսե անդիեն Աթանաս աղան:

— Գամ պիտի, տիկինն անհանգիստ է, ու քիչ մը լավանտա տամ, կըսեմ: Բացեք քիչ մը, տիկին, ձեր թաշկինակը, սանկ քիչ մը դնեմ, քանի մը կաթիլ, հոտվըտացեք, քիչ մ'ալ քթերնիդ քաշեցեք: Ասոր հոտը շուտ չելլար, ամիսնորով կերթա: Ինչ անտանելի ցավ է գլխու ցավն, իմ գլխուս եկած է տե, գիտեմ:

Տիկինն հնազանդելով ակնարկին, զոր Աթանաս աղան ըրավ իրեն, տեղեն կելնե և էրիկանը քով կերթա կը նստի:

— Ես կերթամ հորաքույր, — ըսավ Միհրան բարկությամբ այն կնոջը, որ քիչ մ'առաջ ներկայացուցած էր զինքն Աթանաս աղային:

Ինչո՞ւ:

Վերջը կըսեմ:

Ի՞նչ եղար մեկեն ի մեկ, Միհրանիկ:

Էնսյուլթ...Էնսյուլթ... ես Էնսյուլթի չեմ կրնար դիմանալ:

Ի՞նչ ըրին քեզի, պարոն Միհրան:

— Տիկինին լավանտա պիտի տայի, որ ճակատը շփե և հոտվըտա... տիկինը մերժեց և ամուսնույն քովը նստեցավ... ասկից ավելի ինչ ծանր Էնսյուլթ կրնալ ըլլալ զգայուն սրտի մը:

— Ես ասոր համար չգնացի և եթե լավանտան մերժեցի, պատճառնայն էր, որ գլխու ցավ չունեի, — պատասխանեց տիկինը:

— Դուն ալ կնայիմ քի, խենթ ես, պարոն Միհրան, — պոռաց անդին հորաքույրը:

Ամենքը խնդացին:

Միհրանին հորաքույրն, որ Միհրանին քով նստած էր բազմոցի մը վրա, հրավիրեց Աթանաս աղային տիկինն, որ յուր քով նստի: Տիկինն ընդունեց հրավերը, բայց տեղը քիչ մը նեղ էր: Ամուսիններ կան, որ չեն ուզեր իրենց կանանց նեղ տեղ նստիլը: Ուստի՝

— Անհանգիստ եղաք հոն, պարոն Միհրան, — պոռաց Աթանաս աղան տեղեն ելնելով, — եկեք իմ տեղս նստեցեք:

— Կաղաչեմ, Աթանաս աղա, ոտքդ պագնեմ, արևդ սիրեմ, անհանգիստ չեմ, շատ աղեկ եմ հոս, նստեցեք տեղերնիդ:

— Իրավ, նեղեցի զձեզ, պարոն Միհրան, — հարեց Աթանաս աղային տիկինը:

— Ամեննին, Աստված վկա, որ չնեղեցիք ինձի, հորս հոգվույն վրա կերդնում, որ շատ հանգիստ եմ, կենձության խերը չտեսնամ, թե որ հանգիստ չեմ, ինչո՞ւ պարապ խոսքեր կընեք:

Աստվածդ սիրես, նստե տեղդ, Աթանաս աղա, չէ նե, մեյ մ՚ալ երեսդ չեմ նայիր:

— Ինչո՞ւ սիրտ կը հատցնենք, Աթանաս աղա, նեղվի նե, թող ելլա, տղա չէ յա:

— Իրավ որ նեղեցի, ես կելլամ, — ըսավ Աթանաս աղային կինն ու ելավ էրիկի քովը նստավ:

— Տեսա՞ք մի, դարձյալ էնսյուլթ է այս ինձի, — պոռաց Միհրանը:

— Աթանաս աղա, իրավ որ այս քիչ մը էնսյուլթ է, — կրկնեցին քանի մը տիկիններ:

Քանաբեի վրա երեք հոգի նստեր էին, տեղ չկար, տիկինը մազ մնաց, որ Միհրանի ծունկին վրա պիտի նստեր և նեղեր պիտի տղան:

Թող նեղեր, քեզի չպիտի նեղեր ա, անոր ծունկին վրա պիտի նստեր, տղա չէր ա, թող ելներ, թե որ ծունկը ցավեր... ասանկ բաներ չվայելեր, Աթանաս աղա, ձեր ըրածն ամենուս ալ կը դպչի, ներեցեք:

Բայց բան մը չըսինք, կարծեմ:

— Կարծեմ, թե էնսյուլթի բան մը չեղավ, — ըսավ Աթանաս աղային տիկինն՝ ուժ տալով յուր էրկանը:

— Եթե չըրիք, կուզաք նորեն քովս կը նստիք, որ մենք ալ հասկնանք, թե էնսյուլթ ըրած չենք, — ըսավ Միհրանին հորաքույրը:

Հարկ չկա, ալ երթանք պիտի:

Տիկին, քիչ մը նստեցեք, որ սա խոսքը գոցվի:

Տիկինը կերթա, քանի մը վայրկյան կը նստի՝ այս անգամ Միհրանին հորաքրոջը տալով մարմնույն ծանրության մեծ մասը:

— Այսքան ալ լրբություն կենացս մեջ տեսած չունեի, — ըսավ Աթանաս աղան ինքնիրեն:

Էնսյուլթի խնդիրն ալ վերջացավ, — ըսավ Միհրան և տեղեն ելավ:

Քանի մը տիկիններ իրարու փսփսացին.

— Աթանաս աղային համար կոշտ է կըսեն նե, իրավունք ունի եղեր:

Էհ, երթանք, — ըսավ Աթանաս աղան և ոտքի ելավ:

Տիկինն ալ մնաք բարևները լմնցուց, էրիկ կնիկ դուրս ելան:

Տեսա՞ր մի խայտառակությունը:
Ինչո՞ւղ է պետք:
— Վրան նստելու պես կընես կոր տե, տեղեն չերերար կոր սրիկան:
Չէ, ճանըմ, չէ, սրիկա չէ, միամիտ է:
Միամի՞տ է, լրբին մեկն է:
Տեսա՞ր, որ անանկ չէ գործը:
Անանկ չէ տե, ի՞նչպես է գործը:
— Ես անանկ միամտութենեն չեմ ախորժիր և մեյ մ'ալ դուռ չեմ բանար այդ անառակին:
Արդարև, կան կանայք, որ միամտության կը վերագրեն ամեն ավելի հստակ և զուտ անառակությունները, բայց Աթանաս աղայի տիկինն կանանց այդ դասուն չվերաբերիր, միայն թե առանց գիտնալու՝ թեթև հաճույքներ կը պատճառե երբեմն ուրիշներուն, բայց երբ համոզվի, թե դիմացինին միտքը ծուռ է, անմիջապես կսկսի զգուշանալ, որպես այս անգամ կը համաձայնի Աթանաս աղայի՝ յուր տանը դռները փակել Միհրանին,
որ դեռ կը շարունակե շաբաթը երկու երեք անգամ անոնց դուռը զարնել: Աթանաս աղան որոշած է, կսեն, Միհրանին գլուխ ի վար ջուր թափել պատուհանեն, եթե օր մ'ալ իրենց դուռն ափ առնե: Եվ տուշը ոչ էնսյուլթ է և ոչ ալ քաղաքավարության հակառակ:

ԱԶԳԱՅԻՆ ՋՈՋԵՐ

ՀԱՌԱՋԱԲԱՆ

Որչափ ալ բժիշկները վկայած ըլլան, թե ծիծաղն շատ օգտակար է մարսողության, Լիկուրգոս ծաղու աստվածներու արձաններ դնել տված ըլլա սեղանատուներու մեջ և վերջապես Պղուտարքոս կերակուրներու առաջին համեմն կոչած ըլլա զայն, մենք, այս հրատարակությունն ընելով, երբեք նպատակ ունեցած չենք ոչ փափուկ ստամոքսի տեր ընթերցողներուն մարսողությանը ծառայել և ոչ ալ քիչ կերակուր ուտողներուն ախորժակը բանալ, եթե երբեք գործս պիտի հաջողի քանի մը ժպիտ քաղել յուր ընթերցողներեն:
Մենք այս հրատարակությամբ աշխատած ենք մեր ազգին մեջ

գտնված երևելի անձերուն կենսագրություններն ընելով՝ անոնց թերություններն ցույց տալ այն անաչառությամբ, որ կենսագրե մը կը պահանջվի՝ առանց սակայն դուրս ելնելու հեգնաբանության սահմանեն:

Կը համարձակինք ըսելու, որ զոք վիրավորել ուզած ենք և ներկայացուցած ենք անձերն այնպես, ինչպես որ են և ոչ թե ինչպես որ կուզեն իրենք և եթե ընթերցողն տեղ տեղ ծանր կետերու հանդիպի՝ անոնց պատասխանատուն մենք չենք, ո՞ր հայելին զաճաճն Աքիլլես կանդրադարձնե, ո՞ր լեռն սուրբը սատանա կը կրկնե:

Կը խոստովանինք, որ ծննդյան թվականներուն մասին պետք եղած ճշմարտությունը չկրցինք պահել, վասն զի օրինավոր տոմարներու պակասության պատճառավ քառասուն տարիքն անցած մարդ չգտանք և ստիպվեցանք անոնց յուրքանչյուրին տալ այն տարիքն, զոր ունենալ կը թվին:

Հուսալով, որ ընթերցողն ներողամիտ ոգով պիտի նայի գործույս թերություններուն՝ մենք ինքզինքնիս վարձատրված պիտի համարինք, երբ տեսնինք, որ մեր աշխատությունն յուր նպատակի հասած է:

Հ. Հ. Պ.

ԽՈՐԵՆ ԳԱԼՖԱՅԱՆ

Խորեն եպիսկոպոս, աստվածաբան, կատակերգակ, ազգային երեսփոխան, բանաստեղծ, 1861-ին Գալֆայան, 1870-ին Նար—Պեյ, 1879-ին Լուսինյան – մինչև նոր տնօրենություն – ծնավ Կ. Պոլիս Սամաթիո թաղին մեջ 1841թվականին: Ծնավ գիշերը երեք տեղ հրդեհ պատահեցավ. Արնավուտ—գեղ, Ախրզաբու և Գասըմբաշա:

Խորեն չուշացավ հայտնել, թե յուր ծնունդովն բանաստեղծ մ'ալ ավելցավ ազգին և ոչ թե փորձանք, ինչպես կը գուշակեին քանի մը հեռատես մարդեր. վասն զի երբ մանկաբարձն անոր ոտներուն վրա դիտողություն կըներ, տասն և վեցտոյան ոտանավորներն միշտ այսպես կը վերջանան, պատասխանեց երախա բանաստեղծն, որ ազգային քերթող պիտի հորջորջվեր օր մը մեր ազգային համբակ... սափրիչներեն: Ութ օր վերջը կատարվեցավ յուր մկրտության հանդեսը: Կնքահայրն Ամբակում դրավ անոր անունը, սակայն երախան տուն երթալուն պես փոխեց զայն ու Խորեն դրավ:

Նախազգացմամբ գուշակեց կարծես, թե ձեռք պիտի քաշեր օր մը այս աշխարհիս վաղանցուկ հաճույքներեն, թե յուր կյանքն Աստուծո ծառայության նվիրելով մեծ քաղցրություն պիտի զգար: Ուստի, օր մը աչքերն վեր առնելով կնկան մը երես չէր նայեր... բազմության մեջ, փութանք ավելցնել, թե մեկե մը տեսնվելու կասկած կամ երկյուղ չունեցած ատենն ալ չէր նայեր կիներու... եթե ծեր ըլլային. և հետևապես, կուսակրոն ըլլալու համար ամեն տրամադրություն ուներ: Հազիվ չորս տարեկան կար, դրացվույն տղաներն յուր տունը կը հրավիրեր և անոնց հետ կրոնական խաղեր կը խաղար, նման այն խաղերուն, զորս երբեմն խաղալու չմոռնար: Աթոռի մը վրա բազմելով քարոզ խոսելու համար մեծ փափաք ուներ, իսկ երբ այդ աթոռը պատրիարքական ըլլար՝ հոգին կուտար:

Հայրը տեսնելով, որ տղան վարդապետ ըլլալու սիրով կը տոչորի, ինչպես որ նույն սիրով կը տոչորին միշտ յոթը տարու տղաներեն ոմանք, որոշեց Վենետիկի վանքը ղրկել զինք. և քիչ ատենեն այս որոշումը գործադրեց առագաստավոր նավու մը հանձնելով յուր զավակն 1847-ին: Երբ Վենետիկ հասավ Խորեն ու վանահոր ներկայացավ, վանահայրն, անոր շարժումները դիտելով, հայտնեց թե անկարելի էր զայն դպրոցի մեջ առնելը, որովհետև, ավելցուց, վանքին տրամադրած օրենքներուն հակառակ էր իգական սեռեն աշակերտ ընդունելը: Մեծ դժվարություն կրեցին համոզելու համար վանահայրն թե աղջիկ չէր իրեն ներկայացվողը: Երկրորդ օրը վանքին դպրոցը ղրկվեցավ Խորեն, ուր քիչ ժամանակի մեջ հսկայաքայլ հառաջ գնաց այն ամեն գիտություններու մեջ, որոնց շնորհիվ մարդս կը հաջողի սիրելի ընել զինք ռամիկներու: Մեր պաշտոնին հավատարիմ մնալու համար պարտավոր ենք հոս հիշել, որ այն ատեն որչափ սրամիտ, նույնչափ ալ խառնակիչ էր Խորեն: Վանահոր ականջներն ալ խուլցած ըլլալով այն տրտունջներեն, զորս Խորենի դեմ կընեին յուր դասընկերները, որոշվեցավ, որ ի պատիժ յուր անվայել վարքին, վարդապետ ձեռնադրվի: Այս ըլլալու էր խելոք չկեցող աշակերտներուն համար վանքին սահմանած պատիժը:

Վանքին մեջ քանի մը տարիներ վարդապետություն ընելեն ետքը, սենյակ մը քաշվելով քարոզ տալու վարժություն ընելեն ետքը — զգաց թե վանքը խիստ անձուկ ասպարեզ մ’էր համեմատորեն յուր ընդարձակ հմտություններուն՝ որովք օր մը փայլ պիտի առներ յուր անունն պճնասիրության աշխարհին մեջ: Փափաքեցավ անանկ ընդարձակ ասպարեզ մ’ընտրել, որուն մեջ կարող ըլլար ընդարձակորեն ծառայել Աստուծո: Այս փափաքն գոհացնելու համար երկու ոտքով ցատկեց, մեր ազգային պատրիարքարանն ինկավ: Հիշելու բարեբախտությունը չունինք այն թվականն՝ ուր Խորեն Էջմիածնա հպատակեցավ սակայն լավ հիշելու դժբախտություն ունինք,թե այս թվականեն ի վեր է, որ մեր կուսակրոնները ամեն պարզություն մեկդի դնելով՝ կիներու պես հագվիլ, սզվիլ և կոտրտվիլ սկսան... աղեկ ծառայություն ընելու համար:

Այն ժամանակները մայրաքաղաքիս հարուստներեն ոմանք իրենց ձիերուն ապագա պատրաստելու նպատակավ անոնց համար հոյակապ ախոռներ կառուցանելեն ետքը՝ իրենց զավակներուն համար ալ դպրոց մը շինելու գաղափարն հղացան. բայց որովհետև Կ.Պոլսո մեջ դպրոցի համար տեղ մը գտնելն անկարելի էր, որոշեցին որ Բարիզի մեջ բանան այս դպրոցն՝ որուն մեջ պիտի դաստիարակվեին իրենց զավակներն, և թերևս, իրենց ձիերն ալ, եթե հոս գործ չունենային: Իրենց այս որոշումին ծնունդ տվին Բարիզի մեջ դպրոց մը շինելով... ավազի վրա: Այս դպրոցին, որու անուն Հայկազյան, տնօրեններն եղան 1856-ին հռոմեականությունէ հայոց եկեղեցին դարձած, կամ լավ ևս, զերութենէ ազատություն դարձած երեք վարդապետներն, որոնց հարեցավ նաև վերջեն Խորեն եպիսկոպոս: Հիշյալ տնօրեններն եթե բան մը չսորվեցուցին աշակերտներուն, որոնք երբ մայրաքաղաքս դարձան բան մը չսորվելեն զատ, հայերեն լեզուն ալ կորսուած էին, գոնէ սա սորվեցուցին ազգին թե՝ շատ լավ բան է իրավունք և պարտք ճանաչելն: Այս սկզբունքը մեզի սովորցնելեն ետքը մաքուր սրտով, հանդարտ խղճով հարյուր հազար ֆրանկի պարտ թողլով, դպրոցին դռները գոցեցին: Խորեն եպիսկոպոս ամենեն ավելի օգուտ քաղեց այդ դպրոցեն. մեծ քայլեր առավ հոն դեպի Պառնասա գագաթ. հոն կատարելագործեց մուսաներու արվեստը:

Սա ինքն է որ, յուր վկայությանը նայելով, երկու ամիս աշխատելեն ետքը հետևյալ գյուտն բրավ.

Ձյուր անվան կոչ

գիտե՞ս – nh, ոչ:

Թեպետև պատմաբաններեն ոմանք Հոմերոսի կընծայեն այս երևելի գյուտն, որ ժամանակագրությունք երևելի անցիցին կարգը գրվելու մոռցված է դժբախտաբար, սակայն մենք պնդելով կը պնդենք, որ այս գյուտին փառքը Խորենի միայն կը պատկանի: Քաջ գիտենք, որ Խորեն եպիսկոպոս այս գյուտն ընելեն անմիջապես ետքը հևալով կը վազէ եղբորը և անոր կիմացնէ: Եղբայրն նախ չուզեր հավատալ, ասանկ գյուտի մը գյուտն անհնար կը թվի իրեն, բայց վերջապես կը համոզվի և եղբորը փաթտվելով. Խորեն, կըսէ, մեծ ծառայություն բրիր ազգին այդ գյուտովդ. ազգը պարտավոր է երախտագետ մնալ քեզ համենայն ավուրս կենաց յուրոց: Արդարև այդ գյուտը մեր ազգի համար ավելի մեծ նշանակություն ունի քան գյուտ նշխարացը, և կը զարմանանք թե ինչու այդ գյուտին օրը կիրակի չեն բռներ... բանաստեղծները:

Հայկազյան դպրոցին փակումեն ետքը Կ.Պոլիս դարձավ Խորեն: Քանի մը ատեն հոն մնալեն ետքը դասախոսության պաշտոնով Թեոդոսիո Խալիպյան ուսումնարանը մտավ, ուր առավոտէ մինչև երեկո դասախոսություն կըներ խմբագրության, պարապելով թերթի մը՝ որուն անունը կամ Մասյաց աղավնի կամ Պոլսո աղավնի: Աշակերտներն ալ իրենց վարժապետին հանգ կրելով կզբաղեին, որպեսզի հայրենասիրական եռանդուն քերթվածներ շինե ազգին:

Չհասկցվեցավ թե որ գիտության կամ ուսման մեջ հառաջ գացին հիշյալ վարժարանի աշակերտները, միայն սա հայտնվեցավ, որ երբ այդ աշակերտներն իրենց քաղաքները վերադարձան, պատուհաններուն առջևեն չէին հեռանար, փողոցեն անցնող աղջիկներն դիտելու համար: Կը հրաժարինք մանրամասնորեն պատմելէ այն կյանքն, զոր վարեց Խորեն Թեոդոսիո մեջ, այո, կը հրաժարվինք, որովհետև դժբախտությունն այն եղանակավ հալածեց զինք Թեոդոսիո մեջ, ինչ եղանակով որ կը հալածէ մեկն յուր սպասավորն, որ տան տիկնոջ աչք կը տնկէ: Կրոնավոր մը այսչափ հալածվելու չէր... կրոնավորե մը: Եվ միթե հալածումը հաջողեցա՞վ անոր սկզբունքն փոխելու. բնավ երբեք. այլ, ընդհակառակն, ավելի ևս քաջալերեց զայն յուր սկզբունքին մեջ: Սկզբունքը, կըսե Աղեքսանդր Տյումայի որդին, բևեռներու կը նմանին, որչափ զարնես անոնց գլխուն՝ նույնչափ ավելի կը հաստատվին:

1864-ին դարձյալ ստիպվեցավ Պոլիս դառնալ, ուր քանի մը ամիսե ետքը Բերայի քարոզչության պաշտոնը ձեռք անցուց: Իրեն համար կրնանք ըսել ինչ որ կըսեն Պղատոնի համար, թե մեղուները մեղր քսած էին անոր շուրթերուն – թեպետև ուրիշներն ալ քիչ մը կարմիր քսած էին — այնչափ պերճախոս էր: Ժողովուրդը մինչև այսօր սիրով մտիկ կընե անոր քարոզները մինչև վերջը, և առանց քրտինք թափելու: Յուր քարոզներն ավելի կը փայլին քան յուր մազերը: : Ինչ հարկ կա երկարելու. կետեր կան, որոնց մեջ Խորեն տեսականի մարդ է և գործնականի չզար, կետեր ալ կան, որոնց մեջ միայն գործնական է:

Դժբախտությունն հոն ալ վազեց քանի մը տարիեն, հոն ալ հալածեց զինքը. և Խորեն հոժար կամքով հրաժեշտ տվավ յուր պաշտոնին... երբ թաղեցիները վար արին զինքը:

1867-ին եկեղեցական պատգամավոր ընտրվելով՝ Վեհափառ Գևորգ կաթողիկոսին հուղարկավորությանը գնաց մինչև Էջմիածին, ուր եպիսկոպոսության աստիճան բարձրանալեն ետքը Պոլիս վերադարձավ և Պեշիկթաշի քարոզիչ անվանվեցավ: Հիշյալ թաղին վարժարաններու վերատեսչությունն ստանձնելով բարեկարգության ձեռք զարկավ: Աշակերտներուն սիրտն ու միտքն մշակելու համար անոնց հագուստները հանել տվավ և համաձև զգեստ տվավ և համաձև զգեստ շինել տալով հագցուց անոնց: Աիավասիկ բրած միակ բարենորոգումն, որ կրնա ըսվիլ թե ավելի դերձակներու համար եղավ, քան աշակերտներու համար:

Քանի մը ամիս այս պաշտոնը վարելեն ետքը հրավիրվեցավ հրաժարիլ անկե.. բնավ դեմ չկեցավ. հրաժարվեցավ և "Մասիսի" խմբագրապետին տանն ապակիները խորտակել տվավ: Քանի մը քաղաքներե առաջնորդ ընտրվեցավ, բայց ինքն իբրև նախանձ նկատելով այն ամեն առաջարկություն, որ կստիպեր զինք հեռանալ Պոլիսեն՝ մերժեց գավառներու մեջ առաջնորդություն ընելը: Զմյուռնիան ոչ միայն ընտրեց, այլ հրավիրակներ ալ ղրկեց: Ընտրությունն ալ, հրավիրակներն ալ քաղաքավարությամբ վռնտեց: Տիգրանակերտն ալ ունեցավ Զմյուռնիո հիմարությունը, և անոր պես յուր պատիժը կրեց:

Ամենեն վերջը Ռոտոսթոյեն հրավիրվեցավ, որ իբրև հովիվ հոգևոր, արածե զիրենք. Խորեն եպիսկոպոս ընդունեց Ռոտոսթոն, բայց ծանր պայմաններ առաջարկեց, որ Ռոտոսթոն չուզե զինքը, օրինակի համար, այնպիսի ճամփու ծախք մը առաջարկեց, որով Ռոտոսթոյի բոլոր ազգայինները կրնային հոս փոխադրվիլ: Հարկ չէ ըսել թե Ռոտոսթոն ալ ստիպվեցավ, Զմյուռնիո և Տիգրանակերտին պես, ուրիշ առաջնորդ ընտրել իրեն:

Հիշյալ երեք քաղաքներն կը պարծին այսօր Խորենն իրենց առաջնորդ չունենալուն վրա:

Տեղեկանալու համար այն վավերական աղբյուրներուն, որովք անժխտելի կերպով հաստատված է այսօր թե Խորեն Նար-Պեյ Լուսինյանե սերած է, պետք է ներկա գտնվիլ այն գեղեցիկ արքայական երազին, որ պատիվ ունեցած է տեսնել Խորեն եպիսկոպոս 1870-ին:

Այդ երազին մեջ Նար-Պեյ Լուսինյան կը ներկայանա Խորեն եպիսկոպոսին և անոր կըսե. "Ես եմ Նար-Պեյ Լուսինյան, որ 1798-ին Կիպրոսի տաճիկներու հարստահարություններեն փախչելով՝ Եգիպտոս գացի և Նաբոլեոնեն մեծ պատվով ընդունվեցա:

Դու ինե սիրած ես, շուտ ըրե ել, հագնվե և մականունդ փոխե": Մենք բնավ կասկած չունինք ասոր ստուգությանը վրա:

Շատերը արդեն այս երազին ներկա գտնված ըլլալով՝ իբրև ականատես վկա կը պատմեն, մինչև իսկ կը նկարագրեն Նար-Պեյ Լուսինյանի կերպարանքն, որով երևցած է, երազի մեջ, Խորենին:

Իբրև զորավոր փաստ ուրիշ ի՞նչ պահանջելու իրավունք ունինք, միթե Մասիս, Թերճիմանը-էֆքիար և Լրագիր օրագիրներն չհրատարակեցի՞ն զայն արժանահավատ աղբյուրներե քաղելով:

Բայց ի՞նչ օգուտ, մարդիկ որչափ ալ բարձրանան, նորեն բարձրանալ կը փափաքին. Խորեն եպիսկոպոս ալ, իբրև մարդ, քանի մը տարիներ Նար—Պեյով շատանալե վերջը ուզեց, որ Լուսինյան ալ հորջորջվի, նման այն ավազակին, որ ուրիշի մը գույքը հափշտակելեն ետքը կը փափաքի անոր հայրերն ալ կողոպտելու:

Այս չափազանց փափաքե մղվելով է անշուշտ, որ Խորեն եպիսկոպոս ելավ օր մը հետևյալը հրատարակեց.

«Նկատելով, որ Ռուսաստանի մեջ Լուսինյան մը կա, որ նամակով ինձի կիմացունե, թե ես իրեն եղբոր որդին եմ.

«Նկատելով, որ բոլոր եղբայրներս Լուսինյան մականունը կգործածեն.

«Նկատելով, որ հարազատ եղբայրներու մեջ տարբեր մականուններ գործածելն անտեղի է. ես ալ որոշեցի, որ այսուհետև Լուսինյան գործածեմ»:
Փառք տանք Աստուծո, որ միտքը չէ ինկած հետևյալն ալ գրելու.
«Նկատելով, որ եղբայրներս ամուսնացած են...»:
Ինչպես հայտնի կերևա, Խորեն եպիսկոպոս վերոհիշյալ նկատելովներով բոլոր պատասխանատվությունն հորեղբորն ու եղբայրներուն վրա կը ձգե:
Հարկ կը համարինք հոս հիշել, թե Խորեն եպիսկոպոս յուր կարծիքներուն հետ ալ այնպես կվարվի, ինչպես յուր մականուններուն հետ, միայն սա տարբերությամբ, որ կարծիքներն ինն օրը անգամ մը կը փոխե, մինչդեռ մականունները ինը տարին անգամ մը: Թող աղոթք ընե նորին գերապատվությունը, որ վաճառական չէ, եթե վաճառական ըլլար և այնպես հաճախ մականուն փոխեր՝ քիչ ատենվան մեջ վաճառատունը կը գոցեր:
1876-ին Կրոնական ժողովո ատենապետ ընտրվեցավ շնորհիվ այն կուսակցության, որ իրեն հետ աշխատած էր Խրիմյանը պատրիարքական աթոռեն վար առնելու դյուցազնական գործին մեջ: Ատենապետ ընտրվելուն հետևյալ օրը բանադրեց մեկն, որ բանավոր պատճառներով առաջին կինն թողած ըլլալով՝ ուրիշ կնիկի մը հետ ամուսնացած էր: Այս բանադրանքը շատերը բավական խնդացուց: Քանի մը օր ետքն ալ Հայաստանյայց եկեղեցվո համաձայն հրատարակեց ճիշտ առաջինին նման ամուսնություն մը՝ որով ուրիշ մեկն յուր կինը թողած՝ ուրիշ կնիկ մը առած էր: Աս համաձայնը շատ խնդացուց ժողովուրդն: Այս հակասական վճիռներն մինչև այսօր իրարու դեմ հրացան կը քաշեն Կրոն. ժողովո արձանագրություններու մեջ:
1878-ին իբրև ազգային նվիրակ Խրիմյանի հետ Պերլինի Ավագաժողովը ղրկվեցավ: Թեպետև չգիտցվեցավ թե ինչու չկրցին Ավագաժողովին ներկայանալ, սակայն շատերը պնդեցին այն ատեն, թե ազգը մեծ օգուտ քաղեց անոնց ուղևորություննեն, թե ձայն հանելու չէ, այդ օգուտին ինչ ըլլալը վերջեն պիտի հասկցվի: Ասոր համար է, որ շատերն իրենց բերանը բացած՝ գործերուն վերջը դիտելու կը պատրաստվին: Եթե այս օգուտներուն երևակայականն մեկդի նետելով իրականին դառնանք՝ սա օգուտը կը գտնենք, որ առաջ գավառներու մեջ եթե տարին հարյուր հոգի կսպաննվեին՝ այսօր հազար կսպաննվին և այս ալ մեծ օգուտ է անշուշտ անոնց, որք բազմութենե չեն ախորժիր:
Պետք չէ մոռնալ այն մեծ ծառայություններն, զորս մատուցած է ազգին երեսփոխանական ժողովո մեջ: Յուր ատենաբանություններն շատ ներդաշնակ էին, երեժշտական խումբ մը կը պակսեր զանոնք ավելի ազդու գործելու համար: Յուր ճառերն նույն ազդեցությունը կընեին

երեսփոխաններու վրա, ինչ ազդեցություն որ կընեն հատընտիր քաղվածք դպրոցական աշակերտներու վրա:

Չափազանցություն ըրած չենք ըլլար եթե ըսենք թե՝ իբրև մատենագիր ավելի ծառայած է ազգին քան իբրև կուսակրոն:

Յուր աշխատասիրություններուն մեկ մասը 1879-ին Բերայի հրդեհին իրո ճարակ եղան, ինչպես որ կըլլան դժբախտաբար ամեն երկասիրություններն, որք տպված չեն... գրված չեն:

Այդ գործերու մոխիր դառնալն մեծ կորուստ մ'է անշուշտ ազգին համար, բայց կրնանք մխիթարվիլ յուր հրատարակած գործերով, որոնք քիչ բացառությամբ, արժանիք ունեին... մոխիր դառնալու: Խորեն եպիսկոպոս ունի այսօր տասներկու գործեր:

Ասոնց մեջն է Ալաֆրանկա կատակերգությունն, որ կապիկի պես ամեն բանի մեջ ուրիշի նմանելէ հառաջ եկած վնասները կը հարվածե: Վարդենիք, անմեղ սերե ներշնչված գողտրիկ ոտանավորներ: Դաշնակք Լամարթինի անմահ բանաստեղծին ոտանավորներում գրաբար թարգմանությունը՝ զոր հասկանալու համար այն ատենները չորս հոգիե բաղկացյալ մասնաժողով մը կազմվեցավ, որն որ անկարող ըլլալով զայն լուծել թարգմանիչին դիմեց, որ ներումն խնդրելով պատասխանեց թե՝ վրայեն բավական ժամանակ անցած ըլլալուն պատճառավ ինք ալ չէր կարող հասկնալ: Քրիստոնեական, որ կը պատվիրե էրիկներուն ներել իրենց կիներուն, որքան ալ անպարկեշտ ըլլան, որքան ալ մեծ ըլլա անոնց սիրականներուն թիվը: Նախակրթական ֆրանսերեն լեզվի, ի պետս անոնց, որք փափաք չունին ֆրանսերեն սովրելու: Ստվերք հայկականք, որոնց մեջ առաջին տեղը կը գրավե զհայրենյաց ասա մեզ բան: Օտար լրագիրներու մեջ անդրալեռնականներու դեմ պաշտպանած է Հայաստանյայց եկեղեցին և ժողովրդյան համակրությունը գրաված է:

Խորեն եպիսկոպոս անուշ բնավորություն մ'ունի. ամենուն հետ այսպես կը վարվի, ինչպես որ խմբագիր մը կը վարվի այն մարդուն հետ, որ տարվան մը բաժանորդ կը գրվի և բաժանորդագինն ալ կանխիկ կը վճարե: Վարքեն կրնանք գուշակել թե յուր հարգած սկզբունքներն հետևյալներն ըլլալու են.

«Սիրե հայրդ ու մայրդ... եթե հարուստ են,
Սիրե թշնամիներդ ... երեսանց,
Սուտ մի խոսիր... եթե շահ չունիս:
Թող մի տուր կիրքերդ զերի ըլլան անձիդ.
Դրացիներդ անձիդ պես սիրե»:

Մեռյալներուն զալով՝ անոնց հետ ալ ավելի քաղցրությամբ կը վարվի: Այնպիսի սրտառուչ դամբանականներ կարձակեր, այնպիսի պերճախոսությամբ կը գովեր արքայությունն, որ ներկա գտնվողները մեռնելու փափաք կզգային: Չմոռնանք սակայն ըսել թե՝ երբեմն ալ մեռյալն արքայութենեն ավելի կը գովեր՝ որով ննջեցյալն նախապատիվ կը սեպեր դագաղին մեջ մնալ քան թե արքայության մեջ: Ազգային հիվանդանոցին մոմերուն պես կարգերու կը բաժնվեին յուր դամբանականները, մեկ ոսկի տվող մեռյալն բարեսիրտ կըլլար, երկու ղրկողը բարեսիրտ և քիչ մ'ալ ազգասեր կը հռչակվեր, երեք նվիրողը ազնիվ սրտով և վսեմ զգացմունքներով կը զարդարվեր, չորս համրողը հանրածանոթ ազգասեր կը ծանուցվեր, հինգ տվողն կենդանությանը ժամանակ այնքան զաղտնի ողորմություն տված կըլլար աղքատներուն, որ մարդ տեսած չէր ըլլար, հայրենյաց բարերար կը հորջորջվեր, և աստնկներուն դագաղը ութը հոգի կը կրեր, որովհետև չորս հոգի բավական չէին կրել այնչափ գովեստներով ծանրաբեռնյալ ննջեցյալն:

Դագաղն ալ երբեմն զգացման տեր և ազգասեր կըլլար, եթե զայն շինող ատաղձագործը գերապատիվին մենիտիե մը ղրկեր:

Իսկ անոնք, որ ժամանակ չունեին փրկանք վճարել դամբանախոսին՝ դամբանական լսելու իրավունքե կը զրկվեին, իրենց վերապահելով սակայն մեռնելու իրավունքը: Խորեն եպիսկոպոս յուր պաշտոնակիցներուն պես վարվելով՝ լռելյայն սա սկզբունք կը քարոզեր թե՝ չար եղեք որչափ կուզեք, բայց հարուստ եղեք, որչափ կրնաք: Ժողովուրդն, որ շատ անգամ ազգասեր, ողորմած, բարեսիրտ ածականներուն տրվիլը կը լսեր այնպիսի մարդերու՝ որոնք իրենց կենդանության ժամանակ ազգը մատնած են իրենց շահուն համար, կամ եկեղեցվույն գանձանակեն ստակ գողցած են, ինքնիրեն կըսեր. «Խորանի վրա, բազմության մեջ, այսչափ սուտ ի՞նչպես կարելի է ըսել առանց կարմրելու»:

Խորեն եպիսկոպոս մեծ մարդ է. ավելի մեծ պիտի ըլլա անշուշտ, եթե հաջողի Կիպրոսի մեջ Լուսինյանե մնացած կալվածներն Անգլիո ձեռքեն առնել. և աս ալ անհավատալի բան մը չէ:

Խորեն եպիսկոպոս միջին հասակով, բարեձև կազմով գեղեցիկ մարդ մ'է: Երբ փողոցն ելնե՝ ընդհանրապես այն դեմքը կունենա, երբ բազմության մեջ մեկն յուր սիրուհիին գաղտնի նշան ընելեն ետքը ուրիշ մը զայն տեսնե և իրեն ըսե. «Ըսածիդ հավնեցա՞ր»:

ՏԻԳՐԱՆ ՅՈՒՍՈՒՖՅԱՆ

Պատմագիրները համաձայն չեն Տիգրան Յուսուֆյանի ծննդյան թվականին վրա: 1850 թվականին ծնունդ կուտան անոր այն պայմանագիրներն, որ ամուսնացնելու աղջիկ ունին. ուրիշներն, որ անոր նախագահությանը տակ կորուսեր են իրենց դատը, 1820-ին կստեղծեն զայն:

Իսկ մենք, որ հաճույք մը չենք զգար կիններու մեջ տարիքի խնդիր հուզելով, կըսենք թե այս երեսփոխանը Միջագյուղ ծնած է 1835-ին, 1854-ին և 1875-ին: 1835-ին՝ եթե դեմքին նայիս, 1854-ին՝ եթե պարահանդեսի մը մեջ գտնվի, իսկ 1875-ին՝ եթե հասակին նայիս:

Ծնած ժամանակն այնքան նիհար էր, որ եթե Լիկուրգոսի օրով ծնած ըլլար՝ անպատճառ ջուրը ձգված պիտի ըլլար:

Մանկության օրերուն մեջ հանդարտ ու հեզաբարո ըլլալով՝ բնավ պատճառ չէր տար ստնտուին, որ զինքը կսմթե: Գիշերներն այնպես խոր քուն կը քաշեր, ինչպես որ կը քաշե, երբ իրեն երթաս և բանաս իրեն այնպիսի խոսակցություն մը, որ բնավ վերաբերություն չունի դատի հետ:

Ձմեռվան այն երկար գիշերներուն մեջ անգամ մը միայն կարթննար և այն ալ ոչ թե լալու կամ կաթ ուտելու համար, այլ յուր թաթիկներովն ստնտուին ծիծերը բռնելով քնանալու համար: Ամեն երախա, ինչպես հայտնի է, ունի այս սովորությունը, սակայն կերևի թե այս երախան բավական ատեն հետևած է այս սովորության, վասն զի, կըսեն ոմանք, չորս տարեկան եղած ատեն, տան սպասուհիները Տիգրանիկեն կը զանգատին եղեր:

Տղայական խաղերու բնավ չէր մասնակցեր. խելքն ու միտքը պարգևաբաշխության հանդեսին վրա էր: Ամեն կիրակի իրեն հասակակից աղջիկներ ու մանչեր տուն հրավիրելով՝ աթոռներու վրա կը բազմեցուներ, ինքն ալ սեղանի մը վրա կելներ... Ճերմակ ձեռնոցներով և կարճ, բայց ազդու ատենաբանությամբ աղջիկներուն երեսը կը նայեր... դաստիարակության օգուտներն անոնց զգալ տալու համար:

Ամիրայության մեծ փափագ ուներ. յուր կարճ բայց ազդու հասակովն ամիրության բարձրանալ կուզեր, վասն զի ամեն բարօրության հոն կը փնտռեր. ուստի նախատինք կը համարեր տեսություն ընել այն ամեն մարդու հետ, որ ամիրայական արգանդե մը ծնած չէին:

Օր մը նպարավաճառի մը ղրկվեցավ, որ քիչ մը պանիր առնե, բայց ինքն երբ տեսավ, որ նպարավաճառն ամիրա չէր, առանց պանիր առնելու ետ դարձավ:

Երբ յոթը տարեկան եղավ, թաղին վարժարանը ղրկվեցավ, որ ուսում առնե:

Այն ատենները վարժարաններու մեջ ամեն բան կը գտնվեր բացի ուսումե, որով Տիգրանիկն ալ ուսումեն զատ ուրիշ ինչ որ գտավ առավ թաղային վարժարանեն:

1850-ին Բարիզ գնաց և վաճառականության դպրոցը մտավ հոն:

Մեծ հաջողություն ցույց տվավ այն ուսման՝ զոր մենք վաճառականություն կանվանենք և որուն Խաբեություն անունը կը կարդա Վովընարկ: Քիչ ատենի մեջ կատարյալ սորվեցավ մարդ խաբելու սկզբունքներն, զորք պիտի գործադրեր վաճառականության մեջ: Սակայն բախտը, որ եթե չժպտիր ապուշներու, երբեմն անոնց պաշտպան կը հանդիսանա, ըսավ Տիգրանին. Արդեն վաճառականները պատժել կուզեի, բայց անանկ պատիժ մը կուզեի, որ խիստ ըլլար: Ուրախ եմ այսօր զքեզ գտնելուս վրա, զնա ուրեմն դատավոր անունով պատիժ եղիր այդ վաճառականներուն վրա»:

Բախտին պատգամը կատարվեցավ, Յուսուֆյան առևտրական ժողովներեն մեկուն նախ անդամ և հետո ամբողջությունն (նախագահ) եղավ:

Նախնիք Արդարությունը տեսած պիտի ըլլան, որ զայն կշիռ ի ձեռին կը ներկայացնեն. անոր բարի ըլլալն ալ ճանչցած են անշուշտ, որ այնչափ հարգ ու պատիվ կընծայեն անոր. մենք դժբախտաբար ժողովներու մեջ ալ իրեն հանդիպած չունինք, որ տեսնեիք, ճանչնայինք և կարենայինք այսօր ըսել, թե Յուսուֆյան շատ լավ կամ գեշ կը վարվի Արդարության հետ:

Շատերը, որ մոտեն կը ճանաչեն Յուսուֆյան էֆենտին, կըսեն թե Արդարության ներկայացուցիչն է ան և թե Արդարության պես կշիռ մը ունի ձեռքը, սակայն պնդողներ ալ կը գտնվին թե՝ այդ կշիռը ծախու առնված է նպարավաճառե մը, որ պակաս կշռելուն համար ամեն օր տուգանք կը վճարեր:

Աս անհավատալի է:

— Կը տեսնե՞ք փաստաբանները ինչպես ուշի ուշով մտիկ կընեն, որպեսզի կետ մը բռնեն և ինձի դեմ դատ բանալ տալով քառասուն—հիսուն ոսկի վաստկին... Պարոն փաստաբաններ, մի պարծենաք կենսագրություններուս մեջ զիս դատի հրավիրելու բնություն ունեցող կետեր գտնելուդ վրա, որովհետև կենսագրություններս կազմող բոլոր կետերն նույն բնությունն ունին:

Այս պարագայիս մեջ կը նմանցնեմ զձեզ այն ձկնորսին, որ այս օրերս տասը բալամուտ որսալուն վրա կը պարծենա, քանի որ շաբաթե մը ի վեր ծովը բալամուտով լեցված է: Բայց քանի որ ձեզմե շատերը հոդվածի մը մեջ ավելի իրենց գործը կը փնտռեն քան թե արդարություն, ես ալ խոհեմություն կը բանեցնեմ և խոսքս կը փոխեմ: —

Առանց ասոնց կամ անոնց ըսածներուն ականջ կախելու՝ ես կըսեմ թե Տիգրան էֆենտի Յուսուֆյան միշտ արդարությամբ վարված է, որովհետև ուրիշ կերպով վարվիլը անկարելի է: Մեր բոլոր ժողովներուն մեջ արդարությունը միշտ կը փայլի յուր բացակայությամբը: Տիգրան էֆենտի շատ ճշտություն կը պահե յուր պաշտոնին մեջ. օրինակի համար, եթե պատիվ ունենաս օր մը իրեն ներկայանալու... դատով, նախ և առաջ քեզի պիտի ըսե.

Նախ՝ աս կողմը անցիր:

Երկրորդ՝ շիտակ կայնէ:

Երրորդ՝ գլուխդ վեր բռնէ:

Չորրորդ՝ ձեռքդ վար առ:

Եվ դուն այս հրամանները լսելով, անշուշտ պիտի կարծես թե, դերձակի մը առջև կը գտնվիս, որ չափդ պիտի առնէ, բայց կը սխալիս, դատավորի մը առջևն ես, և որ ժողովին մեջ որ մտնես, այդ հրամանները պիտի կատարես: Տիգրան էֆենտին այնչափ կը փափաքի ազգին ծառայություն ընել, որ հարյուր հոգվո գլուխ հանելիք գործը միայն կուզե կատարել: Սուտ չեմ խոսիր: Գնա օր մը իրեն ըսե.

— Էֆենտի, թաղիս մեջ կուզենք բարեգործական ընկերություն մը կազմել:

—Վսեմ գաղափար:

—Կը փափաքիք, որ հրամանքնիդ ալ ատենապետ ըլլաք:

—Սիրով կընդունիմ:

Այս պատասխանը առնելեդ ետքը դուրս ելիր սենյակեն և դռան քովը կեցիր:

Ահա ուրիշ մը կը մտնե.

— Էֆենտի, որոշեցինք վարժարանները նպաստելու համար ընկերություն մը հաստատել:

— Շատ ազգօգուտ ձեռնարկություն:

—Արդյոք կընդունեի՞ք...

—Ատենապետությո՞ւնը... սիրով կընդունիմ:

—Կընդունեի՞ք տասը բաժին ...

—Ընկալագիրն ամսե մը ղրկե:

Սենյակեն դուրս եկած ատենը ասոր ձեռքեն քաշե և քովդ կայնեցուր:

Երրորդ մը կը մտնե.

—Բարև, Էֆենտի:

—Աստուծու բարին:

—Մսավաճառի խանութ մը բանալ կուզենք ընկերությամբ:

— Ազգային դաստիարակությունը զարգացնելու ամենեն կարճ ճամփան...

— Ի՞նչ կըսեք:

— Շատ աղեկ խորհեր եք. առողջ մարմին, առողջ միտք, կըսե առածը. հետևապես մարդս որչափ միս ուտե, այնչափ առողջ միտք կունենա, ուստի որչափ շատնա մսավաճառությունն՝ այնչափ կը շատնա բանաստեղծությունը, գրականությունը և այլն:

— Շնորհակալ ենք, ի՞նչ պետք է այս գործը գլուխ հանելու համար:

— Ատենապետ մը, և այն ատենապետն ալ ես կըլլամ:

— Դռան քովն ես կարծեմ, ասոր ալ օձիքեն քաշե և չորրորդին սպասե, որ ահա կուգա.

—Բարև, էֆենտի:

—Աստուծու բարին:

— Քանի մը երիտասարդներ մեկտեղ եկած ընկերություն մը հաստատած են. ասոնք ոչ իրենց ըրածը գիտեն և ոչ ալ ընելիքը. այսպիսի ընկերություններն ազգին չարիք հասցնելեն ուրիշ բանի մը չեն ծառայեր, ուստի մենք որոշեցինք ընկերություն մը կազմել... այդ ընկերությունը կործանելու համար:

— Բուն հայությունն ալ աս է:

— Մեզի կօգնե՞ք այս պարագային մեջ:

— Ինչո՞ւ չէ, քանի որ կըսեք թե ազգին վնասակար է, պետք է որ կործանվի:

Ես անոր ատենապետը կանչել կուտամ և կը խոսիմ:

—Ատենապետը կանչել կուտաք ...

—Այո, պիտի վախնա՞մ իրմե:

—Բայց այս ընկերության ատենապետը ... դուք եք:

— Ե՞ս եմ... Տեր ողորմյա ... ի՞նչ փույթ թե ես եմ. քանի որ նպատակին չի ծառայեր կըսեք, պետք է կործանել:

— Շնորհակալ եմ:

— Մեր պարտքն է կործանել այն բոլոր վնասակար ընկերությունները, ով որ ալ ըլլա անոնց ատենապետը:

Կը կարծիք թե կը կործանե՞. քավ լիցի. — կը կարծեք թե կը շինե՞, երիցս քավ լիցի. այնչափ ընկերություններու անդամ է, որ ժամանակ չունի ոչ կործանելու, ոչ ալ շինելու: Ստույգը խոսելու համար Տիգրան էֆենտի Յուսուֆյան ազգին հառաջադիմությանը մեր ամենեն ավելի փափաքողներեն է, և այս չափազանց փափաքով է անշուշտ, որ ամենուն մեկեն հասնիլ կուզե և ոչ մեկուն կրնա հասնիլ:

Ոչ անցյալ և ոչ աս դարուս մեջ չկա ընկերություն մը, որուն կամ ատենապետն՝ կամ անդամ չըլլա, և ինչպես որ վարդն առանց փուշի չըլլար, ընկերությունն ալ առանց Յուսուֆյանի չկրնար ըլլալ — առակաբանությունը միմիայն վարդին փուշեն անբաժանելի ըլլալուն վրա է, երեսս ինչ կը նայիք, ով չարամիտներ:

1868 –ին անդամ եղավ այն խնամակալության, որ հառաջ պիտի տաներ Շահ-Նազար և Նուպարյան վարժարանը, որ վերջեն աշխարհածանոթ եղավ յուր... կործանմամբը: Արդարությունը խոսելու համար յուր աշխատությունը չզլացավ հոն Յուսուֆյան էֆենտին, և ջանաց, որչափ որ կրնար, կանգուն պահել այդ շենքը, բայց որովհետև անհատի մը կամքն ու ջանքն միայն բավական չեն պայծառ պահել այնպիսի շենք մը, որ ժողովրդյան քաջալերությամբը միայն կրնար հարատևություն գտնել, ուստի և գոցվեցավ:

Հոն կը գտնվեին աշակերտներ, որ կես թոշակով ընդունված էին և քառորդն վճարել կը դժկամակեին, կային աշակերտներ, որ թոշակն բնավ չէին վճարեր և միայն կուտեին կը խմեին, կային որ դրամ մը չվճարելեն զատ կը փափաքեին, որ իրենց հագուստն ալ դպրոցեն շինվի: Այսպես կը վարվին սհավասիկ մեր ազգայիններն, երբ իրենց զավակներն ազգային մասնավոր վարժարանի մը մեջ դնեն, իսկ ընդհակառակն՝ պահանջվածեն ավելի կուտան, երբ օտարի մը հանձնեն իրենց զավակները:

1870-ին երեսփոխան ընտրվելով՝ հրավիրվեցավ երեսփոխանական ժողովո մեջ աթոռի վրա բազմելու: Այս ժողովո մեջ բավականեն ավելի գործեց, որովհետև հոն գործելը լեզվով էր ոչ թե ձեռքով: Յուր ատենաբանություններն երբեմն տարապայման կերկննային՝ և ունկնդիր ժողովրդյան գլխուն ցավ կը պատճառեին, թեպետև շատերը կը հարգեն Յուսուֆյան էֆենտիին ատենախոսություններն իբրև... քրտնեցուցիչ դեղ. և այս է պատճառը, որ հարբուխ եղողները փոխանակ թեյ խմելով կամ ոտքերը տաք ջուրի մեջ դնելով քրտնել աշխատելու՝ Յուսուֆյան էֆենտիի երկարաձիգ ատենախոսությունները մտիկ կընեին և քրտնելով բժշկություն կը գտնեին: Եթե սովորություն ըլլար, որ թույլ տրվեր կիներու մտնել երեսփոխանական ժողովին մեջ, շատ մը կիներ ուխտի կերթային անոր երկարապոչ ատենախոսություններուն: Երբ կարճ կը խոսեր՝ լավ կը բացատրեր յուր միտքն և զորավոր փաստերով կըմբերաներ յուր հակառակորդները: Ճշմարտությունը կը հարկադրե զմեզ խոստովանիլ, որ լակոնական ոճին մեջ շատ հառաջ գացած է յուր... հասակը, և երբ զինքը տեսնեմ՝ մտքես կըսեմ:

— Ով մարդ լակոնական, այդ հասակիդ ոճը ինչո՞ւ չես գործածեր ատենախոսություններուդ մեջ:

Ոչ միայն երեսփոխանական ժողովո մեջ, այլ վարժարաններու և թատրոններու մեջ ալ ըրած է ատենաբանություններ, որոնց թիվն այսօր վեց հազար ութը հարյուր իննսունը վեցի կը հասնի: Յուր ատենաբանություննե— րուն մեկ մասը կսկսի «Խնամակալուհի տիկնայք» - ով, մեկ մասը «Տյարք և տիկնայք»- ով, մեկ մասն ալ «Տյարք» - ով:

Ամեն պարգևաբաշխության հանդեսներն ինք կը բանա. եթե երկու կամ երեք ալ կը հասնի, և դաստիարակությունը բնաբան դնելով կը համոզե հանդիսականներն, որ ստակ տան: Յուր համոզողական խոսքերուն շնորհիվն է, որ այսօր Միջագյուղի Ս. Թարգմանչաց վարժարանը գոցվելու վիճակի մեջ ինկած է:

1872-ին անդամ ընտրվեցավ քաղաքական ժողովին, որուն ատենապետն էր Ապրո էֆենտի, որուն հասակը լակոնական ոճի բնավ չէր համապատասխաներ: Յուսուֆյան էֆենտին ատենադպիր էր և երբ ատենապետին քովն նստեր՝ մարդս ինքնիրեն կըսեր.

«Եթե այս երկու մարդերու կարծիքներն այնպես են, ինչպես իրենց հասակները, ժողովը շատ դժվարություն պիտի քաշե որոշում մը տալու համար»:

Որոշ չգիտցվիր թե այն ատեն ինչ գործ տեսավ Քաղաքական ժողովն: Միայն սա հայտնի է, որ Պրուսիայի առաջնորդ գեր. Բարթուղիմեոս եպիսկոպոս հոս կանչվեցավ. վերջը նորեն տեղը ղրկվեցավ, դարձյալ հոս բերվեցավ, վերստին տեղը ղրկվեցավ, նորեն ետ պիտի կանչվեր, եթե Քաղաքական ժողովին պայմանաժամը լրացած ըլլալով՝ չհրաժարեր պաշտոնեն: Եվ որովհետև օրենք չէ Քաղաքական ժողովո ատենագրությունններն ի լույս ընծայել — անշուշտ աջ ձեռքին գործած բարիքները ձախին ցույց չտալու համար — բնական է, որ անոր մեզի ըրած աղեկությունները չկարենանք հիշել: Եթե պաշտոնյաներուն վկայությանը դիմենք, մինչև այսօր ասոնցմե և ոչ մին քաջություն ունեցած է խոստովանելու թե ձեռքես եկածին չափ աշխատեցա ազգիս չարիք հասցնելու և խիղճս հանգիստ է: Քաղաքական ժողովո անդամ մը երբ յուր պաշտոնեն հրաժարի, կըսե.

«Աշխատեցա որչափ որ կարողությունս կը ներեր մեր ժողովին գործերուն մեջ կանոնավորություն մուծանել. շատ բարիք ըրինք ազգին, բայց նա չճանչցավ, եթե մեր տեղը ուրիշ Քաղաքական ժողովո մը ըլլար՝ ազգին վիճակը գեշ էր»:

Հիմա շատ աղեկ է... խոստովանիմ և հավատամ:

Տնտեսական խորհրդո անդամ մը կըսե.

«Մեր պաշտոնի գլուխ անցած ժամանակ սնտուկը շատ պարտք ուներ, իսկ հիմա քիչ պարտք ունի, զոր վճարելու անկարող է»:

Ալ այնչափ մեր հույսը կտրած ենք ազգային սնտուկն պարտքե խալսելե, որ անոր քիչ պարտք ունենալն մեզի երջանկություն կը համարինք:

Վերջապես ամեն պաշտոնյա յուր անձնանվիրությունը կը համարե և շատ զարմանալի է, որ ազգն այսչափ բարերարներ ունենալով չկարենա լավագույն վիճակի մը մեջ գտնվիլ: Մենք առանց գիտնալու թե Յուսուֆյան էֆենտին ինչ ընթացք բռնած է յուր այս պաշտոնին մեջ, կրնանք վկայել, որ վարված չէ ոմանց պես, որոնք ազգային պաշտոնատեղին այնպես կերթան, ինչպես կերթաս դուն վաճառատունդ, մյուսն յուր խանութը և ես իմ գրասենյակս: Շատ մը պաշտոնյաներ կան, որոնք ազգային պաշտոններու շնորհիվ իրենց Հնդկաստանի ճամփան ապահոված են:

Յուսուֆյան էֆենտին պատիվ ունեցած է քանի մը անգամներ Միջազգուղի թաղական խորհրդո մեջ գտնվելու, բայց երբեք թաղական խորհրդարանի մեջ: Այսօր հաստատված ճշմարտություն մ՛է, որ եթե զինվորական ասպարեզին մեջ գտնվելով՝ զորաբանակի մը հրամանատար անվանվեր պատերազմի ժամանակ, և եթե այդ զորաբանակն ալ Պաղտատ գտնվեր՝ ինքն յուր թիկնոցին մեջ փաթթված՝ յուր Միջագյուղի տունեն դուրս չպիտի ելներ և Պոլսո մեջ հրամանատարություն պիտի ըներ Պաղտատի մեջ գտնված զորքերուն: Եթե իրեն դիտողություն ընեին՝ այն ատեն իրեն խոհարարը պիտի ղրկեր պատերազմի դաշտին վրա յուր հրահանգները զորանց հաղորդելու համար: Բնավ կարևորություն չտար այն վնասներուն, որ հառաջ կուգան որևէ պաշտոն մը ստանձնելով զայն չկատարելէ: Եվ ահա այս սկզբունքով է, որ թաղական խորհրդարան երթալով՝ յուր պաշտոնին գլուխը անցած չէ: Բայց յուր ընկերներեն մին սնտուկը պարպած է, քահանաներուն իրավունքն յուր կոկորդն անցուցած է, աղքատին դրամը կլլեր է, ի՞նչ փույթ, բավական է, որ ինքն ատանկ բան մը ըրած չէ և հետևապես պատասխանատվությունը երբեք յուր վրան չառներ: Անհոգութենէ ծագած վնասներն իրեն համար առաքինություն կը համարվին: Ծով ինկած մարդ մը եթե ըսէ իրեն.

— Կաղաչեմ էֆենտի:

— Ատենապետությո՞ւն ընեմ:

— Կը խեղդվիմ, ձեռքս բռնե որ ելնեմ...

— Կը խոստանամ զքեզ խալսելու, — կը պատասխանէ, և գրպանեն Մասիս լրագիրը հանելով կարդալու կզբաղի:

Իրեն սկզբունքով՝ այդ մարդը ծովեն հանած եղավ, որովհետև խոստացավ: Բայց մարդը խեղդվեր է, հոգ չէ: Յուսուֆյանի համար խալսած է:

Իբրև մատենագիր շատ ծառայած է ազգին, չհրատարակելով յուր երկասիրություններն... եթե Բերայի հրդեհին մեջ հրո ճարակ եղած չեն: Եթե յուր բոլոր ատենախոսություններն լույս տեսած ըլլային՝ անպատճառ հազար հատոր պիտի կազմեին, և հետևապես, մեր կյանքն կարճ ըլլալով զանոնք ամբողջ կարդալու համար մեր թոռներուն պիտի պատվիրեինք շարունակել անոնց ընթերցումը, և եթե անոնք ալ չկարողանային լմնցնել՝ տարակույս չկա, որ անդիի աշխարհին մեջ ալ Յուսուֆյանի երկարաբանությունները կարդալով՝ պիտի պատժվեինք... Ճշմարտությունը չվիրավորելու համար կը հարկադրվինք խոստովանիլ թե՝ որքան ալ հրատարակված չըլլան յուր ատենախոսություններն, անոնցմե մեծ մասը շատ ընդունելություն գտած է ժողովրդեն, որ փութացեր է անոնց յուրաքանչյուրին մեյ մեկ արձան կանգնելու:

Ողիմպիական խաղերու մեջ շատ հառաջ գացած է, կըսեն. մանավանդ ուիսթի մեջ: Բոլոր մեծ մարդերու ողիմպիական խաղերեն մեկն է աս, որուն մեջ ամենեն հաջողակը մրցանակ կառնէ: Այդ խաղերուն մեջ տրված մրցանակները հայտնի են: Այս ասպարեզին մեջ բավական հրատարակություններ ունեցած է... սեղանի վրա, որոնք, չեն կարծեր, որ անմեղ զբոսանքի սահմանեն անցած ըլլան:

Յուսուֆյան՝ եթե մաս մաս քննվի՝ Քյոսե քեհյանին պես ձանձրացուցիչ կողմեր ունի. իսկ երբ ամբողջությունը քննադատենք՝ ամենքս կը միաբանինք ըսելու, թե չար սիրտ չունի. ազգին շահն յուր շահուն չզոհեր, և երեսփոխանական ժողովին մեջ ճնշման ներքև չիյնար... ուրիշ բան է, եթե վսեմափայլ Տատյան Հարություն պեյին մեկ կարծիքը հերքելու վրա է խնդիրը:

Յուր սկզբունքներն են.

Շատ խոսե, քիչ մտիկ ըրե.

Եթե քու չուզած մեկուն հետ տեսնվիլ չես ուզեր, բացե ի բաց մի մերժեր զինք, այլ այնպիսի ժամադրության տեղ մը ընտրե, ուր չկարենա գալ:

Երջանկությունը շատ անգամ պարզևաբաշխության հանդեսներուն մեջ կը գտնվի:

Խոստանալը կատարել է:

Յուսուֆյան էֆենտին կարճ հասակով, բարձր գաղափարով, վայելուչ երիտասարդ մ'է: Ձմեռը այնչափ մեծ թիկնոց մը կը հագնի, որ մեջը կը կորսվի, այնպես որ զինքը տեսնողը չըսեր թե՝ «որքան մեծ թիկնոց հագեր է», այլ կըսե. «Եղբայր, կարծես թե սա թիկնոցին մեջ բան մը կա»: Յուր սովորական դեմքը կը հիշեցնե մեզ այն մարդուն դեմքը, որ երեսուն քայլ հեռավորությամբ թռչունի մը ուշադրությամբ նշան կառնե և երբ հրացանը կը պարպե՝ կը տեսնե, որ թռչունը տեղեն անգամ երերած չէ:

ԿԱՐԱՊԵՏ Ս. ՈՒԹՈՒՃՅԱՆ

Կարապետ ս. Ութուճյան, խմբագիր տնօրեն Մասիս պատմական լրագրո, ազգային երեսփոխան Ընդհանուր ժողովո, ծնած է Պալատ 1823թ. հոկտեմբերի 18-ին: Վիպագիրներեն ոմանք կը ջանան հաստատել, թե Ութուճյան ծնած ժամանակն այնպիսի հեգնական դեմք մը ուներ, որ կարծես դայակին ըսել կուզեր. ինչ մեծ գործ տեսար: Կան պատմագիրներ, որ, հակառակը պնդելով, կը գրուցեն թե Ութուճյան աշխարհ փոխադրված ժամանակն այնչափ խոժոռադեմ էր, որ դայակը վախենալով ինքզինքը սենյակեն դուրս նետեց և, գինիի մեջ քիչ մը մոխիր խառնելով խմելեն ետքը, դրացիներուն վազեց ազդարարել՝ թե առջի գիշերը տեսած մեկ երազն կատարված էր: Դայակը երազին մեջ տեսած էր, որպես թե մեկն սազի փետուրով ահագին քարեր կը նետեր յուր վրա: Երախան այս բաներեն բնավ տեղեկություն չուներ. յուր սովորությանը համեմատ տասը տարի ետքը իմացավ, սակայն այն ատեն ալ լրագիր չուներ, որ Ներքին Լուրերու մեջ հրատարակեր:

Կարապետն մորն արգանդեն բաժանվելուն պես զգաց՝ թե մարդս պարտավոր է նախ յուր փորը գոհացնել և ապա բաժանորդները: Ուստի մորը ծիծերեն կախվեցավ և այնչափ անհագաբար ծծել սկսավ, որ քանի մը ամիսեն մորը ծիծերը բոլորովին պարպեց, և ստիպվեցավ մնացած ամիսներն աղվեսի կաթով անցունել:

1831-ին ուսում և գիտություն առնելու համար Պալատի վարժարանը մտավ այն ձևով, որով կը մտնե այսօր մրգավաճառներու խանութը խնձոր առնելու համար: Դասատուներու հետ շատ անգամ կը վիճաբաներ: Ապուշ տղայի մը պես իրեն տրված ամեն դասն առնելով տուն չէր դառնար. շատ անգամ յուր դասատուին կըսեր.

— Այս տված դասը աղեկ չէ, ես աղեկ տեսակեն կուզեմ:

Դասատուն կը ջանար համոզել զինքը՝ թե տված դասը լավագույն է: Իսկ Ութուճյան դասատուին խոսքերուն բնավ կարևորություն չէր տար և կը պնդեր, որ դասն առաջին տեսակին ըլլա: Դասատուին կառաջարկեր միշտ այս խոսքը. ներսեն հանե, զոր յուր հայրը կը գործածեր, երբ մսավաճառեն միս առնելու երթար: Իրավունք ուներ Ութուճյան այս խոսքը կրկնելու, վասն զի այն ժամանակի դասատուներն հիմակվան մսավաճառներեն ավելի ճշմարտախոս չէին: Այս ընթացքով և փափաքով յուր բոլոր ընկերները գերազանցեց հայկաբանության և սատանայության մեջ: 1834-ին Պալատի վարժարանին հրաժեշտ տալով՝ Գանլը Քիլիսեի դպրոցը գնաց: Քանի մը տարի հոն աշակերտելով՝ կատարելապես ձեռք բերավ Հայկաբանությունն և Ճարտասանությունը: 1838-ին մտավ ճեմարան, ուր ճեմելեն զատ բան չսորվեցավ: Հայրն՝ որ շատ հարուստ չէր, զավկին ճեմելը տեսնելով՝ գիրքերն առավ իրմե և արդուկ մը տվավ, որ անով հագուստներ հարդուկե: Այն ատեն ցավոք սրտի համոզվեցավ Կարապետ, որ աշխարհաբարն ուղղելեն առաջ վերարկուներ և վարտիքներ ուղղել պետք էր: Հնազանդեցավ հորը հրամանին և սկսավ խանութը երթալ: Շատ չանցավ, հոն ալ փայլեցուց յուր հանճարը. մեկ ժամվան մեջ քառասուն վերարկու կարդուկեր, թեպետ և շատ անգամ կը խանձեր զանոնք, բայց տրամաբանության ուժով հանցանքը կամ երկաթին վրա կը բեռնավորեր կամ կրակին վրա: Եվ այս եղանակով քանի համոզեր հաճախորդներն այնքան ավելի փափաք կուտար գիտություններու՝ զորս ուրիշները խաբելու համար ստեղծած կը կարծեր: Երբեմն Հայր Արսենի քերթվածները կարդալու կը զբաղեր և հաճախորդները ժամերով սպասել կուտար:

Պարապո ժամերուն մեջ բնավ չէր մոռանար աշխարհաբար գրություն մը գրաբարի դարձունելեն ետքը նորեն աշխարհաբարի վերածել: Օր մ'ալ տեսավ, որ թիկնոցին երեսը շատ հինցած էր, շրջեց զայն ու հագավ, և երբ հայրն պատճառն հարցուց՝ պատասխանեց, թե թիկնոցը գրաբարեն աշխարհաբարի դարձուց: Բնական է, որ կարդալու համար սրտին մեջ այնքան փափաք սնուցանող մեկը լաթեղեն ասպարեզն խիստ անձուկ գտնար. ուստի թողուց հորն արվեստն և դասախոսության սկսավ:

1845-ին ազգային վարժարաններու և քանի մը տուններու մեջ այցելու դասատու ընդունվեցավ: Երեք տարի այս պաշտոնն ամեն հաջողականությամբ վարելով քիչ մը դրամ պատրաստելեն ետքը միտքը դրավ Բարիզ երթալ ու վաճառականության դպրոց մտնել:

1848-ին Պոլիսեն մեկնեցավ Բարիզ երթալու համար, ուր երկու տարի ու կես վաճառականության վարժարանին մեջ առևտրական գործերու վրա կատարյալ հմտություն առնելեն ետքը, 1851-ին Պոլիս դարձավ և հետևյալ օրն ուզեց վաճառատուն մը բանալ: Վաճառականության համար պետք եղած ամեն բաներն ուներ, միայն ստակ չուներ: Իր դեմ ելնող բոլոր բարեկամներուն կառաջարկեր, որ դրամագլուխ դնեն և իրեն հետ ընկերությամբ վաճառականություն ընեն, իսկ անոնք կը մերժեին անոր առաջարկությունն: Վհատություն եկավ վրան. և որովհետև վհատությունն մեր ազգին մեջ մարդս կամ գերեզման կը տանի կամ խմբագրության ասպարեզը կը նետե, այս վերջինին մեջ ձգվելու դժբախտությունն ունեցավ:

1851-ին Մասիս անունով լրագիրն հրատարակելու ձեռնարկեց: Այս լրագիրն բնավ նպատակ չուներ հասարակության լուրեր տալու, այլ պարզապես կը հրատարակվեր աշխարհաբար լեզուն կոկելու և գեղեցկացնելու համար: Եթե մինչև մոտ ատեններս լուրերն ամենեն ուշ կը հաղորդեր՝ պատճառն այն էր, որ զանոնք սահուն և կոկիկ աշխարհաբարի կը վերածեր և այնպես ի լույս կը հաներ: Եվ այն լուրերն, որոնց մեջ խորթ բառեր կը գտնվեին, բնավ չէին հրատարակվեր Մասիսի մեջ, որքան ալ օգտակար ըլլային յուր ընթերցողներուն. լավ է, կըսեր, որ ընթերցողներս վնասվին քան թե Մասիսի լեզուն: Զարմանալի չպիտի թվի անշուշտ, եթե հայտնեմ, որ երբեմն սկզբունք ալ կը զոհեր լեզվին: Չմոռնանք խոստովանիլ, թե Ութուճյան յուր քերականության մեջ ներդաշնակության առաջին տեղ տված ըլլալով՝ բավական բառեր հարստահարված է, շատ բառեր սպաննած է, բայց այս դարուս մեջ ո՞ր բարեկարգությունն առանց արյան կարելի եղած է, որ աշխարհաբարի բարեկարգության համար զոհողություններ չըլլան:

Ուրիշ խմբագիրներու պես շաբաթն անգամ մը չփոխեր յուր կարծիքները: Թերևս առարկվի, թե կարծիք ըսածը լաթի պես է, մեկը շատ լաթ ունենալու է, որ շաբաթն անգամ մը կարենա փոխել: Կարծիքներու մասին աղքատ չէ ինքը, մանավանդ թե զինքը աղքատ ամբաստանողներեն շատ ավելի հարուստ է, բայց զանոնք չփոխելը այն հիման վրա հաստատված է, թե մարդս այն ատեն փոխելու է կարծիքը, երբ կը հիննա և ալ չգործածվիր: Ամեն կարծիքներն իրարու ետևե գործածելը՝ ըստ մեզ, միտքը շռայլության վարժեցունել է, և ինքը շատ խոհեմությամբ կը վարվի յուր կարծիքներուն վրա հաստատ մնալով:

Արժեթուղթերու գիներուն հետ ալ իր կարծիքներուն պես կը վարվեր Մասիսի մեջ, բնավ չէր փոխեր զանոնք: Երբ արժեթուղթերուն գիները երկու ֆրանկ բարձրանային, պետք է, կըսեին, Մասիսի մեջ արժեթուղթ դնել և Ղալաթիո հրապարակին վրա երկու ֆրանկ շահով ծախել:

Արդարության ջերմ և նախանձախնդիր պաշտպան է: Ոևէ խնդիր մը անաչառությամբ քննելու համար զայն կը պարզե, անոր մեջ ճշմարտութենե առաջ բաժանորդ կը փնտռե. վասն զի առանց բաժանորդի ճշմարտությունը չպաշտպանվիր: Երբ կը տեսնե, որ ճշմարտությունը խոհեմությամբ կը վարվի՝ անոր կուսակից կըլլա, իսկ երբ կը նշմարե, որ կը հանդգնի իրեն շահուն դիպչիլ՝ բոլոր ուժովը կը զինվի անոր դեմ. և իրավունք ալ ունի, քանի որ անձնապաշտպանությունը օրենքն ալ կներե:

Շատերն իրեն մոռացկոտ բնավորություննեն օգուտ քաղելով՝ երբեմն երբեմն հաջողած են յուր ազգօգուտ լրագրույն մեջ հակասական նամակներ հրատարակել տալ: Բայց քանի մը տարի առաջ Շահ—Հյուսեինի խնդրույն նկատմամբ Փունջի դեմ բացած դատեն խրատվեցավ և հիմա առջի գրածները չմոռնալու համար մատը դերձան կը կապե:

Եվ որովհետև այս դատն 1875-ին բոլոր փաստաբաններն և գրագետները հուզեց, հարկ կը համարինք անոր վրա համառոտ ծանոթություն մը տալ: Գրիգորիս եպիսկոպոս Այյաթճյան, Երզնկայի առաջնորդ, յուր պաշտոնատեղին երթալեն անմիջապես ետքը հանրածանոթ չարագործ Շահ - Հյուսեինի դեմ նամակ մը գրե Մասիսին: Սույն նամակին հրատարակութենեն քանի մը ամիս ետքը նորին գերապատվությունը ի նպաստ Շահ - Հյուսեինի նամակ մ'ալ կը ղրկե Մասիսին, որ կը հրատարակե յուր էջերուն մեջ: Ժողովրդյան ատելի չարագործի մը Մասիսի մեջ փառաբանվիլը տեսնելով Փունջ՝ յուր պաշտոնակցին վրա կը հարձակի ապուշ, կենդանի, քոու և վատ պատվանուններով: Մասիս այս պատվանուններեն վիրավորված կենթադրե յուր անձնականությունն և ի դատ կը հրավիրե Փունջը: Այս դատին պզտիկ պատկերը կրնա համարվիլ հետևյալը.

Դատավոր. – Ինչո՞ւ համար այս մարդուն պատվույն դպար:

Փունջ. — Ես չհայհոյեցի:

Մասիս . — Ինձի վատ և կենդանի ըսելեն ետքը հիմա կը պնդե, որ կենդանի բառը մարդ կը նշանակե, և աս նշանակութենե կեզրակացունե, թե ես ալ մարդ եմ:

Դատավոր. — Մարդ բառը չե՞ք ընդունիր, անո՞ր դեմ կը բողոքեք:

Մասիս. — Չէ մարդ եմ, բայց կենդանի չեմ:

Փունջ. — Եթե կենդանի չես, ուրեմն մեռյալ ես:

Մասիս . — Մեռյալը դուն ես:

Փունջ. — Կենդանի բառն անասուն չնշանակեր... եթե ինձի չեք հավատար՝ Տերոյենցի, Լուսինյան Խորեն եպիսկոպոսի հարցուցեք:

Մասիս. – Հարցնելու պետք չկա, կենդանի բառը հոս գեշ մտքով դրված է:

Փունջ. — Ես աղեկ մտքով գրի:

Մասիս . – Վատ բառին համար ի՞նչ պիտի ըսեք

Փունջ. — Վատը ցած չնշանակեր:

Մասիս. — Բա՞րձր կը նշանակե:

Փունջ. — Բարձր ալ չնշանակեր: Ես միայն այս գիտեմ, որ այդ բառը քու արարքդ նշանակող բառ մ'է:

Մասիս . — Հայհոյություն է:

Փունջ. — Ոչ, վատ բառը ծույլ, թույլ, հույլ կը նշանակե:

Մասիս. — Դուն ես ծույլ, թույլ, հույլ... նույնահանգ բառերը ժողովեր եկեր է... ոտանավոր շինելու չեկանք հոս:

Դատավոր. – Ծույլ ըլլալը կրնա՞ս հաստատել:

Մասիս. — Անկարելի է:

Փունջ. — Եթե ծույլ չէ՝ վախկոտ է, վասն զի վատը վախկոտ ալ կը նշանակե:

Դատավոր. – Ես այդ բառերը պատրիարքարան կը ղրկեմ, անոնց ինչ ըլլալը կը հասկնամ և հետո ձեզի կը կանչեմ:

Բառերը պատրիարքարան գացին և հոն մնացին: Եթե օր մը ելնեն՝ հասարակությունը հարկավ պիտի լսե ու իմանա անոնց նշանակությունները: Սակայն երկու խմբագիրներն պատվավոր կերպով հաշտվեցան և հաղթությունը մնաց... երկուքին ալ քովը:

Պաշտպան է ոչ միայն ճշմարտության, այլ նաև պատրիարքական գահու վրա, երբ գահեն վար իջնան՝ ինք ալ կը դադրի անոնց համակարծիք ըլլալե: Այս դարավոր սովորության շնորհիվ է, որ հիմակվան ամենապատիվ Ներսես պատրիարքի օրով պաշտպանեց Խաչատուր կաթողիկոսը, Վանցի Պողոս Վարդապետն և ի տանեն Մամիկոնեից Մամբրե եպիսկոպոսը, զորս կը հարվածեր Խրիմյանի օրով: Որչափ ալ անհեթեթ ըլլա պատրիարքի մը որոշումը՝ զայն հարգելու սովորություն ունի, և տարակույս չունինք, որ եթե Կալիգողայի օրով խմբագրության պաշտոնին մեջ գտնված ըլլար՝ գովաբանելով պիտի դրվատեր Կալիգողայի այն որոշումն, որով ձին հյուպատոս անվանել կուզեր և անշուշտ խմբագրական հոդվածով մը ձին ալ պիտի շնորհավորեր ըսելով:

«Հռովմայեցիներու համար նոր դարագլուխ մը բացվեցավ:

«Մինչև հիմա հյուպատոսները իրենց պաշտոնը չարաչար գործածելով ժողովրդյան գանգատներուն առիթ տված էին»:

«Բարեխնամ Կալիգողա կայսրը ժողովրդյան գանգատներն ու բողոքները նկատողության առած ժամանակը՝ փափաքելով միանգամ ընդմիշտ անոնց վերջ տալ՝ հյուպատոսն յուր պաշտոնեն հրաժարեցուց և անոր տեղ անվանեց յուր հավատարիմ վսեմափայլ ձին, որուն մատուցած ծառայություններն արդեն ծանոթ են մեր ազգայիններուն:

« Քաջահույս ենք, որ նորընտիր, հայրենասեր և արդարակորով ձին յուր խոհական և փորձյալ քաղաքագիտությամբը ամեն ճիգ պիտի թափե երկրին և ժամանակին պահանջումներուն համեմատ բարեկարգություններ ընելով ժողովրդյան հարգն ու համարումն իրեն գրավել»:

«Անօգուտ չըլլար հիշել նաև, թե վսեմափայլ ձին գեշ տնօրենություն մը բրած չհամարվիր, եթե իրեն օգնական կարգե մեծապատիվ (այս անուն) էշն, որ ծերակույտի ժողովին մեջ մեծ ձայն ունեցած է ժամանակով, էշն որ սիրելու պատիվն ունի այն ազնվական ավանակեն, որ մեծ տեղ մը գրված է Հին Պատմության... ախոռին մեջ » :

Այս խմբագրական հոդվածը գրելեն քանի մը օր ետքը Ներքին Լուրերուն մեջ պիտի կարդայինք հետևյալները.

«Ժողովուրդը շնորհակալության ուղերձ մը գրեց Կալիգողա բարեխնամ կայսեր յուր ձին հյուպատոս անվանելուն համար:

«Այսինչ կառավարության դեսպանն երեկ հյուպատոս ձիին այցելություն մը տալով երկու ժամու չափ տեսակցեցավ հետը»:

«Այսինչ կառավարությունն յուր խնդակցությունը հայտնելու նպատակով հյուպատոս ձիին պատվանշան մը ղրկեց: Վսեմափայլ ձին հեռագրով շնորհակալություն հայտնեց հիշյալ կառավարության»:

«Երեկ գիշեր վսեմափայլ հյուպատոսին ախոռին մեջ կոչունք տրվեցավ դիվանագետներուն, բոլոր երևելի ջորիներն իրենց ազնվաշուք ընտանիքներովն և նշանավոր էշերն պարահանդեսի զգեստով մեծ փայլ մը կուտային սույն շքեղ հանդեսին: Էշերուն կենացը գավաթներ պարպվեցան»:

Այսչափով չպիտի շատանար, այլ պիտի առաջարկեր ճանճերե զինվոր առնել, մեղուների վրա տուրք դնել, ուղտերը թաղապետության անդամ անվանել և հասարակաց ապահովությանը համար մրջյուններե ոստիկանություն մը կազմել. և վերջապես պիտի առաջարկեր ինչ որ այս այլանդակ կայսրը կը խորհեր:

Մենք զինքը մեղադրելու նպատակավ չէ, որ Կալիգողայի ղրկեցինք Ութուճյանը, այլ ցույց տալու համար այն ընդունելությունն, զոր կընե ամեն պատրիարքներու որոշումներուն և առիթ կուտա ըսել տալ ուրիշներուն, թե Մասիս պատրիարքարանի բերանն է կամ ականջն է: Մինչև մոտ ատեններս չափազանց խոհեմությամբ վարվելով՝ պահպանողական ընթացք մը բռնած էր, իսկ տարիե մը, այսինքն այն օրեն ի վեր, որ Մասիս ամեն օր կը հրատարակվի բացի կիրակի օրերեն, տոնի օրերեն և գրաշարի հիվանդ եղած օրերեն, հարձակողական դիրք մը բռնած է: Ամեն ազատությամբ կը խոսի այսօր ինչ որ մտքեն անցունելու կը վախնար երկու տարի առաջ: Անաչառաբար խոսելով քաջությամբ պաշտպանեց և դեռ կը պաշտպանե հայկական խնդիրն յուր քաղաքական հոդվածներովն: Երբեք առիթ չփախցուներ հալածել ամեն անոնք, որ ազգային իրավունքներուն դպչիլ կուզեն: Այս ամենն ընելով դարձյալ չէ արժանացած այն քաջալերության, որով միայն կարող է թերթերը մեծցունելով ազգին հայախոս և մեծ լրագիր մը կարդացնելու փափաքն իրականացնել:

Բայց Մասիսեն ունի երկու ընտիր թարգմանություններ, որ մեր ժողովրդյան վիպասանության ճաշակ տվին: Թափառական հրեան և Գաղտնիք Հավատաքննության մեր ժողովրդյան բավականեն ավելի ներկայացուցին անդրալեռնականները: Այս թարգմանություններու համար թարգմանիչն բավական դափնյա պսակներ ընդունեց, զորս քակելով տունը կը ղրկեր, որ օձաձուկ առնեն և դափնիներուն մեջ դնելով, կասկարայի վրա եփեն, նվիրեցին նաև բավական ձիթենիներ՝ զորս շնորհակալությամբ ընդունելով կը մոմռար.

Ավելի աղեկ չէ՞ր ըլլար, եթե այսչափ ձիթենիի տեղ սափոր մը ձեթ ղրկեիք ինձի:

Ճիշտ Եզոբոսին աքաղաղին պես որ կըսեր.

— Մարգարիտն ի՞նչ ընեմ, գարիի մը հատիկն ինձի համար ավելի կարժեր:

Թարգմանած է նաև Վեքֆիլտի երեցն և Քաղաքական տնտեսագիտություն, որոնց, ինչպես նաև բոլոր թարգմանություններուն մեջ ցույց կուտա, որ մեր թարգմանիչներուն արժանավոր հաջորդն ըլլալու պատիվն կը վայելե:

Ութուճյան ոչ նվազ նշանավոր եղած է ազգային երեսփոխանական ժողովո մեջ: Անիրավություն ըրած կը համարինք ինքզինքնիս, եթե չիշենք հոս, որ ազգային պատմության մեջ Սահմանադրության հիմնողներուն մեջն անցած է նաև յուր անունը: Քանի մը երեսփոխաններու պես խոսած ըլլալու համար խոսելու սովորություն չունի. վասն զի ուրիշներու գլխու ցավ պատճառելն խղճին կդիպչի: Խիստ քիչ անգամ խոսք կառնե և քանի մը բառի մեջ յուր միտքը բացատրելու հատկությունն ունի: Իսկ անուրանալի է, որ երբ ոտք ելնե և ատենապետեն խոսք ուզե, այնպիսի շարժումներ կընե, որ կարծես տղա մ՛է և վարժապետին կըսե.

— Վարժապետ, գործ ունիմ:

Կարապետ էֆենտի Ութուճյան, յուր ամբողջությամբն առնելով, բարի և ազգային մարդ մ՛է: Քսաննութ տարիներե ի վեր խմբագրությամբ ազգային ծառայելեն զատ շատ մը հանձնաժողովներու, ժողովներու և խորհուրդներու մեջ ազգային ծառայած է անձնվիրաբար և նույնչափ տարիներ ևս պիտի ծառայե, եթե յուր կազմին նայինք: Երկչոտությունը թողլով քաջությունը ձեռք առած է, թեպետև աս ալ ճշմարիտ է, որ աղվես ձևանալ չմոռնար երբ ազռավ մը տեսնե: Իբրև խմբագիր մեծ թերություններ կրնա ունենալ, բայց իբրև սխալական մարդ մեծ առավելություններ ունի: Մեկու մը վնաս տալ չուզեր, սակայն ամենեն ալ օգուտ քաղել կը փափաքի: Ուրիշներու բարիք ընելու չզլանար, եթե պարագաները թող տան: Կը սիրե այն ամեն գործերն, որ բարի, գեղեցիկ և օգտակար են, իսկ կը պաշտե՝ երբ գեղեցիկ են: Եթե դեմքեն զատես զինք, վճիռ կարձակես թե անմատչելի մեկն է, իսկ երբ օր մը հետը տեսնվելու պատիվն ունենաս՝ տված վճիռդ հետս կը կորչես և կը խոստովանիս, որ այս մարդուն դեմքը սրտին հետ հակասության մեջ է: Ցավ է մեզ սակայն խոստովանիլ, որ եթե գրիչով մեկու մը դեմ գրելու որոշում տա՝ չխայթեր, այլ կը վիրավորե:

Աքիլլես միայն կրնա դեմ դնել անոր հարվածներուն: Վերջին օրերս հանձն առած է Ղալաթիա տպվող լրագիր մը կրթելու:

Հիշյալ լրագրին մարգարե խմբագիրն, որ միշտ գուշակություններ կընե, բնավ չէր գուշակած Մասիսեն խրատվելու պետքը:

Ութուճյան էֆենտին երկար հասակով, թուխ դեմքով, սև ընքվիներով և աչքերով քաջառողջ մարդ մ’է: Սովորություն ունի փողոցը քալած ժամանակ միշտ գետինը նայիլ. կարծես բաժանորդ կը փնտռե:

Իսկ երբ գլուխն վեր առնե՝ այն դեմքը կունենա, երբ Շիրքեթի շոգենավերեն մեկուն մեջ նստած ժամանակդ քովեդ հարյուր քսան օխանոց մեկը անցնելով ուժով ոտիդ կոշտին վրա կոխե և անցնի երթա առանց ներողություն խնդրելու:

ՀԱՐՈՒԹՅՈՒՆ ՄԵՐԵՅԵՄ - ԳՈՒԼԻ

Հարություն Հեթում Մերեյեմ - Գուլի , հաշվագետ, ազգային երեսփոխան, ծնած է Խասգյուղ, 1840 թվականին: Լսած ըլլալով այն առածն, որ կըսե, թե կամաց քալողը չհոգնիր, բնավ քալել չէր ուզեր, բնավ չհոգնելու համար: Երեք տարեկան եղած էր և դեռ ելնելու կայնելու ջանք մը ըրած չէր: Հայրն ու մայրը կը հորդորեին զինքն, որ ելնե քալե և շատ անգամ, անոր բարի նախանձը գրգռելու համար, կըսեին իրեն:

—Հարություն, տես ընկերներդ ինչպես կը քալեն:

— Քալողն ես եմ, բայց ձեզի այնպես կը թվի՝ թե անոնք կը քալեն, — կը պատասխաներ Հարությունը:

Ծնողքն, իրենց զավակին բռնած այս ընթացքին վրա ցավելով, հնարք մը կը խորհեին, որով կարելի ըլլալ զինքը քալեցունել: Ավետարան, խաչահանգիստ, բժիշկ կարող չեղան ոտք հանել այս տղան, որ սենյակին մեկ անկյունը նստած կը խորհեր:

Բայց դիպվածն, որ շատ անգամ մեծ հիվանդություններ բուժած է, այնպես ուզեց, որ այս տղուն հայրը առավոտ մը քսակը գրպանեն հանելով ոսկիները կը համրեր՝ անզգուշությամբ անոնցմե հատ մը ձգեց գետինը:

Հարությունը ոսկիին գետինը իյնալը տեսնելուն պես՝ նստած տեղեն մեկեն ի մեկ կանգնեցավ: Հրաշք, գոչեց հայրն և ոսկի մ'ալ նետեց գետինը: Երկրորդ ոսկին տեսնելուն պես՝ քայլ մ'առավ տղան: Երկու ոսկի նորեն նետեց հայրը, երկու քայլ նորեն առավ տղան:

Չորս ոսկի ալ. չորս քայլ ալ: Հայրը քսակը նետեց սենյակին մեջտեղը և Հարություն սկսավ վազել: Ահա այսպես դիպվածով քալել սորվեցավ Հարություն, և այս է ահա պատճառն այն խոսքին, որով կըսեն, թե Հարություն էֆենտի Մերեյեմ - Գուլի առանց ստակի քայլ մը չառներ, ոչ գրասենյակին մեջ և ոչ հրապարակին վրա:

Ոչ միայն հաշվագետ, այլ նաև տնտեսագետ ըլլալով՝ կը պատվիրեր ծնողացն, որ յուր վարտիքն ու շապիկն քիչ մը մեծ կտրեն ու ձևեն, որպեսզի քանի մը տարիեն նեղ չի գան և կարենա զանոնք մեկ երկու տարի շարունակ հագնիլ: Մարմինն համեմատորեն յուր խելքին խիստ ծանր մեծնալուն՝ հիշյալ ճերմակեղեններն հինգ տարի հաջողեցավ գործածել: Այս բանը շատերուն զարմանք պատճառեց և մինչև անգամ կատակի համար իրարու ըսին.

— Դիտմամբ չմեծնար, որ նոր ճերմակեղեն շինելով՝ տնտեսագիտության դեմ վարված չըլլա:

1846-ին տրվեցավ իրեն քերական մը, զոր երկու ժամվա մեջ սորվեցավ: Դասատուն անոր սրամտությունը տեսնելով՝ ընթերցանության դասին վրա թվաբանության դասն ալ ավելցուց: Հարություն իրեն տրված բոլոր դասերուն մեջ ալ հառաջադեմ գտնվեցավ. չէր այն աշակերտներեն, որք թվաբանության մեջ արագոտն են և լեզվի մեջ կաղ; Ծնողքն երբեմն անհանգիստ կըլլային մտմտալով, որ եթե այս տղան մեծնա՝ որ ճյուղն ընտրելու է իրեն, փաստաբա՞ն ըլլալու է, թե վաճառական, համարակա՞լ, թե գործակալ, ատենախո՞ս, թե ժողովական. ամենն ալ, ամենն ալ կը պատասխաներ Հարություն և դասերուն կը պարապեր: Շատ անգամ դաս տալու եղանակն կը սորվեցուներ դասատուին և երբեմն ալ անոր սխալները կուղղեր թվաբանության մեջ: Ութը տարեկան էր՝ թաղին փերեզակին տետրակները կրկնատոմարի կը վերածեր: Մինչև տասներկու տարեկան տունը դաս առնելեն ետքը 1852-ին Պեշիկթաշի վարժարանը գնաց. բայց զոհացուցիչ չգտնելով զայն, նավակ մը մտավ, և Իսկյուտար անցավ: Հոն Նոր Թաղի վարժարանը մտավ, որ մինչև այսօր Ճեմարան անունը կը կրե, ինչպես ազնվական անունը կը կրե մեկն, որ յուր հորը բոլոր հարստությունը խաղի մեջ՝ առաքինությունը պարահանդեսներու մեջ մսխելով՝ յուր ազգատոհմին պատիվը կարատե: Հոն ալ բավական սնունդ չգտնելով՝ Գում-Գաբու Մայր եկեղեցիին ուսումնարանը մտավ, բայց հոն ալ բան մը չգտնելով՝ Պեպեքի եզիթիներու դպրոցն առավ յուր շունչն և հոն ավարտեց յուր ուսման շրջանը:

Այն թվականին Պոլսո բնակիչներն ինքզինքնին վիճակահանության տված էին: Հարություն տեսնելով, որ ժողովուրդը շատ հարած է վայրկենի մը մեջ մարդերը հարուստ ընող վիճակահանության, առանց յուր պզտիկ խելքին նայելու, նստավ շաբաթ մը խորհեցավ, ինքնիրմե նոր տեսակ վիճակահանություն մը հնարեց, որուն մեջ ամեն թվերն ալ պիտի շահեին, բոլոր աշխարհ մեկեն ի մեկ հարուստ պիտի ըլլար, աղքատությունն երկրիս վրայեն պիտի ջնջվեր, փոխառություն բառն բառարաններուն մեջեն պիտի քերթվեր: Հաստատապես միտքը դրավ, որ գործի մարդ ըլլալուն պես յուր ծրագիրն ի գործ դնե, և ժողովուրդը հարստացնե գումարին մեծ մասն իրեն բաժին հանելով:

Ափսոս... հազար ափսոս, որ ուշ մնացած ըլլալուն համար չկրցավ նպատակին հասնիլ, վասն զի Եվրոպայի վարպետորդի սեղանավորներն միևնույն բանն իրմե առաջ մտածեցին և անոր ծրագիրն խանձարուրին մեջ խեղդեցին: Հարություն բարկացավ և ծրագիրն ծալլելով գրասեղանին տակի զզրոցը թխմեց, որով հարուստ ըլլալե զրկեց զմեզ, և թողուց, որ խեղճ մահկանացուներս ապրելու համար հազար սուտ խոսինք և երկու հազար շողոքորթություն ընենք:

1858-ին վարժարանեն ելավ և վաճառականի մը քով մտավ իբրև համարակալ: Տետրակներն այնչափ կանոնավոր կերպով կը բռներ, որ յուր տերը, տեսնելով անոր հաջողությունն, վեց ամսեն վաճառատան տնօրեն կարգեց զայն: Աստիճանաբար, բայց հաստատապես առաջ երթալու հիմ դրած ըլլալով իրեն, մինչև որ փառքին մեջ օգուտ և մեծության մեջ իրականություն չտեսնե՝ ետևեն չերթար:

Պզտիկ հասակեն ի վեր մեկ ոտնը սանդուխին առաջին աստիճանին վրա լավ մը կոխած ըլլալուն չհամոզված՝ մյուս ոտնը երկրորդ աստիճանի վրա կոխած չէ և մինչև այսօր եթե Ղալաթիո կամուրջեն անցնիլ հարկ ըլլա իրեն՝ նախ և առաջ երկու ճարտարապետ կը բերե և անոնց քննել կուտա կամուրջն, անոր հաստատությունը կը համոզվի և ետքը տասը փարա կուտա և վրայեն կանցնի:

1860-ին ազգային գործերուն մեջ նետվեցավ: Սահմանադրության հաստատված ժամանակ Արիք Հայկազունք (Ազգային Սահմանադրության երգը: Հեղինակ՝ Հ. Սվաճյան) երգողներուն ետևեն կերթար և կը պաշտպաներ Ժողովրդականությունն, որ մինչև այն ատեն պարզ ծունկի կապ մ'էր և զոր Սահմանադրությունը վերցնելով պատվանշաններու կարգը բարձրացուց. այն թվականեն ի վեր է, որ ազգին մեծերն ուրիշի չեն տար այդ պատվանշանը: Ազգին մեջ դաստիարակություն մտցունել աշխատողներուն միանալով արժանացավ հիմնադիրներեն մին ըլլալու այն շենքին, որ նախ

Արևելյան Թատրոն ետքը, Թատրոն Ձիերու, քիչ մը ետքը Գաղիական Թատրոն, քանի մը տարի ետքը Ալքազար կոչվելով տասը տարվա մեջ չորս անուն փոխեց գերապատիվ Խորեն Գալֆայանի պես: Որչափ ատեն որ ընկերության մեջը մնաց՝ թատրոնը կանոնավորությամբ շարունակեց յուր ներկայացումներն, զորս յուր ներկայությամբը կը ծափահարեին մեր հարուստներեն շատերը: Իսկ երբ գիշեր մը դերասաններեն մեկը վարագույրեն դուրս ելնելով հայտարարեց թե՝ «չկրնար նույն գիշեր յուր դերը կատարել, եթե յուր ամսականը անմիջապես չվճարվի», Հարություն էֆենտին հիմնադիրներուն մեջ չէր, այլ Բերայի վարժարանին մեջ, որուն տնօրինությունը հանձն առած էր:

Այն ատեն փորձով հաստատեց, որ ինքն պայքարե չվախնար, բայց վտանգը նախատեսելուն պես անձն ու պատիվը մեկտեղ կազատե փախչելով:

Գրեթե այն գիշերեն մի քանի ամիս ետքը Արևելյան Թատրոնը թողուց հասարակությունը կրթելու պաշտոնը: Եվրոպացի մը եկավ հոն և սկսավ դաստիարակել յուր ձիերն, որոնք Սուրբ Երրորդության եկեղեցվույն բակը կը ճաշեին ցերեկները: Քանի մը տարի ետքը Պ.Մանաս ֆրանսացի դերասաններ ու դերասանուհիներ բերելով՝ բարոյապես կրթեց ազգիս հարուստները:

Ասոր հաջորդեց ուրիշ մը, որ լեցուց այդ շենքն ֆրանսացի երգչուհիներով, որք բարոյալից երգերով ոչ նվազ բարոյականություն սովորցուցին արգո հասարակության:

Բայց մենք դառնանք մեր պատմությանը:

Ինչպես վերը հիշեցինք, Հարություն էֆենտի Բերայի վարժարանին տեսչությունն ստանձնած էր: Թեպետև յուր տնօրինությանը ներքն վարժարանը քիչ մը բարեկարգվեցավ, սակայն հրաժարելուն պես բարեկարգությունն ալ հրաժարվեցավ վարժարանեն: Այն ատեն ոմանք ըսին՝ թե Հարություն էֆենտին յուր բարեկարգիչ ըլլալն աշխարհի ցույց տալու համար բարեկարգությունն հաշվով կըներ, որ ինքը պաշտոնեն ելնելուն պես՝ ըրած բարեկարգությունն ալ կը հատներ, կան նաև ըսողներ, թե ավելի կաշխատեր բարեկարգիչի համբավ առնել՝ քան գտնված պաշտոնին մեջ տևողական բարեկարգություններ ընել:

Քանի մը տարի ետքը Տնտեսական խորհրդե անդամ ընտրվեցավ և երկրորդ շրջանին մեջ ատենապետ: Պաշտոնի մեջ խոսելեն ավելի գործելու միտում ունենալով՝ ատենապետ ընտրվելուն պես ատենադպիր ընտրել տվավ յուր ընկերներեն մին, որ շատ խոսելու ասպարեզին մեջ առաջին մրցանակն առած է: Այս ճամփով յուր ընկերն շատ խոսելու իրավունքեն զրկելեն ետքը՝ սկսավ գործել: Կը վկայեն, թե յուր ատենապետության շրջանին մեջ շնորհակալության գիր մ'ուղղած են իրեն պատրիարքարանին ձիերն, որք շաբաթը մեկ անգամ մը գարի կուտեին: Պատրիարքարանի պաշտոնյաներն ամեն ամսու գլխուն իրենց ամսականները կընդունեին, մեկ ամիսը երեսուն օրե կը բաղկանար և ոչ թե յոթանասունհինգ օրե և հետնապես, պաշտոնյաները հիմակվան պես երկու ամիս ու կես չէին սպասեր ամսական մը առնելու համար: Առանց մեկուն ակնարկություն մ'ընելու կը զրուցենք, որ եթե ընտրություններու մեջ ազգը քիչ մը խոհեմություն բանեցուներ և երկաթագործն պաշտոնին չհրավիրեր, համարակալն բանաստեղծության ընտրելի չներկայացներ այս անձը միշտ

— Ազատ է դիմելու:

— Ժողովը պատասխանատու չը՞ մնար:

— Բնավ, ոչ ոք պատասխանատու կը մնա. եթե Փիլիպպոս եպիսկոպոսը արդարանա՝ քննիչը պատասխանատու կմնա և կպատժվի:

—Քննիչը անիրավություն ըրած է:

— Կարելի է, բայց այն անձին, զոր կեդրոնը քննիչ անվանեց, պարտավոր ենք գրածներուն հավատալ, եթե հավատալու չէինք՝ անօգուտ բան մը ըրած պիտի ըլլայինք Հայաստան քննիչ ղրկելով:

Այսպես կը պատասխանե ահա ով որ ալ ըլլա յուր ընդդիմաբանը, էֆենտի, բեյ կամ փաշա:

Ուրիշ երեսփոխաններու պես ժամերով չխոսիր, ձյունին սպիտակ ըլլալը փաստաբանելու համար գույներու իմաստասիրության չմտներ, այլ համառոտիվ յուր կարծիքը կը հայտնե և տեղը կը նստի:

Բարձր ձայն չունենալուն համար շատ անգամ յուր խոսքերը չի կրնար լսելի ընել բառին երկու նշանակությամբ ալ, վասն զի այն կարծիքներն միայն ուղիղ կը նկատվին, որոնք բարձր ձայնով և հստակ արտասանությամբ հայտնված են, որով իրավունք կուտա յուր ընկերներուն, որ ըսեն.

— Ձայնդ չենք լսեր. բարձր զրուցե:

Եվ Հարություն էֆենտի կստիպվի յուր ատենաբանությունն երեք անգամ կրկնել:

Խրիմյանի պատրիարքության օրով անդամ եղավ Ազգային պարտուց բարձման Հանձնաժողովո որ բարձավ առանց ազգային պարտքը բառնալու:

Տարի մը ետքը Սովելոց Հանձնաժողովո ատենադպիր ընտրվեցավ:

Աղոթք ընենք, որ ատենապետ չէր այս ժաղովին, եթե ըլլար՝ Պարսկաստանի մեջ սովյալ չէր մնար, ամենն ալ անոթութենե կը մեռնեին. վասն զի տարի մը շարունակ խորհելեն և դատելեն վերջ որոշում պիտի տար և սովյալներն անոթութենե մեռցնելեն ետքը պիտի ելներ անոնց ալյուր բաշխելու: Պաղարյամբ գործելու այնչափ վարժված է, որ բոցերու մեջ մարդ մը տեսնե՝ փոխանակ զայն բոցերեն դուրս քաշելու հնարքներուն վրա խորհելու, հրդեհին ինչ բանե ծագում առած ըլլալն կը հարցունե և պատճառն իմանալուն պես՝ զայն վերցնելու ճամփան խորհելու համար անմիջապես կը մեկնի, մարդ բոցերու մեջ թողելով և կը կարծե, թե իրդեհին մեջ ձեռքեն եկած բարիքը զլացած չէ:

Եթե պաղարյուն չես՝ կը կարծես, թե այդ մարդուն հետ վարվիլը շատ դժվար է: Հետո որչափ ընդհարիս՝ այնչափ կը կարծրանա. չնիրմեի անուշ կը նմանի: Եթե առանց համարակալության, հաշվո և տրամաբանության խոսիս՝ և ոչ մեկ բսածիդ կը հավատա:

Ազգային ամեն ձեռնարկություններուն քաջալերիչ է, նույնիսկ այնպիսի ձեռնարկություններուն, որոնց հարատևությանը չվստահիր: Այս կարգեն է այն քաջալերական նամակն, զոր քանի մը բարեկամներով ստորագրելով՝ ուղղեց կիներու ընկերության մը՝ որ նպատակ ունի պարզ հագնել սորվեցունել մեր ազգին տիկիններուն և օրիորդներուն:

Ինքը լավ գիտե թե՝

Ա. Ինչ որ դաստիարակության արդյունք է՝ չկրնար դաստիարակության պատճառ ըլլալ.

Բ. Դաստիարակությունն մտքին և սրտին մեջեն կսկսի և ոչ թե հագուստեն.

Գ. Պարզասեր չսեպվիր այն կինն, որուն միայն հագուստն պարզ է, այլ սիրտն ու դեմքն բաղադրյալ.

Դ. Երբ պարզասիրությունը դաստիարակության արդյունք չէ՝ ճաշակի խնդիր է.

Զ. Մեծ սխալ է պճնասիրությունն անոր համար հարվածել, որովհետև մեծ ծախքերու կարոտ է. պետք է զայն իբրև մոլություն հարվածել, վասն զի մոլություններ կան, որ ծախքերու կարոտություն չունեն և առանց ծախքի եղած մոլություններն առաքինություն չեն.

Է. Կիները համոզվելու են, թե գեղեցկությունը պարզության մեջ է, թե որչափ վնասակար է, երբ կիները այնպես կարծեն՝ թե մեծ զոհողություն կընեն պարզ հագվելով.

Ը. Գովելի են այն կիներն, որք ինքնաբերաբար զգացած են պարզության հարգն և առանց ուրիշներեն քաշվելու կամ իրենց ընկեր փնտռելու կրնան պարզ հագվիլ.

Թ. Եթե հագուստն ազդեցություն ունենար մարդուս սրտին վրա՝ փիլոնն մեզի սուրբեր հասցնելու տեղ շատ անգամ սատանաներ չպիտի ընծայեր.

Ժ. Առանց դաստիարակության ընդունված պարզ հագուստն իբրև նորաձևություն կընդունվի և այնչափ կը տևե, որչափ որ կը ներե հագուստին հյուսվածքը. պատռվելուն պես պարզությունն շրջազգեստին հետ մեկտեղ կամ կը նետվի կամ աղքատի մը կը տրվի:

Այս ամենը գիտե, բայց քաջալերության վրա մեծ վստահություն ունենալով՝ կը կարծե թե ապառաժի վրա ինկած սերմերն քաջալերությամբ կրնան բուսնիլ և աճիլ: Եթե նոր ձեռնարկության մը համար երթաս իրմե խորհուրդ հարցունես՝ կը քաջալերե զքեզ, միայն թե այդ ձեռնարկութենէ իրեն ալ շահ մը հանելու ես, վասն զի, ինչպես ըսինք, առանց ստակի տեղեն չշարժիր, թեպետև ազգային կյանքին մեջ անշահախնդրության օրինակ մը կրնա համարվիլ: Հարություն էֆենտին պարզ հագնվելեն ավելի կսիրե անկախ կյանք վարել և մաքուր ապրիլ: Եթե մեկու մը բարև տալ հարկ ըլլա՝ երկու շաբաթ առաջ Ժյուլ Սիմոնի Ազատությունը կը կարդա, որպեսզի չըլլա թե բարև տալու մեջ անկախությանը դպչող բան մը գտնվի: Մաքրությունն այնքան կը սիրե, որ ձեռները չախտոտելու համար ուրիշին մատներովը կը քերե գլուխը, բայց ամեն ատեն ուրիշին ձանձրություն չպատճառելու համար՝ յուր բթամատը միայն գործածել սկսած է վերջերս: Եթե հարկ ըլլա ձեռները լվալ՝ դեղագործներեն զտված ջուրը կը փնտռե: Եթե այսչափ մաքրություն մարդս յուր սրտին մեջ ունենար՝ չէր կրնար այս դարուս մեջ ապրիլ, բայց քանի որ ձեռներու մեջ է, վնաս չունի:

Հարություն էֆենտին թերություններու կողմեն այսչափ աղքատ ներկայացնելեն ետքը կսկսիմ խորհիլ և ինքնիրմես ըսել. այս մարդը կամ քիչ թերություն ունի և կամ ունեցած թերություններն տրամաբանության օրենքներուն համաձայնեցուցած է: Օրինակի համար, ուրիշին բարություն ընելն աղեկ բան մ՚է, բայց ուրիշին բարություն ընելու ատեն մեր շահն ալ խորհելը իբրև գեշ բան չեն դատապարտեր օրենքը, մանավանդ անգղիացիներուն քաղաքականությունն, որ կըսե, նախ իմ շահս և ապա ուրիշներունը: Արդ, ինչ որ ներելի է կառավարության մը, ինչո՞ւ ներելի չըլլար նաև անհատներուն:

Հարություն էֆենտին ազգին օգտակար անձ մ՚է, ամենեն կնճռալի հաշիվներեն երկու օրվան մեջ կը պարզե: Յուր սենյակն խելքի խանութ է, ամեն մարդ կերթա անոր և իր գործին վրա խորհուրդ կը հարցունե: Երբ կը տեսնեն զինքն, որ թուղթ մը առած կը պլորե՝ գիտցիր, որ դժվարալույծ խնդրո մը վրա կը խորհի, իսկ երբ պլորած թուղթը բանա և գրասեղանին վրա դնե՝ խնդիրը լուծված է:

Այս անձը ոչ պճնասեր է և ոչ պարզասեր, այլ երկուքին մեջտեղն է: Ձմեռվան եղանակին մեջ երբեմն մինչև մեջքը զույգ մը կոշիկներու մեջ կը մտնե, բայց որչափ ալ ըսեն, թե այդ մեծ կոշիկներն արգելք կըլլան իրեն քալելու, մենք կը վկայենք, թե ժամանակով Բերայեն քարոզիչ մը հալածած է այդ ահագին կոշիկներով: Միջին հասակ և բարակ կազմ մը ունի: Մազերն սև են, եթե ճերմակ ըլլային՝ ավելի պիտի վայելեին, վասն զի միշտ իբրև ծեր կը խորհի, թեպետև ետ չկենար իբրև երիտասարդ գործածե:

Փողոցի մեջ երբեմն ծանր կը քալե և երբեմն ալ կը վազե, ծանր քալած ժամանակը շահու վրա կը խորհի, իսկ երբ վազե՝ շահ մը գտած է:

Այս վերջին պարագային մեջ շուրջը չնայիր և չբարևեր յուր ծանոթներն, որոնց եթե բարևել հարկ ըլլար՝ մինչև երեկո չպիտի կրնար երթալիք տեղը հասնիլ: Իսկ երբ դեմքն վեր առնե, կը ներկայացնե այն մարդուն դեմքն, որ կղզիի շոգենավուն հասնելու համար վազելեն ետքը՝ երբ մեկ ոտն շոգենավին մեջ պիտի դնե՝ շոգենավն սուլելով կը մեկնի:

ԱՆՏՈՆ ՀԱՍՈՒՆՅԱՆ

1810 թվականին ծնավ Անտոն Հասունյան, կաթողիկոս հռովմեական այն հայերուն, որոնք նախապատիվ կը սեպեն իրենց ազգային իրավունքներն Սուրբ Պապին հողաթափերուն մեջ տեսնել, քան թե իրենց ձեռներուն մեջ:

Յուր ծննդյան գիշերն ամեն մարդ սկսավ իրարու հարցնել, թե ինչո՞ւ գիսավոր աստղ չերևեցավ, վասն զի նախնիք գիսավորներն չարագուշակ նշան համարելով՝ կը հավատային,թե նախ գիսավորը կուգա և ապա փորձանքը: Նույն գիշեր շատերը մեյմեկ դիտակ առած՝ երկնի երեսը կը դիտեին, տեսնելու համար գիսավորն, որ անպատճառ երևցած ըլլալու է, բայց մեզի անտեսանելի է կըսեին: Իրավունք ունին: Գիսավորն որոշած էր Հասունյանե երկու ամիս առաջ գալ, բայց Հասունյան, որ միշտ գաղտնի գործել կը սիրե, գիսավորին դիտավորությունն իմանալով՝ պոչեն բռնած էր և թող չէր տար, որ երթար: Սարսափելի կռիվ մը ծագած էր արդեն այս երկուքին մեջտեղը. թեպետև գիսավորն վերջապես հաջողած էր իր թշնամվույն ձեռքեն պրծիլ և երկնի երեսն երևիլ, սակայն պոչը Հասունյանի ձեռքը մնացած էր: Այս էր պատճառ, որ մինչև մոտ ատեններս հայերու ռամիկ մասը պոչը կտրած կը կոչեր հռովմեական հայրերը: Գիսավորն, որ յուր հակառակորդին չափ հաստատամիտ էր, ետ դառնալով ուրիշ պոչ մը գտած էր և տարի մը ետքը, 1811 օգոստոս 11-ին երևցած էր ավելի մեծ պոչով մը, սակայն խեղճը չէր կրնար հասկցունել, թե այս անգամ փորձանքն իրմե առաջ եկած էր: Եթե գիսավորն յուր երևմամբ Հասունյանի փորձանք ըլլալն կուզեր հայտնել աշխարհի, անշուշտ յուր պոչին մեծությամբ ալ անոր մեծ փորձանք ըլլալն կը փափաքեր ծանուցանել: Այս համառոտ, բայց կարևոր տեղեկությունը տալեն ետքը պետք է, անհրաժեշտ պետք է հոս հիշել, գոնե Հասունյանն ազգատյաց չկոչելու համար, որն յուր կենսագրությունը կը կարդանք, որ այս կրոնավորն զավակ է Յաղուպ Իպն Յուսեֆ Հասո անուն բերիացի ասորիի մը և ոչ թե հայու զավակ, ինչպես կավանդեն անհավատարիմ պատմագիրներեն ոմանք: Յուր գործերն բավական են ապացուցանել, թե հայու զավակ չէ, եթե ըլլար՝ անկարելի էր, որ իր ազգն սպաննելու աշխատեր, քանի որ ազգն սպաննողներու համար պատիժ մը սահմանած չէ: Երբ հարցվեցավ

Սողոնի, թե ինչու օրենք մը չըրավ հայրասպաններու համար, չէի կարծեր, որ պատասխանեց Աթենքի օրենսդիրն, պիտի գտնվին մարդեր, որ համարձակին իրենց հայր կամ մայրն սպաննելու:

Կը պատմեն թե ծննդեն տասն օր ետքը եկեղեցի տարվեցավ կնքվելու համար: Մկրտության ժամանակ իմացուց կերպով մը, որ երկար արարողություններե շատ չախորժիր, այնչափ շատ լացավ, որ մկրտող քահանան ստիպվեցավ սղագրել... արարողությունը: Փառասեր ըլլալն ալ հաստատեց նույն օրն, երբ կնքահայրն քահանային պատասխանելով կըսեր, թե երախան հավատո, հույս և սեր կը խնդրե, մեկեն ի մեկ կնքահորը գիրկեն նետվելով՝ երախան կաթողիկոսություն կը խնդրե պոռաց:

Կնքահայրն յուր սանին սիրտը չկոտրելու համար՝ սերը վերցուց և տեղը կաթողիկոսություն դնելով՝ կրկնեց. երախան հավատո, հույս և կաթողիկոսություն կը խնդրե: Պատրիարքություն ալ կը խնդրեմ, կրկնեց տղան. կնքահայրն, որ վարժված էր զավակին տալ ինչ որ ուզեր. չհամարձակեցավ սանին խնդիրքը մերժել. ուստի հավատք բառին տեղ պատրիարքություն դնելով ըսավ՝ երախան պատրիարքություն, հույս և կաթողիկոսություն կը խնդրե:

— Հապա հավա՞տքը:

— Հիմակուհիմա թող մնա այն, պատասխանեց երախան:

Այս պատմությունն ըստ մեզ, առասպել մ'է, բայց որովհետև առասպելներն շատ անգամ ճշմարտության այլաբանություններն են, կրնանք այս առասպելեն ալ այս ճշմարտությունը քաղել, որ Հասունյան յուր ամեն ուզածը ձեռք բերելու կարողացած է, նույնիսկ յուր ծննդյան օրերուն մեջ: Մինչև տասնըհինգ տարեկան Կ.Պոլիս վարժարաններուն մեջ դաստիարակություն առնելեն ետքը, 1825-ին քոլեճցի քահանաներու ձեռամբ ղրկվեցավ Հռովմ, Բրոբականտայի դպրոցը, քահանա ըլլալու համար: Նախ հիշյալ դպրոցին մեծավորներեն մերժվեցավ, բայց հետո Տուրսունյան Հ. Բարսեղ և Հովնանյան Հ. Կարապետ վարդապետներուն ջանքովն և աղաչանքովն ընդունվեցավ հոն, ուր քանի մը տարի կարդալեն ետքը քահանա ձեռնադրվեցավ: Այս կետին մեջ Հասունյան անմեղ է և մեծ անիրավություն է Տուրսունյանի և Հովնանյանի հանցանքն անոր վրա բեռնավորելը:

1833-ին Պոլիս դարձավ և բնակեցավ Ղալաթիա, Հիսուս Փրկիչ մայր եկեղեցվույն վանատան մեջ: Այս թվականին եկեղեցականներեն ոմանք իրենց նախագահին դեմ լարված ըլլալու համար, ամեն օր նորանոր խնդիրներ կը հարուցանեին, օրինակի համար, եթե նախագահն պատվեր տար, որ պատարագին մեջը խաչակնքեն՝ ասոնք փողոցը կելնեին և հոն կը խաչակնքեին: Հիշյալ եկեղեցականներն հաջողեցան իրենց մեջ առնել նաև Հասունյանն, որ վանքեն նոր ելած՝ մաքուր աղավնի մը ըլլալով՝ խաբվեցավ անոնցմէ և խեղճը միամտությամբ աթոռակալ անվանվեցավ քանի մը տարիէն:

1838-ին երբ Գաղատիո հռովմեական հայերը կը կեղեքվեին քանի մը քահանաներէ, որոնք Հասունյան կուսակցությունն թև և թիկունք առած կը գործեին, ինչ որ կուզեին, Նախագահ Մարուշ գերեպայծառ քննիչ մը ղրկել կորոշէ հոն՝ ժողովուրդը հանդարտեցնելու համար:

Հասունյան հոժարակամ ստանձնեց այս պաշտոնը, գնաց և ետ դարձավ երեք օրվան մեջ ժողովրդյան հուզումն... սաստկացնելեն ետքը: Յուր անունը անմահացնելու համար կը փափաքեր հռովմեական հայերուն բարություն ընել, այնպես վարվելով անոնց հետ, ինչպես կը վարվի կոշկակար մը իր աշակերտին հետ: Ժողով կը կազմեր Պեյկրատի անտառներուն մեջ, ուր թեպետև կերդար օդ փոխելու, բայց նախագահը փոխելու համար աշխատելէ ետ չէր մնար: Անտառային ժողովի մեջ որշվեցավ օր մը և գրվեցավ Բրոբականտային թէ Մարուշ նախագահը ծեր էր, տկար էր, անդամալույծ էր, անկար էր, և վերջապես էր ինչ որ կուզեր Հասունյան ընել զայն, և թէ՝ օգնիչ եպիսկոպոսի մը կարոտ էր: Արդարև նախագահը ծեր էր, բայց քանի որ յուր պաշտոնը վալս պարել չէր՝ յուր ծերութենեն վնաս մը չէր գար ազգային իրավունքներուն: Բրոբականտան հավատք ընծայեց իրեն ղրկված գրության և Հռովմ կանչեց Հասունյանը, որ 1842-ին հասավ հոն — առանց այս ուղևորությունն ազգին հաղորդելու և անոր հավանությունն առնելու — և օգնիչ եպիսկոպոս ձեռնադրվեցավ:

1842 սեպտեմբեր 21-ին Պոլիս դարձավ: Հեղեղի պես արցունք կը վազեր յուր աչքերեն, երբ կտեսներ, որ կը շատանային Պատրիարքին վրա գանգատներն, որոնք յուր գործարանեն կելնեին, սիրտը պատառ—պատառ կըլլալ՝ երբ կը դիտեր, որ աղեկ չէին երթար ազգին գործերը, զորս ինքը կը խառներ, կուլար, կողբար և կը հառաչեր, որ պատրիարքական իշխանությունը ձեռք անցունէ և ժողովրդյան վերքերը դարմանէ: Յուր ողբերը մինչև Արամազդա քիթը բարձրացան, փոնգտաց Աստվածներու հայրը, պատրիարքն յուր աթոռեն վար գլորեցավ: Հասունյան բարձրացավ պատրիարքական աթոռին վրա, հով, անձրև, կարկուտ, փոթորիկ անմիջապես հասան, շատ մը տուներու ապակիներն փշրվեցան, մեծ ծառեր արմատախիլ եղան, քանի մը տուներ կործանեցան: 1845-ին պատրիարքական աթոռին վրա ելնելեն ետքը, ուզեց, ազգին լավ ծառայելու համար, նախագահական իշխանությունն ալ յուր վրա առնել: Ուստի սկսավ նախագահին դեմ գանգատներ բազմապատկել և ըսել, նախագահը ցնդած է, անկարող է իշխանությունը գործածել: Գեր.Մարուշն օդափոխության համար Պիլեզիկճի Պողոս աղային տունը կը գտնվի օր մը: Հասունյան իմանալուն պես ժողվեց իր մարդերը, հիշյալ տունը գնաց և նախագահը պաշարել տալով՝ ըսավ իրեն.

— Դուն ծեր ես, ցնդած ես, անկար ես, ուստի քեզի հանձնված հոգիներու փրկությանը համար, եկեղեցիին շինությանը համար, պայծառությանը համար, անպատճառ հիմա նախագահութենեդ հրաժարելու ես:

— Ահա առաջարկության ձև մը, որուն մեջեն, եթե նախագահություն բառին տեղ քսակ բառը դնենք, ճիշտ այն ձևը կունենա, որով առաջարկություն կընեն մեզ քանի մը զինված մարդեր, երբ լեռներու մեջ հանդիպեցին մեզի: Ծերունին այս առաջարկության վրա անբարբառ անոնց երեսը նայեցավ և երբ դուրս ելավ՝ նավակ մը մտավ, նավակին մեջ կաթված իջավ և քանի մը օրեն վախճանվեցավ... ի փրկություն հոգվո, ի շինություն և ի պայծառություն եկեղեցվո տյառն մերո Հասունյանի: Հուղարկավորության հանդեսին օրը, երբ Հասունյան Սուրբ պատարագ կը մատուցաներ և ահա սրկավագներն խորանի վրա Հասունյանը նախագահ կնտրեն և կը հռչակեն երգելով նս առավել զարհիեպիսկոպոսն մեր զտեր Անտոն նախագահ և այլն: Եվ որովհետև Բ.Դռնեն հրամանագիր ղրկված չէր սրկավագներուն հայտարարող, թե նախագահ ընտրելու իրավունքն սրկավագներու տրված է՝ եկեղեցական և աշխարհական կը հուզվին եկեղեցիին մեջ այս նոր ընտրության վրա և 1848 օգոստոս 6-ին Հիսուս Փրկիչ մայր եկեղեցվո մեջ ընդհանուր ժողով կը գումարվի: Կը հարցվի ժողովո մեջ գեր. Հասունյանին, թե որո՞ւն ընտրությամբն նախագահ եղած է, Հասունյան ձեռները շփելով կը հրամայե երկյուղածությամբ, որ Հռովմեն իրեն տրված կոնդակը կարդացվի: Կոնդակը կը կարդացվի լատիներեն լեզվով, ժողովրդականներն իրարու երես կը նային:

— Մենք լատիներեն չենք հասկնար, գերեպայծառ, — կսեն ժողովականք:

— Վնաս չունի, — կը պատասխանե Հասունյան, — թող կարդացվի:

—Բան մ'ալ չենք հասկնար:

— Ավելի աղեկ... արդեն մարդս ամեն կարդացածը կամ լսածը հասկնալու պարտավոր չէ:

Կոնդակին լատիներեն ընթերցումը կը վերջանա և տաճկերենը կսկսի, վասն զի այն թվականին հայերեն լեզու չկար: Կոնդակին իմաստն էր հետևյալը.

«Հասունյան, երբ որ Կ.Պոլսո նախագահը վախճանի՝ այն ատեն դուն Անարզաբա թեմը թողլով Կ. Պոլսո նախագահությունը ձեռք առ... եթե այդ իշխանությանդ դեմ դնելու ըլլան՝ զորությունդ ցցուր անոնց, եթե չկարենաս զսպել՝ մեզի իմաց տուր, որ պետք եղածը տնօրինենք և անոնց գլուխը ջախջախենք...»: Տխրությունը և լռությունը կը թագավորեն ժողովո մեջ, բայց ինչ օգուտ, արտաքին գործերու պաշտոնյան միշտ Հասունյանն է: Հասունյան, ինչպես հայտնի է, գովելի համբերությամբ վարված է այս պարագային մեջ, վասն զի կարող էր դանակով զարնել սպաննել Մարուշը, քանի որ կոնդակին մէջ գրված էր, թէ անոր մեռնելէն վերջը ինք նախագահ պիտի ըլլար: Ժողովրդականները տեսնելով, որ իրենց ազգային իրավունքներն բռնաբարված են այս կոնդակով՝ զոր Հասունյան ձեռք անցուցած էր Հռովմէն օգնիչ—եպիսկոպոս ձեռնադրված ժամանակ և զոր գաղտնի պահած էր՝ կը զայրանան: Հակոբ չելեպին կը հարցունէ գեր Հասունյանին.

— Տէր, ազգին իրավունքներն բռնաբարված են այս կոնդակով:

— Ինձի ալ այնպես կը թվի, — կը պատասխանէ Հասունյան ցավակցություն հայտնելով:

— Կընդունի՞ք, որ Հռովմ մեր ազգային իրավունքները հափշտակէ:

— Քավ լիցի... — կը պատասխանէ, համրիչը հանելով ծոցէն:

— Երկու թուղթ գրենք, մեկը ս. պապին, մյուսը Բրոբականտային և մեր իրավունքները պաշտպանենք:

— Այո, գրենք, ոչ երկու, այլ երկու հազար թուղթ, ինչո՞ւ մեր իրավունքները պիտի հափշտակեն, — կըսէ և յուր ծիծաղը ծածկելու համար կսկսի վարի շուրթին տակը բուսած մազերը խառնել:

Ժողովո որոշմամբ կը գրվին, կստորագրվին և կը ղրկվին այս թուղթերն, որոնց պատասխանը մինչև այսօր եկած չէ: Պատրիարքական և նախագահական իշխանություններն այսպես հազնելէն ետքը, սկսավ ինքն իր գլխուն գործել, ամեն բան ինքը կորոշեր և կը տնօրիներ, ուրիշներուն ձանձրություն չէր տար: Ժողովուրդը նկատելով, որ իր Պատրիարքը առանձին կը գործէ, զինքը հոգնութենէ ազատելու համար ուզեց տասներկու անձերէ բաղկացյալ Ազգային ժողով մը կազմել: Դեմ կեցավ Հասունյան, պնդելով՝ թէ ինքը ազգին անձնվեր պաշտոնյան է և թէ ամեն գործերը վարելու պատրաստ ըլլալով՝ պարապ աշխատություն է տասներկու հոգիի ձանձրության տալ: Հակահասունյանք աղերսագիր կուտան Բ.Դռան և Ազգային ժողովո հաստատությունը կը խնդրեն: Հասունյանք ալ ուրիշ աղերսագրով մը Հակահասունյաններուն ուզածը չեն ուզեր, հայտնելով՝ թէ իրենք շատ գոհ են Հասունյանի բռնած ընթացքեն: Երկու կողմեն մարդեր կը հրավիրվին Բ. Դուռը, ուր Հասունյանները լալով ու ողբալով կազդարարեն, թէ դժոխք կերթան, եթէ այդ բարեկամության հավանություն տան, մինչև որ Համազգյաց ընկերության մարմինը մեջտեղեն չվերնա, առարկելով միանգամայն՝ թէ հիշյալ ընկերությունն, որ հայերեն ու հռովմեական հայերեն կազմված էր ազգին մեջ դաստիարակություն ծավալելու նպատակով, հակառակ էր հռովմեական սուրբ եկեղեցվո քարոզչություններուն, թէ երկրագործությունը ազգի մեջ ծաղկեցնելն Վատիկանու օրենքներուն համաձայն չէր, թէ հին դրամներ և ձեռագիրներ ժողովելն ավետարանին հակառակվիլ էր, թէ գյուղերու և քաղաքներու մեջ դպրոցներ հաստատելն Պետրոս առաքյալին ուռկանին մեջ քարեր ձգել էր, թէ վերջապես հերետիկոս հայերու հետ միաբանելն ու հաղորդակցություն ունենալն իրենց նախատինքն էր Հռովմա գահուն առջև: Հասունյան յուր արածած հոտին լուսավորութենեն մեծ օգուտներ քաղելով, հաջողեցավ քանդել Համազգյաց ընկերության հիմերն, որոնց վրա շինվեցավ հռովմեական սուրբ եկեղեցվո փառքը: Բայց Հակահասունյան կուսակցությունը Ազգային ժողովո հաստատությանը վրա պնդելով կը պնդեր: Բ Դուռն ալ ձանձրացավ Հասունյանե և հրաման դրկեց, որ Հակահասունյաններու աղերսագիրն գործադրվի: Հասունյան այս անգամ չկրցավ Բ.Դռան հրամանին դիմադրելու և ստիպվեցավ պատրիարքական իշխանութենե հրաժարիլ, պատճառելով, թե անձնական տկարություն ուներ, մինչդեռ օրը տասներկու անգամ կը ճաշեր և երկաթե մը ավելի քաջառողջ էր:

Մեծ սխալի մեջ իյնալ է կարծելը, թե Հասունյան պատրիարքութենե հրաժարելուն պես գործե քաշվեցավ: Վենետիկի միաբանությունն, որ Հասունյան քաղաքականության թշնամի նկատված էր, հաճեցավ յուր երեսին վրա ապտակ մը ընդունել Հասունյանե, որ իտալերեն պարսավագիրք հրատարակելով ամբաստանեց Վենետիկի միաբանությունն իբրև հերետիկոս և հերձվածող, պատճառելով՝ թե հիշյալ վանքին միաբաններն միշտ պաշտպան են հայերու:

Վենետիկի միաբանությունը ինքզինքն արդարացնելու համար պարսավագիրքին պատասխան մը գրեց պարսավագիրքով մը, որուն մեջ հայտարարել ետև, թե Հռովմա պապին ամեն հրամաններուն հպատակ էր, կը հարեր նաև, թե հայ ազգն ու եկեղեցին հերձվածող և հերետիկոս էր: Այս պատասխանի վրա Հասունյան ուրախութենեն ամիս մը խնդաց:

1853-ին գործերն այն աստիճան եկան հասան, որ Հակահասունյաններեն հայտնեցին վերջապես, թե իրենց անհնար է Հասունյաններու հետ միանալը: Հասունյան, յուր վարպետության զենքերուն վրա բարդեց նաև կրոնական զենքեր: Բանադրեց այն ամեն անձերն, որոնցմե չէր ախորժեր: Քանի մը օրեն յուր վարդապետները իրեն հրավիրելով իշխանություն տվավ անոնց մինչև նոր կիրակի արձակել անուղղակի գործողները – ինքը բանագրելու զբաղած ըլլալով արձակելու ժամանակ չուներ, –իսկ ինք ստանձնեց ուղղակի գործողներն արձակելու պաշտոնը զոր մինչև այսօր արժանի չեղավ վարելու: Առավոտը արթնանալուն պես վարդապետներուն կըսեր. բանադրվելիք անձերու ցուցակը բերեք նայինք, իսկ երբ վարդապետները կը պատասխանեին, թե բանադրվելու մարդ չմնաց՝ կսպառնար իրենց, որ մարդ գտնեն, որպեսզի բանադրե: Ճաշեն առաջ կը բանադրեր, ճաշեն ետքը քիչ մը կը կախակայեր, թեպետև երբեմն ալ կարձակեր, բայց շատ անգամ գիշերը կը քակեր և առավոտուն կը կապեր, եթե կապելու համար չվանի պետք ունենար՝ չվանի վաճառականները մեծ գործ մը տեսած պիտի ըլլային: Հասունյան երբ տեսավ, որ բանադրելն, անիծելն ու կախակայելը մեծ արդյունք մը չունեցան, սկսավ ս. պապեն շրջաբերականներ բերել տալ, ամեն օր արևուն հետ մեկտեղ նոր շրջաբերական մը կելներ: Հակահասունյաններն այդ շրջաբերականները կարդալով՝ հետևյալ կերպով կը պատասխանեին Հասունյանին.

«Գեր. Հասունյան,

Մեծապես մխիթարվեցանք կարդալով ս. Հոր Պիոսի Թ, քահանայապետին կոնդակը:

Մենք քու վրա վստահորրթյուն չունինք: Ձեր բռնած ճամփան անհամաձայն է Քրիստոսական ոգվույն: Ուստի ամեննին անվստահ ըլլալով ձեր վրա, դարձյալ հաստատությամբ կը նորոգենք մեր բողոքը աշխարհի առջև, որ ասկից ետքը մեկ կերպով մը չենք ճանչնար զձեզ մեզի հովիվ և առաջնորդ... գնա, մարդ Աստուծո, թող տուր քիչ մը մեր օձիքը»:

Հասունյան այս պատասխանը կարդալով՝ աչքերը վեր կը վերցուներ և կաղոթեր. Հայր, թող սոցա, զի ոչ գիտեն զինչ գործեն. աղոթքը լմցնելուն պես ինքնիրեն կըսեր. դուք մի ուզեք զիս, ես զձեզ կուզեմ:

1857-ին հոգևորական իշխանության համար տերութենեն պերաթ ընդունեց, որով իրավունք ստացավ իր ձեռնադրած եպիսկոպոսներն ուզած տեղը ղրկել, առանց ազգային իշխանության հարցնելու:

Այս պերաթի խնդիրն ազգը տակնուվրա ըրավ: Ամեն անիրավություն կըներ, կըսեին, և երբ Բ. Դուռը բացատրություն պահանջեր՝ այդ գործը հոգևորական է, ինձի կը վերաբերի, կը պատասխաներ:

Հասունյան քսան տարի վանականներու և ազգին դեմ մաքառելեն ետքը, ուզեց որ Կիլիկո Տան աթոռն Պոլսո աթոռին քով դնե, միացնե զանոնք և երկու աթոռներուն վրա նարտ մը դնելով յուր ժողովրդյան հետ խաղա և զվարճանա: Կիլիկիո Տան կաթողիկոսն բանակցության մտավ Հասունյանի հետ, որ լռեց, երբ տեսավ՝ թե հակառակ սկզբունքներուն վրա պիտի հիմնվեր այս միությունը:

1865 դեկտեմբերի 23-ին հոգին կը փչե Կիլիկիո պատրիարք Գրիգոր կաթողիկոսը. 1865 դեկտեմբերի 28-ին նոր հոգի կառնե Կ. Պոլսո նախազահ Անտոն Հասունյան: Վանականներն իրենց սահմանադրության համեմատ անմիջապես գաղտնի քվեարկությամբ տեղապահ կընտրեն Դավթյան Սերովբե վարդապետը: Նախազահ արքեպիսկոպոս Գասպարյան Բարսեղ անպատվություն սեպելով իրեն վրա պարզ վարդապետի մը տեղապահ ընտրվիլը՝ անմիջապես պետք եղած տեղերը կը դիմե և Երուսաղեմա լատին պատրիարք մոնսինյոր Վալերկայի ազդեցությամբ և մեկու մը ձեռամբ Դավթյան վարդապետը հսկողության ներքև կը բանտարկվի, սա հանցանքով, թե ինչո՞ւ միաբանները իրեն շատ քվե տված են: Հասունյան ամեն ճիգը թափելով կաթողիկոս կընտրվի, միշտ կրկնելով՝ թե «եթե հանգուցյալ կաթողիկոսին իրավունքներեն Հռովմ փոքր փոփոխություն մը ընել ուզե, բնավ հանձն չեմ առներ կաթողիկոսությունը. Աստված մի արասցե, իմ նախագահությունս ինձի բավական է»: Ասոր վրա կելնե, Հռովմ կերթա յուր կաթողիկոսությունը հաստատել կուտա և ետ կը դառնա ըներսուրուսով մը, որ հռովմեական հայերը ամեն իրավունքներե կը զրկեր:

Դարձյալ կռիվ և վեճ: Բ. Դուռը ալ ձանձրանալով Հասունյանի ընթացքեն, ինչպես որ մենք ալ ձանձրացանք անոր ըրածներն պատմելեն, Մահմուտ Նետիմ փաշայի օրով կը վճռվի, որ այս բարի մարդը քիչ մը դուրս ելնե Օսմանյան հողեն: Հասունյան բանադրելով իր... բախտը, Պոլիսեն կը մեկնի և Քյուրեղյան պատրիարք կընտրվի կախակայալ և բանադրյալ հռովմեական հայերու: Հասունյան պարապ չնստիր. կը համոզե Քյուրեղյանը, որ ազարակի մը դատն վաստակած ըլլալով, Հասունյանի թշնամի ըլլալու պատճառ մը չուներ այլևս, որ պատրիարքութենե հրաժարվի: Քյուրեղյան զղջումի կուգա. ս. պապին առջև մեղա կը գոչե ազգին իրավունքներն քանի մը տարի պաշտպանելով մեծ մեղք գործելուն համար: 1879-ին Հասունյան պատրիարք կընտրվի:

Հոս կվերջանա ահա կենսագրությունն այն մարդուն, որուն դեմքն օր մը պզտիկ տղա մը տեսնելով վախցած է և մինչև այսօր կուլա:

ԽԱՉԱՏՈՒՐ ՄԻՍԱՔՅԱՆ

Ինչո՞ւ կը քնանաք, ով պոետներ, որ երկու հանգ գտնելու համար Պառնասը կը շրջապատեք, որպեսզի Մուսայի մը թևեն քաշեք և ողորմություն խնդրեք իրմե, նման այն մուրացկաններուն, որ եկեղեցիների շուրջը կը շարժվին: Ինչո՞ւ կը խորդաք, ով գրագետներ, որ ձեր հրաշագործ գրիչն երբ մարդու դպցունեք՝ կենդանիի կը փոխարկեք զայն և երբ անասունի զարնեք՝ մարդու կայլափոխեք: Արթնցեք, ի ծունր իջեք, բացեք ձեր գլուխներն, որպեսզի ամեն մարդ տեսնե անոնց ունայնությունը: Միսաքյանի ճամփուն վրա փռեցեք ձեր հագուստներն, խունկ վառեցեք, որպեսզի հաճի աշխարհ գալ ձեր Պետն, որ սովորություն ունի չմոտենալ երբեք այն մարդերու, որ բուրվառով չեն ներկայանար իրեն: Ինչո՞ւ կամչնաք հիմա զինքը պաշտելու: Ժամանակով մարդերն երկրպագություն ըրած են այնպիսի Աստվածներու՝ զորս մենք այսօր կը մորթենք, կասկարայի վրա կը խորովենք, կուտենք և վրան պատվական գինի կը խմենք: Օն անդր, պագեք երկիրն, խունկ ծխեցեք յուր քթին, խնդրելով իրմե, որ աթոռ մը առնէ և գա նստիլ Ազգային Ջոջերու քով, ուր խունկը հազվագյուտ է: Մի վախնաք, ով բարեկամներ պուետիս, չպիտի մորթեմ զինքն, այլ պարզապես պիտի պատմեմ յուր վարքը, պիտի գովեմ յուր տաղանդն, եթե ունի: Մտիկ ըրեք ուրեմն, բայց մի խնդաք, կը սրդողի:

1816 թվականին ծնած է Խաչատուր Միսաքյան, որ դասատու անվանված է շատերեն, ազգային երեսփոխան ընտրված չգիտեմ որ թաղեն, պուետ հորջորջված է տղաներեն և յուր պուետ ըլլալը հաստատելու համար վկա մը փնտռած է և չէ հաջողած գտնել մինչև այսօր: Իննամսյա առանձնակեցությունն այնքան սիրեց, որ սենյակին մեջ կիներու բազմությունը տեսնելով կը դժկամակեր ի լույս գալ: Ոչ միայն ընկերութենե չախորժելուն համար, այլ յուր ճաշակին համեմատ բարձր դիրք ունեցող և ծովահայաց տուն մը գտնելու դժվարությունն զգացած ըլլալով, կը փափաքեր միշտ արգանդաբնակ մնալ:

Սակայն նկատելով, որ Բնության օրենքներուն դեմ համառիլն անօգուտ էր, հաճեցավ ծնիլ:

Խաչիկ մարմնով այնքան շուտ կը մեծնար և կաճեր, որ երեք ամսու եղած ժամանակն անբավելի էր մեկ օրորոցի: Կը խաբվեր մանուկն, կարծելով՝ թե մարդուս անունն ալ անոր մարմնին պես դյուրությամբ կրնա մեծնալ և Եպիմենիդեսի պես հիսունյոթ տարի քնանալով մեծ անունի տեր ըլլալ:

Ծնողքն երկու օրորոց քովե քով դրին, որուն միոյն մեջն էր Խաչիկի գլուխն և մյուսին մեջ մարմինը:

Այս մեծ տղան խանձարուրի մեջ հասկցուց յուր մորն, թե բանաստեղծության կոչված է և թե ժամանակ չունի տրամաբանության երթալու: Երբ մայրն օր մը ոտանավոր օրորով մը տղան քնացնելու կաշխատեր՝ Խաչիկ մեկեն ի մեկ մորն երեսն ի վեր պոռաց. թե ոտանավորեն վանկ մը կը պակսեր և չքնացավ մինչև որ մայրը համոզեց զինքը, թե երգած ոտանավորը կաղ էր:

Վեց տարեկան ըլլալուն պես Իսկյուտարու վարժարանը ղրկվեցավ, ուր ինը տարի շարունակ աշխատելով կատարելապես սորվեցավ Քերականն, Սաղմոսն ու Գործք Առաքելոցը: Զարմանալի էին այն ատենվան վարժարաններն՝ որոնց մեջ աշակերտ մը յուր գործերուն խելք չհասուցած՝ առաքելներու գործերուն վրայոք տեղեկություն կառներ: Միսաքյան վարժարանեն ելնելուն պես սկսավ տուներու մեջ այցելությամբ դասախոսություն ընել:

1839 – ին դասատվության պաշտոնով Ճեմարան մտավ: Հոն շարունակ կը կարդար Հոմերոսն, Վիրգիլիոսն, Օվրատիոսն, Օվիտիոսն և այն ամեն քերթողներն, որոնց անուններն ոս կը վերջանային:

Առաջին անգամ հոն պուետ հորջորջվեցավ Միսաքյան:

Ես որ հասարակության կը խոսիմ և սուտ խոսելե կը վախնամ, կը

հայտնեմ, թե Միսաքյան ինք վաստկած չէ պուետ անունը, ուրիշ մը ժառանգորդ է զայն:

Հայտնի է արդեն, որ ամենեն մեծ անիրավությունները ժառանգական խնդիրներու մեջ կը գործվին:

Հանճարն ոչ ազգություն ունի և ոչ կրոնք և իբրև ոսկի յուր արժեքը կը գտնե ամեն տեղ:

Հանճարի ծնունդ եղող բանաստեղծություն մը լավ ընդունելություն կը գտնե Անգղիայեն, որչափ ալ անոր հեղինակն սլավ ըլլա:

Իսկ մենք հանճարահանդեսի մը մեջ ի տես աշխարհի դնելու համար քանի՞ քերթված ունինք:

Մենք դժբախտաբար ոսկի կանվանենք ինչ որ պղինձ է և որ սակայն ոսկիի պես կը հնչե ժողովրդյան ականջներուն:

Իմ կարծիքովս բանաստեղծություն մը, ոտանավոր կամ արձակ, կամ ընտիր ըլլալու է և կամ բնավ ըլլալու չէ: Կը ճանաչեմ երիտասարդներ, որ ինքզինքնին բանաստեղծ կանվանեն և հանգ մը գտնելու համար իրենց գրածն հազար անգամ կը սրբագրեն, նորեն կը գրեն, կը գծեն, հանգի մը համար հարյուր թուղթ կը պատռեն և երբ հաջողին իրենց փնտռածը գտնել և տողին վերջը տեղավորել՝ կը տեսնես որ այդ ոտանավորով ցամաքի վրա նավարկություն կընեն և ծովու վրա ձիարշավ:

Երբ մարդ մը գովել ուզեն և դիպվածն առաքինի բառն դնե տողին վերջը, կսկսին մտմտալ և տարի մը խորհելեն վերջը, հիշյալ առաքինի մարդը գինետունե գինետուն կը պտտցունեն և մեծ առաքինի գինեմոլ մը ներկայացնելու որոշում կուտան: Ինչո՞ւ Վասն զի ոտանավորն նույնահանգ ընելու համար առաքինիի մը գինիեն ավելի ի՞նչ բան կրնա հարմարիլ:

Բայց մարդը կյանքին մեջ գինի դրած չէ բերանը, որո՞ւ հոգ. առանց զրպարտելու ոտանավոր գրելը դյուրին բա՞ն է:

Իսկ վայ ան մարդերուն, որոնց վրա գրված ոտանավորներուն մեջ վանկ մը կը պակսի, վատն առանց հրավերի կուգա այդ պակասը կը լեցունե: Այսչափ չէ, սպանության ալ կդիմեն, բառերն իրենց ձեռներու մեջ այնքան արժեք ունին, որչափ լաթի մի կտոր դերձակներուն քով. գլխեն, մեջքեն կամ պոչեն կը կտրեն զանոնք. մեր լեզվին բառերն անկարելի է ճանաչել անոնց ոտանավորներուն մեջ. ասելը սեղի կը փոխվի. նվերը երբ ոտանավորի մեջ ներկայանալ ուզե, գլուխ կը բանա և ուեր կը մտնե հոն: Ավելին կա, երբ արևուն ծագումը ծանուցանել ուզեն ասոնք՝ ամենը մեկեն վարդամատն Արշալույսին կը դիմեն, որո՞ւ երթա խեղճը, հազար մատ ալ ունենար՝ չէր կրնար ամենը գոհ ընել: Փափիկ, լուսին, սրինգ, մարգագետին, սոխակ, մանավանդ կուսիկ իրարու ձեռներե կը հափշտակվին և կերթան մտնել ամեն ոտանավորներու մեջ: Երբ բանաստեղծության գիրք մը կարդալ ուզես՝ կը տեսնես, որ թուղթերն իրենք իրենցմէ կը դառնան, վասն զի յուրաքանչյուր էջին մէջ զեփյուռը կը փչէ, չմոռնանք ըսել, որ եթե առանց հովանոցի զանոնք կարդալու ելնես՝ եգիպտացի մը կը դառնաս, այնչափ կէրիս արևէն, որ յուր ճառազայթներեն միշտ արձակած է հոն: Փառք տուր Աստուծո, եթե հոն փչած սյուքեն մրսելով չհիվանդանաս: Դեռ քանի մը շաբաթ առաջ մեկը Մասիսի մեջ ջրհեղեղ մը նկարագրած էր, որուն մեջ մազ էր մնացեր, որ Նոյ նահապետն ալ խեղդվէր, Աստված իսկ ջուրերուն մեջ պիտի մնար, եթե առաջուց չփախչէր: Երբ քննադատ մ'ելավ և դիտողություն ըրավ, սա պատասխանն առավ, թե մի՞թե Ամենակարողն Աստված կարող չէ ինքզինքն ազատել: Եթե Պառնասա տնօրենությունը երբեմն տպագրական տեսչության անդամ Պառնասյանի հանձնված ըլլար՝ այդ քերթողները կը պատժվեին Ապողոնն այսչափ ստորնացուցած ըլլալուն համար: Ես որ նախապատիվ կը համարիմ ոսկի չունիմ ըսելը, քան կտոր մը պղինձ իբրև ազգային ոսկի ներկայացնելն և ծաղու նշավակ ըլլալն, ես որ վերջապես չեմ կարող պղինձ ոսկի անվանել, ի՞նչպես հանդգնիմ այսօր Միսաքյանը պուետ հորջորջել, մանավանդ թե ասպարեզի վրա ոտանավոր մը միայն ունի, որ ավելի անոթութենեն ներշնչված է, քան թե մուսաներե:

Այսպես, Միսաքյան գրական ասպարեզին վրա հարստահարիչ քյուրտի մը պես ուրիշներու ստացվածքն հափշտակելով, իբրև մի սագ պուետի փետուրներով զարդարվելեն վերջը, Ճեմարանի աշակերտներուն դաս տալու տեղ սկսավ ապտակ տալ: Բնավորություն ուներ ճաշեն առաջ տղա մը ծեծել ամեն օր, և ամեն անգամ, որ տնտեսը վարեն մեղա վարժապետի ձայնն առներ՝ Միսաքյանի կերակուրը պատրաստեցեք, կըսեր:

Ճեմարանի գոցվելեն քանի մը տարի ետքը, քանի մը տղա տվին իրեն, ոչ թե զանոնք ծեծելու, այլ հետը Բարիզ տանելու և դպրոց դնելու համար: Միսաքյան առավ զանոնք, Բարիզ տարավ և տեղավորեց, ինքն ալ սենյակի մը մեջ քաշվելով սկսավ տքնիլ:

1860-ին խնդիր ծագեցավ ազգին մեջ, թե Երուսաղեմա պատրիարքն ներսե՞ն ընտրվելու է թե դուրսեն: Միսաքյան, որ սենյակեն դուրս ելած չուներ՝ բնականաբար դուրսին վրա գաղափար չէր կրնար ունենալ, ուստի Երուսաղեմա պատրիարքության խնդիրն յուր սենյակին տեսակետով ըմբռնելով՝ կարծիք հայտնեց, թե ներսեն ընտրվելու է:

Նույն թվականին էր, որ Միրիքելամի խնդիր մը եղավ բողոքականի մը հայերու գերեզմանատան մեջ թաղվելու խնդիրը: Հիշյալ բողոքականին մարմինը Պալըգլըի գերեզմանատունեն հանելով բողոքականներու հատուկ գերեզմանի մեջ թաղվելեն երկու ամիս ետքը՝Միսաքյան Բարիզեն կարծիք հայտնեց, թե այդ մարդը հայ գերեզմանատան մեջ մտնելու իրավունք չունի, թե գերեզմանատունը եկեղեցի մ'է: Այն ատեն մեծ համբավ հանեց այդ հոդվածն, որ համոզելու նպատակավ գրված էր անշուշտ և որուն մեջ ներկա էր նաև զվարճախոսություն, զոր անխտիր ամեն գրություններուն մեջ կը գործածե այս գրագետն... թերևս դամբանականներուն մեջ ալ, իսկ երբ այս տարի ամեն. Ներսես պատրիարքն բողոքականի մը մարմինն Վանա մեջ թաղել տալով անոր գերեզմանն արձանով մը պատվեց, անշուշտ լռելյայն հասկցուց մեզի, որ մենք ալ նույն պատիվն ընենք Միսաքյանի այն հողվածին:

Ազգին մեջ մեծ անուն հանելու փառասիրությամբ արբշիռ՝ ուզեց Միսաքյան Ծաղկոցաձոր անունով հանդես մը հրատարակել Բարիզեն:

Նախ հայտարարություն մը հանեց, որ ուրիշ բան չէր, եթե ոչ ընտրված բառերու փունջ մը: Այս հայտարարությամբ կը ծանուցաներ, որ հանդես մը պիտի հրատարակեր և յուր ընթերցողներուն լուսանկարչության արվեստն պիտի ուսուցաներ:

Հասարակությունն, որ Միսաքյանե լուսանկարչության տեղ ուրիշ բան մը սորվիլ կը կարծեր, հարկ եղած ընդունելիությունն զլացավ անոր և հետևապես ծաղիկները ձորի մեջ նետվեցան, թառամեցան:

Բայց Միսաքյան չվհատեցավ, լուսանկարչության արվեստն առաջ տարավ, որչափ որ կը ներեր յուր սենյակն, որու վերի հարկը կը բնակեին աստղերը: Իրեն այցելություն ընող ամեն հյուրերուն օձիքեն կը քաշեր, աթոռի մը վրա կը բազմեցուներ և անոնց պատկերը կը հաներ:

Այն ատեններն էր, որ Հինձքի եղեռնագործությունը տեղի ունեցավ: Մասիս, Մեղու և Մանզումե ուժգնությամբ կարձակեին իրենց նետերն Մեճմուայի դեմ, որ եղեռնագործերն կը պաշտպաներ: Միսաքյան ինքզինքը վիրավորված կարծեց, երբ տեսավ, որ առանց իրմե հրաման առնելու ազգային լրագրներն արդարությունը կը պաշտպանեին, ուստի Բարիզեն պատգամ որոտաց, թե լռեն ազգային լրագիրները և թե ինքը պաշտպան պիտի կանգնի այդ դատին: Մեղու հանդգնեցավ ծաղրել Միսաքյանի այս հրամանն և հետևյալ օրհնության կոնդակն ընդունեց յուր վարժապետեն.

«Եթե Մեղուի պես ուրիշ աշակերտներ ալ ունինք, կը փափաքինք, որ անոնք Կյուբեղեի առջինեկներուն և կամ Բեթղեհեմի զավակներուն հետ մեկտեղ ծնած ըլլային»:

Այս կոնդակն, ինչպես հայտնի է, կը փափաքեր, որ Մեղուն և իր նմանները գետնին տակն անցնեին:

Այս աղոթքն ընելեն ետքը, առանց խնդիրն փաստաբանելու սկսավ Մեճմուայի դեմ պաշտպանել ազգային լրագիրներն, որոնք բնավ պետք չունեին յուր պաշտպանության: Հիշյալ գրություններն Տքնությունք Հայրենասիրի տիտղոսով տետրակի մը մեջ ամփոփված են, և որոնք բարձրաձայն կաղաղակեն, թե Միսաքյան լոկ խոսքերու վարսավիրա մ'է, որ աղիեն անդիեն խոսքեր հավաքելով՝ զանոնք կը սանտրե, կը կոկե, անուշաբույր յուղերով կօծե և հրապարակ կը հանե, և երկու տողով հասկնալի բան մը յուր գրիչին տակ երկու էջի մեջ անհասկնալի կըլլա, և երբ վարսավիրա մը կը տեսնեմ, որ անմիտ երիտասարդի մը գլուխը բռնած ժամերով անոր վրա կը խաղա՝ կըսեմ, Միսաքյանը հոդված կը գրե, իսկ երբ այն երիտասարդին հետ խոսիմ և գլխուն արտաքին զարդն և ներքին ունայնությունը տեսնեմ, կարելի չէ, որ չհիշեմ Միսաքյանի գրած հոդվածները:

1870-ին որոշեց այս մարդը Պոլիս գալ: Ի՞նչ նպատակավ: Ահա յուր ծրագիրը.

Ա. « Էշ մը առնել և երբեմն երբեմն վրան հեծնելով Ալեմ Տաղի երթալ.

Բ. Իսկյուտարու մեջ ծովահայաց տուն մը ուզել ազգեն.

Գ. Իրեն և իր իշուն ամսական մը պահանջել ազգեն.

Դ. Իր գործերը հրատարակելու համար քանի մը հարուստներե դրամ հավաքել.

Ե. Լրագիրներու մեջ հոդված գրել, եթե ազգն երթա յուր ոտները համբուրե.

Զ. Ուզած մարդերուն հայհոյելու արտոնություն պահանջե քաղաքավարութենե»:

Այս ծրագիրը ծոցը դնելով ճամփա ելավ Բարիզեն և տասնօրյա ճամփորդութենե ետքը Պոլիս գալով՝ Ղալաթիո եկեղեցին իջավ և նույն երեկո հյուրընկալվեցավ յուր մեկ բարեկամեն, որուն վրա ետքեն կատաղաբար հարձակվեցավ: Ազգային մամուլը սիրալիր ընդունելությամբ բարևեց այս պուետին գալուստը, ողջամիտներն ուրախացան, որ հանճարեղ գրիչ մը կարգ ու կանոն պիտի դներ ազգային գրական ասպարեզին, որ ասկե տասը տարի առաջ ալ հիմակվնե մեծ տարբերություն չուներ: Բայց ի՞նչ օգուտ ունի սիրալիր ընդունելությունը մարդու մը, որ էշ մը կուզե: Սիրալիր ընդունելության վրա չէր կրնար նստիլ և ոչ անով Ալեմ Տաղի երթալ:

1872-ին հարյուր ոսկվո հանգանակություն մը եղավ և գումարն իրեն տրվեցավ, որպեսզի խավարի մեջ մնացած հանճարն ի լույս հանե: Միսաքյան առավ հիշյալ գումարն, որուն փոխարեն Գործամկնամարտություն մը կարդացուց մեզի Փունջին դեմ՝ Մասիսի բացած դատին առթիվ: Եթե Միսաքյանին նպատակը փաստաբանել և համոզել էր, այդ խորագիրն նպատակին դեմ էր, եթե զվարճացնել էր՝ գրության ձևն յուր խորագրին հակառակ էր: Ի՞նչ էր ուրեմն նպատակը: Մենք մինչև այսօր հասկցած չենք: Չմոռանանք հիշել, որ այդ հոդվածն ուրիշ երկու երեք անուններ ալ ուներ, տոն մը պակաս էր սպանիացի ըլլալու համար: Գործամկնամարտութենեն զատ քանի մը անգամ ևս գրելով Փունջի մեջ, վերջ տվավ յուր հոդվածներուն և մանավանդ այն ծիծաղներուն, զորս այնքան դյուրությամբ կը հրավիրեր յուր գրություններուն վրա:

Տարի մը ետքը երեսփոխան ընտրվեցավ, ուր մինչև այսօր կարծիք մը հայտնած չէ:

Քիչ մը ատեն դասատվության պաշտոն վարեց Իսկյուտարու Սելամիեի թաղին մեջ: Աշակերտներն պարտավոր էին ֆրանսերեն Դելեմաքն գրաբարի թարգմանելեն վերջը թե ֆրանսերենն ու թե հայերենը բերնուց սորվիլ և «Հայր մեր»-ի տեղ բարձր ձայնով զրուցել ճաշեն առաջ:

Հոս կը լմննա ազգային պուետին հրապարակային կյանքը:

Մտնենք հիմա քիչ մ'ալ յուր սենյակը, որ գիրքերով և պատկերներով լեցված է: Եթե Հոբնաղ մտներ օր մը իր սենյակն, անշուշտ չպիտի վարաներ ըսելու.

«Խորին տգետներ իրենց սենյակն գիտական Խրիսուպոսի մետաղիոններով կը լեցունեն, Արիստոտելին կամ Պիտակոսին մեկ պատկերն ծախու առնելն և կամ իրենց մատենադարանին մեջ Կղեանդոսի մեկ ձեռագիրն ի տես դնելն իրենց համար կատարելության հասնիլ է»:

Մատենադարանի առջև նստած է ահա Միսաքյան, եթե յուր կատուն կտոր մը փշրանք գտնելու համար կամացուկ մը դուռը բանա՝ ահուդողի մեջ կիյնա, որ չըլլա թե եկողը մարդ ըլլա:

Քանի մը վայրկյան վերջը մեկը ներս կը մտնե իր սենյակեն, և ահա Միսաքյան իսկույն բարկությամբ տեղեն կելնե և կերթա սենյակին սեմին վրա կը նստի՝ ինքնիրեն մռմռալով.

«Սա մարդու ձեռքեն բնավ հանգստություն չկա աշխարհիս վրա, կարծես բոլոր աշխարհ միացած է զիս նեղելու համար»:

Եթե հյուրն իրեն որպիսությունը հարցնելու համարձակի՝ հետևյալ պատասխանը կուտա. «Ծանր հիվանդ եմ, մինչև առավոտ աչքերս փակած չեմ, դուք չեկաք քիչ մը աղեկ էի, բայց երբ դուք սենյակեն ներս մտաք, հիվանդությունս ավելի ծանրացավ»:

Եթե այս պատասխանին վրա հյուրը հանդգնի հարցնել, թե ի՞նչ է հիվանդությունը, մեկեն ի մեկ կը կանգնի և հյուրին երեսը ծուռ ծուռ նայելով՝ այսպես կը պատասխանե.

«Կարծեմ խոսելու ազատության հետ չխոսելու ազատությունն ալ հարգելու պարտավոր ենք, և դուք բնավ իրավունք չունիք զիս խոսել տալու, մանավանդ թե խոսելու ժամանակ ալ չունիմ, վասն զի հիվանդ եմ: Բայց գիտեմ ես, մեկը դիտմամբ ղրկեց քեզի հոս, որ զիս բարկացնես, արյունս գլուխս ցատկե և մեռնիմ»:

Եվ ավելն առնելով կսկսի սենյակն ավլել և փոշիներու մեջ խեղդել հյուրն, որ դուռը բանալուն պես կը փախչի: Միսաքյան անմիջապես դուռը կը կողպե և քանի մը մեծ սնտուկներ կը դնե դռան ետին, որ չբացվի և կուզա տեղը կը նստի այնպիսի ուրախությամբ, որ կարծես մեծ շահ մը ըրած է:

Կես ժամեն դուռը կը զարնվի:

—Ո՞վ է ան, — կը հարցնե ներսեն Միսաքյան:

— Ես եմ, Հանբարձումյան, զքեզ տեսնել կուզեի:

— Չիս տեսնե՞լ կուզեք... դուռը կողպված է, բանալին քովս չէ, ձեր ըսելիքը կրնաք դուրսեն ալ ըսել:

Հյուրը կը բարկանա և առանց պատասխանելու կը մեկնի: Միսաքյան կսկսի ծիծաղիլ այն իմաստասերին պես, որ օր մը սենյակին մեջ առանձնացած՝ խնդացած ժամանակն երբ կը հարցունեն իրեն, թե ինչո՞ւ կը խնդաս՝ քովդ մեկը չկա, կը պատասխանե, թե ճիշտ անոր համար կը խնդամ, որ քովս մարդ չկա:

Բայց այս ուրախությունը շատ չտևեր, դուռը նորեն կը զարնեն:

— Միսաքյան հոս չէ, դուրս ելավ, երկու ամիսեն պիտի գա, — կը պոռա ներսեն Միսաքյան:

Երբ դրության մը վրա յուր կարծիքը հարցվի՝ կը պատասխանե. տղայական բաներու վրա կարծիք հայտնելու ժամանակ չունիմ և դիմացինը կը սաստե: Իսկ երբ ստիպեն զինքը, որ քանի մը խոսք ընե՝ կսկսի հետևյալ դիտողությունները ընել.

«Լեզուն քաջ է, բայց ոճը վատ է. Պողոս առաքյալին մեկ խոսքը աս տողին մեջ շատ հարմար կուգար: Գրողը պիտի կրնա գրել, բայց հմտություն չունի, հմտություն ունի, միտքը բացատրելու կերպը չգիտեր: Ոճը ցամաք է, զարդարուն չէ, գրության մեջ ճարտասանության կանոն չկա, կապ չկա, ուժգնություն տալու համար զորավոր բառեր չէ կարողացած գտնել, եթե ասոնք ըլլային՝ թերևս ընդունելություն գտներ: Իրմե՞: Քավ լիցի: Ժողովրդյան ռամիկ մասեն»:

Եթե զինքը քիչ մը շողոքորթես՝ կելնե սնտուկը կը բանա, կտոր մը թուղթ հանելով կսկսի կարդալ իր մեկ բանաստեղծությունն, նախապես հայտնելով, թե շատոնց ի վեր գրած է և վրայեն գոնե անգամ մը անցած չէ, թեպետև հազար անգամ սրբագրած է: Յուր քերթվածը կարդացած ատեն զգուշացիր փռնգտալե կամ հազալե, վասն զի իրեն թշնամանք կը համարի և թուղթը կը ծալլե, ծոցը կը դնե: Իսկ եթե մինչև վերջը արժանանա կարդալու յուր ոտանավորն՝ և առաջարկվի իրեն, որ հանդեսի մը մեջ հրատարակվի այն, պարապ աշխատություն է, կըսե, վասն զի իմ գրածս հասկանալու կարողություն ունեցող մարդ չկա:

Փողոցն ելած ժամանակը մինակ չպտտիր, շատ անգամ Օտյան էֆենտիի, Ստեփան փաշայի, Յուսուֆյան էֆենտիի հետ կը պտտի, ինչպես նաև գրական ասպարեզն ելած ատենն ալ մեկ թևը Հոմերոսին կուտա և մյուսը Օվկիանոսին:

Եթե կը փափաքիք Միսաքյանի դեմքին վրա ծանոթություն առնել, հիշեցեք դեմքերն այն մարդերուն, որոնք օր մը լսելով, որ Դիոգինես հրապարակի վրա մարդեր, մարդեր կը պոռար, անոր շուրջը խմբվեցան և հետևյալ պատասխանն առին.

«Ես մարդ կանչեցի, դուք ինչո՞ւ եկաք»:

ՎԵՐՋ

ՅԱՆԿ